장자의 눈으로
푸코를 읽다

장자의
눈으로
푸코를
읽다

MICHEL FOUCAULT
WITH
ZHUANG ZI

김성우 지음

알렙

미친 세상을 비웃는 미친 철학자

자연과학을 닮으려는 보수 철학의 가벼움에 질렸다. 구舊소련의 공식 마르크스레닌주의를 고집하는 구舊진보 철학의 무거움에 질렸다. 학자스러움에 파묻혀 현실을 외면하는 강단 철학의 비현실성에 질렸다. 현실을 설명하려고 하지만 개별적인 사실의 축적만을 고집하는 사회과학의 과過현실성에 질렸다. 왜 우리는 살고 있는 현실을 제대로 읽지 못할까? 읽는 것에 그치는 게 아니라 바꿀 수는 없을까? 상상하는 힘마저 상실한 시대를 산다는 것은 슬픈 일이다.

미셸 푸코Michel Foucault는 이런 문제의식을 가지고 역사적이면서도 존재론적이고, 정치적이면서도 실존적인 철학을 한다. 나는 기존에 소개된 것처럼 그가 과학적인 인식론자가 아니라고 본다. 오히려 실제로 그는 과학주의와 이것의 기반이 되는 객관적 인식론을 비판했다.

푸코는 기본적으로 존재론자다. 더 자세히 말하면, 과학적 인식론의 기초로 간주되는 감각적 경험은 이미 임마누엘 칸트Immanuel Kant가 지적한 것처럼 궁극적인 것이 아니다. 왜냐하면 경험은 이미 그 가능조건으로서의 인식 주관을 전제하고 있기 때문이다. 내가 없다면 나의 경험도 불가능한 것이다. 이것이 칸트가 말한 선험성, 즉 초월론적인transzendental 것이다. 불교에서는 이를 유식唯識이라고 부른다. 결국 인식론은 경험과 앎의 주체를 전제할 뿐이다.

그런데 칸트가 말한 인식 주관도 질 들뢰즈Gilles Deleuze에 따르면 궁극적인 것이 아니라 발생된 것이다. 이것이 들뢰즈의 '초월론적 경험론'의 의미이다. 다시 말하자면, "들뢰즈의 철학적 시도란 초월론 철학의 가능성을 계승함과 동시에 그것이 잃어버린 발생의 질문을 경험론 철학에 의해 보충하는 것으로써 그려낼 수 있다."(고쿠분 고이치로, 『들뢰즈 제대로 읽기』) 마르틴 하이데거Martin Heidegger가 『존재와 시간 Sein und Zeit』에서 밝힌 것처럼 인간이라는 주체의 존재 방식에 대한 해명이 인식론의 기초가 된다. 존재의 의미를 드러내기에 인간은 현존재現存在라고 불린다. 이러한 현존재 분석이 기초 존재론이 된다. 그러므로 인식 주관을 전제하는 인식론은 기초가 아닌 것이다.

이런 관점에서 알랭 바디우Alain Badiou는 들뢰즈, 에마뉘엘 레비나스Emmanuel Levinas, 슬라보예 지젝Slavoj Žižek과 더불어 자신을 '존재론적인 전환'을 시도한 철학자들로 분류한다. 위르겐 하버마스Jürgen Habermas

장자의 눈으로 푸코를 읽다

가 지칭한 20세기에 언어학적 전환을 한 대표 철학자가 루트비히 비트겐슈타인Ludwig Josef Johann Wittgenstein이라면, 바디우가 지칭한 '존재론적 전환'의 문제틀은 하이데거로부터 출발한다. '존재론적인 전환'이라는 문제틀 안에서 바디우는 철학 자체가 인식론이 아닌 존재론적인 물음에 기초를 두어야 한다고 생각한다. 그래서 그는 『존재와 사건 *Being and Event*』에서 하이데거를 "마지막으로 보편적으로 인정할 만한 철학자"로 격찬한다.

푸코가 하이데거로부터 받은 지대한 영향력을 고려하면, 푸코 역시 이러한 존재론적 전환이라는 사상적 흐름에 속한다. 하지만 존재론은 비판적인 정치와 불가분의 관계에 있다. 그래서 그는 자신의 존재론을 역사비판적 존재론이라고 한다. 여기서 비판은 단순히 칸트와 같은 진리의 분석론으로서의 인식 비판이 아니다. 이러한 과학적인 인식론 덕분에 잊힌 지식 유형을 발굴하고 과학적 인식론이 권력 및 자본과 맺고 있는 유착 관계를 폭로하는 비판이다.

이런 비판의 의미로 그의 고고학과 계보학을 이해할 수 있다. 고고학과 계보학이 바로 역사적이고 비판적인 존재론이다. 이러한 특징을 간과하면 푸코를 전혀 이해할 수 없다.

그런데 푸코의 언어는 난해하다. 19세기부터 축적된 서양 철학의 방법론적 논의를 토대로 하고 있기 때문이다. 그래서 장자莊子를 통해 푸코 읽기를 시도하고자 한다. 그렇다고 해서 통상적인 비교 철학을 시도하려는 것이 아니다. 장자로 푸코를 읽는 이 기획은 일종의 알레고리다. 장자는 우언寓言의 대가이다. 우언이란 『이솝 우화』처럼 '빗대어 이야기하는 것'이다. 빗댄다는 것은 문학적 기법으로 말하면 은유법에 해당한다. "내 마음은 호수요"처럼 어떤 것을 유사한 다른 사물에 빗대어 표현하는 것을 은유라고 한다. 이러한 은유를 확대하여 이야기로 빗대어 논하는 것이 알레고리다. 장자 스타일로 말하면 우언이다. 이 책에서 장자는 푸코를 이해하기 위한 알레고리인 것이다.

기원전 370년경에 태어난 장자와 기원후 1926년에 태어난 푸코는 2300년의 차이가 무색할 만큼 유사한 철학적 스타일을 지니고 있다. 둘 다 미친 세상을 비웃는, 다르게 미친 인간들이다. 문명을 이룩한 지성은 자신이 미친 줄도 모른다. 지성이란 문명 발전의 원동력이지만 세상과 자신을 대롱으로 보게 만드는 비극적인 운명을 지니고 있다. 칸트가 말한 것처럼 지성에는 이율배반이 숙명적으로 내재한다. 지성이 만든 세상은 뒤집혀 있다. 마르크스가 언급한 대로 죽은 자본이 산 노동을 지배하는 세상이다. 물질이 신이 되어 숭고한 대상으로 숭배되는 소비의 사회인 것이다. 이렇게 거꾸로 매달린 지성은 광기狂氣만이 되돌릴 수 있다. 이러한 광기는 지성과는 '다르게 미친' 상태라고 할 수 있다.

장자는 「인간세人間世」의 마지막을 초나라 광인狂人 접여의 노래로 장식한다. 접여라는 은둔자가 유세를 하러 자기 나라에 온 지성의 상징인 공자를 비웃는다. 그가 부른 시는 다음과 같다.

봉새야, 봉새야.
어찌하여 덕이 쇠퇴하였나?

장자의 눈으로 푸코를 읽다

장래는 기대할 수 없는 것이고

과거는 돌이킬 수 없는 것.

천하에 도道가 행해지면

성인은 무위의 정치를 완성하고,

천하에 도가 행해지지 않으면

자기 삶을 기른다네.

지금 시국에서

(정치를 하면)

근근이 형벌 면하기도 바쁘다네.

행복은 새의 깃보다 가벼운데

정치가는 그것을 잡을 줄 모르고,

불행은 땅보다도 무거운데

그것을 피할 줄 모르는구나.

아서라, 아서라.

덕(즉, 정상이라는 상징)을 사람들에게 내세우는 것을!

위태롭고 위태롭도다.

(욕망에 쫓겨) 땅을 나누어 쫓아다니는 것이!

(지성의 빛이) 밝음을 가리고

밝음을 가려서 내 길을 해치지 마라.

내 길은

(무조건 발전이나 진보를 추구하지 않고)

물러나기도 하고 돌아가긴 하지만

내 발을 다치지 않게 하나니.

산의 나무는 스스로 자라나 잘리고,

기름불은 스스로 타 버린다.

계수나무는 먹을 수 있기에

사람들에게 베어지고,

옻나무는 쓸 수 있기에

껍질이 벗겨진다네.

사람들 모두 유용有用의 유용함은 알지만

무용無用의 유용함은 알지 못한다네.

이 노래는 정치적 유용함을 추구한 공자를 광기의 은둔자가 비웃는 형식을 취하고 있다. 미친 인간 접여는 공자가 추구하는 인위적 정치의 본질이 착취와 억압임을 보여 준다. 이 노래에서는 광기가 지성을 자극하고 무용함이 유용함을 비판한다. 문명을 만든 지성의 밑바탕에 어두운 욕망이 자리 잡고 있음을 보여주고, 도덕이라는 정상을 상징하는 덕이 비정상의 소수자를 착취하는 일그러진 권력임을 폭로하고 있다.

그런데 문제는, 지성을 비웃는 광기의 언어가 더 정교하고 복잡하다는 것이다. 그래서 미친 장자의 말도 어렵고 푸코의 말도 더욱 어렵다. 그래도 장자의 언어는 우리의 전통에 속하기 때문에 서구적 전통에서 성장한 푸코의 언어보다는 우리에게 더 쉽게 다가온다. 장자를 통해 푸코를 읽는다면 푸코의 현란한 언어를 받아들이기가 더 쉽지

장자의 눈으로 푸코를 읽다

않을까? 아니, 도리어 푸코를 이해하는 데에 장자의 현란한 언어가 방해하는 것은 아닐까? 이런 우려에도, 장자로 푸코를 읽는 것은 일종의 지적인 모험이다.

푸코는 '인간의 죽음'을 선언한다. 이는 인간을 실제적으로 살해한다는 뜻이 아니다. 인간 중심적인 프레임에서 벗어나야 함을 말한 것이다. 장자식으로 말하면 '우물 안 개구리'에서 벗어나야 한다는 뜻이다. 지성은 특정한 프레임을 강요하며 자유를 구속한다. 지성은 자신의 프레임에서 벗어나는 광기를 적으로 만든다. 그래서 지성은 광기를 비정상적인 것으로 배제한다. 하지만 그 광기는 프로이트가 말한 "억압된 것의 귀환"처럼 되돌아와 지성의 프레임을 뒤흔들어 놓는다. 이에 지성은 상처를 입는다. 광기는 지성에 쌍둥이처럼 내존하는 차이의 흔적이다.

현대 문명에서 지성은 정상적인 것을 추구하며 인간을 착취하는 사회문화와 그 기초가 되는 정치경제 시스템을 형성한다. 정상화의 사회란 푸코가 규정한 현대 자본주의의 '규율 사회'이다. 공자의 유교가 추구한 사회도 마찬가지로 규율 사회이다. 규율 사회는 정상화의 범주를 강요하며 인간을 인적 자원으로 축적하는 메커니즘을 말한다. 인적 자원의 등급을 이른바 '스펙'으로 매긴다.

규율 사회에서는 정신적인 광기 못지않게 육체적인 장애도 비정상의 범주를 형성한다. 장자의 우언 중 하나인 지리소支離疏 이야기는 규율 사회가 정한 정상화의 범주를 비틀어 전도顚倒시키는 매력이 있다. 지리소 이야기는 현실과는 반대 상황을 전제한다. 정상적인 사람은 규율 사회에 의해 착취당하지만 비정상적인 사람인 지리소는 자유롭기만 하다. 지리소는 규율 사회에 유용하지 않기 때문이다. 정상적인 인간은 국가에게 목숨을 바치지만 비정상인인 지리소는 국가가 도리어 보호해 준다. 지리소 이야기는 정상화가 갖는 폭력성에 대한 일종의 패러디다.

(비정상적인 인물인) 지리소는 턱이 배꼽 아래에 숨어 있고, 어깨가 이마보다도 높고, 상투는 하늘을 가리키고, 오장이 위에 있으며, 두 넓적다리는 옆구리에 닿아 있다. 바느질과 세탁으로 충분히 입에 풀칠할 수 있으며, 키를 까불고 살을 골라내서 생기는 곡식으로 족히 열 사람을 먹여 살린다. 나라에서 군인을 징집하면 지리소는 팔뚝을 걷어붙이고 그 사이를 휘젓고 돌아다니며, 나라에 큰 부역이 있으면 지리소는 일정한 병이 있으므로 일을 받지 않고, 나라에서 병자에게 곡식을 나눠주게 되면 세 종류의 곡식과 열 다발의 땔나무를 받는다. 그 몸을 지리하게 한(즉 비정상이 된) 사람도 충분히 자기 몸을 잘 기르고 천수를 마치는데, 또 하물며 덕을 지리하게 한 사람이겠는가?(「인간세」)

하지만 비정상적인 사람이 더 행복한 사회는 현실에서는 존재하지 않는다. 거꾸로 정상이 비정상을 차별하는 것이 당연하게 여겨지는 게 현실이다. 규율 사회는 정상과 비정상이라는 이분법을 전제하고 있다. 더욱 문제가 되는 것은 정상이 비정상을 억압하고 차별한다는 것이다. 이것이 푸코가 규율 사회에 관한 비판적인 분석을 통해 이분법을 고발한 이유이다.

푸코의 규율 사회에 관한 담론 분석과 장자의 지리소 이야기는 이런 식으로 서로 접점을 만들며 교차한다. 동일한 문제를 장자는 이야기인 우언으로 풀어주고, 푸코는 담론 분석으로 밝혀준다. 장자로 푸코를 읽는 것이 묘한 쾌감과 예리한 통찰을 불러일으킨다는 점은 다음에 펼쳐질 둘의 만남을 통해 확인할 수 있다.

푸코는 철학자로 불린다. 하지만, 철학자들의 통상적인 글쓰기를 버린다. 대신 역사를 쓴다. 무엇에 관한 역사인가? 사상pensée의 역사이다. 사상이라는 것은 생각의 결과물이다. 또는 그 결과물을 통해서 밝혀내야 할 생각의 과정 또는 생각의 내용을 의미한다. 결과물이 그 내용을 반영하는 것이 대부분이지만 왜곡하거나 은폐하는 경우도 많다. 마찬가지로 푸코의 책과 인터뷰 그리고 소논문들도 그러할 수 있다. 그런 점에서 모든 시작은 언제나 어렵다. 그에 관한 글쓰기를 시작하지 않아도 된다면 얼마나 좋을까?

이 책을 읽는 법은 다음과 같다. 푸코와 장자의 철학에 입문하려는 독자는 두 철학자의 기풍을 다루는 1장과 양생술로서의 자기 테크놀로지를 다루는 5장을 먼저 읽으면 된다.

정치철학에 관심이 많은 독자는 장자의 이소노미아로서의 무하유 지향과 푸코의 진리의 정치경제학을 해설한 6장으로 돌진하면 된다.

또한 철학사적 맥락에서 푸코와 장자를 이해하고 싶은 독자는 권력과 욕망의 노예로 지식과 지식인을 비판하는 2장과 니체, 마르크스,

하이데거의 노선 위에서 푸코와 장자의 비판적 전통을 읽어내는 3장을 보면 된다.

전문적으로 푸코의 방법론인 고고학과 계보학을 파악하고 싶은 독자는 임상의학의 고고학과 정신의학의 계보학을 다루는 4장을 펴면 된다.

2017년 12월
김성우

장자의 양생 철학에 따르면 인간이 진정한 자신이 되려면

자아라는 실체에 대한 집착에서 벗어나야 한다.

오히려 자아를 버리는 투쟁에 편안해야 한다.

장자가 언급한 '내가 자아를 잊는다[吾喪我]'와,

'앉아 잊는 경지[坐忘]' 등이 이런 정신을 대표한다.

그는 이러한 말들로 자아에 집착하는 태도를 강력하게 비판하고 있다.

자아에 집착하는 자는 육신의 죽음을 두려워하고 슬퍼할 것이다.

그러나 장자의 양생은 곧 "때를 편안하게 여기며

천리에 순응하는[安時而處順]" 태도이다.

이는 곧 슬픔과 기쁨 등의 감정으로부터

'거리 두기의 파토스'(니체)이다.

이러한 태도를 취함으로써 "하늘을 저버린 죄[遁天之刑]"에서 벗어나고,

"천제天帝의 저울로부터 해방[懸解]"된다.

한마디로 장자가 취한 양생의 도는

'안명安命', 즉 '운명에 대한 사랑amor fati'(니체)인 것이다.

「지락至樂」에는 그가 처의 죽음 앞에서 춤추고 노래한 대목이 나온다.

이는 그의 안명 정신을 잘 보여 주는 이야기이다.

푸코가 벌이는, '나를 찾기 위해 나를 찢는 투쟁'도

장자의 양생의 도와 다를 바 없다.

다만 시대가 더 복잡하고 이에 따라 쓰는 언어가 더 번쇄할 뿐이다.

[일러두기]

1. 이 책은 저자의 논문인 「푸코의 얼굴 없는 글쓰기의 에토스」, 「푸코의 역사비판 존재론으로서 의학적 시선의 고고학」, 「푸코와 권력의 문제」, 「푸코의 정신의학의 계보학」을 기본 바탕으로 하고 있다.

2. 『장자』에서 인용할 때 기세춘, 김학주, 안동림, 안병주와 전호근, 오강남(일부 번역)의 다섯 번역서와 앵거스 그레이엄의 편역본을 모두 참고하고, 안병주와 전호근 번역본을 주로 사용하면서도 의도에 맞게 수정하였다.

3. 푸코의 책과 인터뷰 그리고 소논문들을 인용할 때 기본적으로 한국어 번역본을 활용하지만 프랑스어 원본과 영어 번역본을 참고하여 의도에 맞게 수정하였다. 한국어 번역본을 참조하지 않고 프랑스어본과 영어본에서 직접 번역한 것도 많았다.

4. 인용 시 『장자』의 경우 편명만을 밝히고, 푸코의 경우 저작명만을 기술하고, 나머지의 경우에는 저자 이름과 책 이름만 적었다. 자세한 서지사항은 책 말미의 참고문헌으로 정리했다.

5. 우리말이든 외국어이든 논문이나 편명의 경우에는 「 」, 우리말 책의 경우에는 『 』, 외국어 책의 경우에는 이탤릭체를 사용했다. 영화나 기사, 강연 등의 제목을 표시할 경우에는 〈 〉로 표시했다. 한자나 외국어는 괄호 없이 우리말 다음에 그대로 병기하였다.

1장

철학에도

기풍이 있다

푸코는 "내가 누구인지 묻지 말라."고 선언한다. 삶의 실험철학자인 그는 자신의 신분 확인을 거부한다. 굳어진 정체성이란 사회가 자신에게 강요하는 일종의 굴레와 같은 것이다. 이러한 사회를 노자는 명名, 즉 이름의 세계라고 부른다. 여기서 이름이란 사회 질서를 상징한다. 이런 이유로 노자와 장자는 무명無名, 즉 이름 없음을 추구한다.

푸코의 사유의 정체正體에 대하여 많은 논란이 있다. 예컨대 로제 가로디는 푸코의 사유를 '추상적 구조주의'로, 장 피아제는 '구조 없는 구조주의'로, 미켈 뒤프렌은 '신실증주의'로, 앙리 르페브르는 '신-엘레아주의'로 규정한다. 그 자신의 말대로 가면놀이를 하는 푸코의 얼굴은 대단히 다채롭다.

장자도 마찬가지이다. 장자는 가혹하게도 염세주의자, 반동주의자, 상대주의자, 회의주의자, 주관적 관념론자, 도피주의자, 또는 뛰어난 문학자나 양생술의 신비주의자로 규정된다. 이처럼 장자의 얼굴도 다양하다.

장자와 푸코의 얼굴이 다양하게 나타나는 데는 동일한 철학적 기풍氣風

이 있기 때문이다. 기풍이란 일종의 니체가 말한 스타일과 동일하다. 철학자의 객관적인 논리 밑바탕에는 그의 실존적 에토스(존재 양식이나 태도)가 있다. 고로 각각의 철학자에게는 나름의 스타일이 있기 마련이다. 장자와 푸코의 철학적인 기풍은 동일하게도 극단적인 실험을 마다하지 않는다는 것이다. 다시 말해서 고정된 정체성을 거부하고 끊임없이 새로운 자신이 되고자 노력했다는 것이다. 들뢰즈식으로 말하면 둘 다 정주민이 아닌 유목민의 철학자이다.

그런데 장자의 눈으로 푸코를 읽으려면 장자 자체를 이해해야 한다. 장자가 자기 자신을 묘사한 바에 따르면 그의 사상은 크게 세 가지의 특징이 있다. 첫째로, 장자의 지혜는 소극적인 은둔의 철학이나 비겁한 도피주의가 아니라, 도리어 세속의 프레임을 깨트리는 적극적인 현실 비판의 의미를 담고 있다. 둘째로 장자는 "마음과 생명을 상하게 하지 않는 책"을 지었다. 셋째로 장자는 시작도 끝도 없는 변화의 한가운데에서 삶의 무게와 죽음의 두려움에서 벗어나 무위자연의 도道와 함께 소요하는 경지에 도달했다. 한쪽으로 치우치거나 배타적인 협소한 구분에서 벗어나,

도의 무명無名의 세계와는 대조적으로 유명有名의 세계는 억압적인 배제와 착취적인 구분으로 지배하고 욕망을 끝없이 자극하는 노예적인 삶을 주조한다. 이러한 규율 사회적인 질서와 상징계의 프레임에서 벗어나 자유로이 소요하며 노니는 경지를 추구한다는 점에서, 장자와 푸코의 철학적 기풍은 시간과 문화의 차이에도 불구하고 서로 만나게 된다.

생각한다는 것은 실험이다

◇ ◇ ◇

푸코에 관한 논의를 본격적으로 시작하기 전에 질 들뢰즈^{Gilles Deleuze}의 언어로 푸코의 사상을 정리해 보는 것은 매우 의미심장하다. 왜냐하면 들뢰즈는 그와 아픈 이별을 경험하면서도 여전히 그를 사랑하고 만나고 싶어 했기 때문이다.

사유思惟가 이론의 문제였던 적은 결코 없습니다. 삶의 문제들이었지요. 삶 자체였기도 합니다. …… 사유한다는 것, 그것은 항시 실험한다는 것입니다. 주석을 다는 것이 아니라 실험하는 것이고, 또는 실험이란 현행적인 것, 태어나는 것, 새로운 것, 한창 이루어지고 있는 것을 말합니다.

장자의 눈으로 푸코를 읽다

…… 푸코는 가장 완전한, 아마도 유일한 20세기 철학자입니다. 19세기에서 완전히 벗어났기 때문입니다. 그래서 그가 그 세기를 그토록 잘 얘기해 줄 수 있는 것이지요. 바로 이런 의미에서 푸코는 사유에 자신의 삶을 투자한 것입니다. 권력과의 관계, 그리고 자신과의 관계, 이 모든 것이 삶과 죽음, 광기와 새로운 이성의 문제였지요. 푸코에게 주체화는 주체로의 이론적 회귀가 아니라 다른 삶의 방식, 새로운 문제의 실질적 탐구였습니다. 푸코 자신은 자신의 철학적 에토스를 우리 자신에 대한 비판적 존재론으로 간주합니다. 우리 자신의 비판적 존재론은 이론이나 학설도 아니고 축적되고 있는 지식의 영원한 신체도 아닙니다. 우리 자신의 비판적 존재론은 현재에 대한 우리의 비판이 우리에게 부과되어 있는 한계들을 역사적으로 분석하는 동시에 그러한 한계들을 넘어갈 수 있는 가능성을 시험하는 태도이며, 에토스이며, 철학하는 삶입니다.(들뢰즈,『대담 1972~1990』)

푸코의『말과 사물Les mots et les choses』이 출간된 후 그의 사유의 정체正體에 대하여 많은 논란이 일어난다. 예컨대 로제 가로디Roger Garaudy는 푸코의 사유를 '추상적 구조주의'로, 장 피아제Jean Piaget는 '구조 없는 구조주의'로, 미켈 뒤프렌Mickel Dufrenne은 '신실증주의'로, 앙리 르페브르Henri Lefebvre는 '신-엘레아주의'로 규정한다.(『푸코의 마르크스』) 그 자신의 말대로 가면놀이를 하는 푸코의 얼굴은 대단히 다채롭다.

장자도 마찬가지다. 장자는 가혹하게도 염세주의자, 반동주의자, 상대주의자, 회의주의자, 주관적 관념론자, 도피주의자, 또는 뛰어난 문학자나 양생술의 신비주의자로 규정된다.(제링샹Ge Ling Shang,『긍정으로서의 해방Liberation as Affirmation』) 이처럼 장자의 얼굴도 다양하다.

장자와 푸코의 얼굴이 다양하게 나타나는 이유는 동일한 철학적 기풍이 있기 때문이다. 기풍이란 프리드리히 니체Friedrich Wilhelm Nietzsche(1844~1900)가 말한 일종의 '스타일'과 동일하다. 철학자의 객관적인 논리 밑바탕에는 그의 실존적 에토스(존재 양식이나 태도)가 있다. 고로 각각의 철학자에게는 나름의 스타일이 있기 마련이다. 장자와 푸코의 동일한 철학적 기풍은 극단적인 실험을 마다하지 않는다는 것이다. 다시 말해서 고정된 정체성을 거부하고 끊임없이 새로운 자신이 되고자 노력했다는 것이다. 들뢰즈식으로 말하면 둘 다 정주민이 아닌 유목민의 철학자이다.

이와 관련된 장자의 우언이 하나 있다. 『장자』「응제왕應帝王」에 계함季咸이라는 신통한 무당이 나온다. 귀신같이 길흉화복을 잘 맞추는 것에 탄복한 열자列子는 그를 자신의 스승인 호자壺子에게 소개했다. 호자를 처음 본 무당은 열흘도 못 돼 호자가 죽을 거라고 단언했다. 이튿날 호자는 또 무당을 불러 자신을 보게 했다. 무당은 나오면서 열자에게 스승의 병이 나았다고 말했다. 호자는 한 번 더 무당을 불러 자신을 보게 했다. 그랬더니 무당은 열자에게 스승의 모습이 한결같지 않아 관상을 제대로 볼 수 없다고 고백했다. 호자는 무당을 다시 불렀다. 호자를 보자마자 무당은 안절부절못하고 끝내 도망쳐 버렸다. 그러자 호자는 열자에게 다음과 같이 말했다.

아까 나는 아직 나의 근본에서 떠나지 않은 자연 그대로의 모습을 보여

장자의 눈으로 푸코를 읽다

주었다. 내가 마음을 비우고 욕심이 전혀 없는 모습으로 그를 대했더니 그는 내가 누구인지 모르게 되었고, 따라서 무엇이 무너져 내린다고 생각하게 되었으며, 따라서 무엇인가 노도처럼 물결쳐 온다고 생각하게 되었기 때문에 도망친 것이다.(「응제왕」)

마찬가지로 푸코도 "내가 누구인지 묻지 말라"고 선언한다. 삶의 실험철학자인 그는 자신의 신분 확인을 거부한다. 굳어진 정체성이란 사회가 자신에게 강요하는 일종의 굴레와 같은 것이다. 이러한 사회를 노자는 명名의 세계라고 부른다. 여기서 이름이란 사회 질서를 상징한다. 라캉과 지젝이 말하는 상징계인 것이다. 우리는 사회적 이름에 얽매여 살아간다. 명품과 명문대 열풍도 이를 반영하는 사회적 현상인 것이다. 장자 시대로 말하면 왕이나 노예도 모두 사회적으로 조작된 인위적인 이름에 불과한 것이다. 노자老子의 말처럼 "이름을 이름 지우면 늘 그러한 이름이 아니다."

푸코의 이름을 갖지 않으려는 실험적인 스타일은 노자와 장자의 무명無名의 철학적 기풍과 동일한 것이다. 그들의 에토스는 기존의 사회적 상징 체계를 부수고 서열화된 질서를 해체하는 용기 있는 철학적 행위이다.

당대의 다양한 학풍을 접하다

◇ ◇ ◇

푸코의 글은 일반인이 이해하기에 어려운 편이다. 심지어 전문적인 철학자도 그의 텍스트를 읽는 것이 편하지 않다. 푸코의 사상은 단번에 파악하기에는 대단히 복잡하다. 왜냐하면 그의 철학은 현대의 다양한 철학적 사조들과 연관성이 있기 때문이다. 다시 말해서 푸코는 마르크스주의, 니체주의, 정신분석학, 현상학, 해석학, 실존주의, 프랑크푸르트학파, 구조주의, 포스트모더니즘(탈현대주의), 심지어 영미의 언어분석철학 등 다양한 현대의 철학적 운동들과 영향을 주고받으며 사상을 펼치기 때문이다.

장자도 마찬가지로 당대의 모든 사상과 학파에 정통했다. 심지어 괴이한 역사나 신화, 자연과학이나 다양한 장인 기술까지 건드리지 않은 분야가 없을 정도로 박학했다. 사마천司馬遷의 『사기史記』 「열전列傳」에 따르면 "장자의 학문은 언급하지 않은 분야가 없지만, 그 요체는 노자의 설에 귀착된다其學無所不闚, 然其要本歸於老子之言." 실제로 『장자』 마지막 편인 「천하天下」는 유가와 묵가에서부터 시작하여 도가와 명가에 이르기까지 당대 사상의 역사를 종합적으로 정리한다.

유소감이 『장자철학』에서 행한 분류에 따르면 33편으로 이루어진 『장자』는 「내편內篇」, 「외편外篇」, 「잡편雜篇」으로 편제되어 있으며 크게 네 가지 사상적 노선이 결합된 책이다. 우선 장자 자신의 사상으로, 그는 일곱 편으로 이루어진 『내편』의 저자이며 평민 지식인 사상의 대표자이다.

다음으로, 술장파述莊波는 장자를 충실하게 서술하는 학파이다. 이들은 술이부작述而不作(『논어』에 나오는 말로 옛것을 풀어 밝힐 뿐이지 창작하는 것은 아니라는 정신)의 전통대로 성인인 장자의 말을 전하고 자기의 학설學說을 지어내지 않는다. 대표적으로는 「추수秋水」, 「지락至樂」, 「달생達生」, 「산목山木」, 「전자방田子方」, 「지북유知北遊」, 「경상초庚桑楚」, 「서무귀徐無鬼」, 「칙양則陽」, 「외물外物」, 「우언寓言」, 「열어구列禦寇」가 그들의 작품이다.

그다음으로, 무군파無君波는 아나키스트이다. 나중에 앵거스 그레이엄은 해설서인 『장자: 사유의 보폭을 넓히는 새로운 장자 읽기』에서 이러한 무군파를 노자에 영향을 받은 원시주의자와 양주학파로 세분한다. 그들의 저술로는 「변무騈拇」, 「마제馬蹄」, 「거협胠篋」, 「재유在宥」,

「양왕讓王」, 「도척盜跖」, 「어부漁父」가 있다.

마지막으로 황로파黃老派는 종합주의적인 절충주의자로서 정치적 성향이 강하다. 사마천의 아버지인 사마담도 이러한 황로파의 영향을 받은 도가 지식인이었다. 그래서 그는 춘추전국시대의 백가들을 여섯 개의 학파로 분류하면서 도가를 중심으로 나머지 다섯 개의 학파들을 종합적으로 평가한다. 그에 따르면 도가는 음양가의 큰 흐름을 따르고 유가와 묵가의 좋은 점을 취하고, 명가와 법가의 요점을 취한 것으로 설명된다. 황로파의 대표작은 「천지天地」, 「천도天道」, 「천운天運」, 「재유在宥」, 「각의刻意」, 「선성繕性」, 「천하天下」이다.

서구의 장자 전문가인 앵거스 그레이엄은 이미 언급했듯이 유소감의 네 가지 분류를 다섯 가지로 더 세분하여 텍스트 고증을 한다. 우선 「내편」에는 역사적인 인물로서의 장자 본인의 사상이 담겨 있다. 물론 「내편」이 모두 장자의 저작은 아니다. 다음은 장자학파(술장파)로서 「내편」에 있는 장자의 사상을 충실하게 계승하려는 저자들이다. 이들의 대표작은 「외편」의 뒷부분인 「추수」, 「지락」, 「달생」, 「삼목」, 「지북유」이다.

그다음으로 원시주의자는 무군파의 일파로서 국가 조직, 왕권, 통치 행위 등에 대한 급진적 비판을 하며 원시 부족 같은 작은 공동체를 지향하는 무정부주의자들이다. 이들의 대표작은 「외편」의 앞부분 「변무」, 「마제」, 「거협」, 「재유」이다. 네 번째는 양주학파(楊家)로서 역시 무군파의 일파이다. 이들은 양주楊朱의 영향을 받아 정치, 사회보다 개인의 신체, 개체의 자기 보존 등을 중요하게 생각하는 경향을 보인다.

장자의 눈으로 푸코를 읽다

이들의 대표작으로는 「양왕」, 「도척」, 「설검」, 「어부」가 있다.

마지막으로 종합주의자(황로파)는 유가, 묵가, 법가, 도가 등을 종합하려고 했던 사람들로 정치, 특히 통치 행위에 관심이 크다. 이들의 대표작은 「천지」, 「천운」, 「천도」, 「천하」이다.

장자 철학 전문가나 푸코 철학 전문가에게도 이들의 철학 사상은 당혹감을 일으킨다. 이처럼 사상의 역사에 밝고 다양한 학문에 정통한 장자와 푸코의 철학을 어느 하나로 규정하다는 것은 쉬운 일이 아니다. 그래서 그들의 사상적 정체성에 대해서는 이견이 많고 오해가 뒤따르기 마련이다.

주체와 구조를 넘어서

푸코가 구조주의자로 오해받은 데에는 이유가 없는 것이 아니다. 전후 사르트르가 프랑스의 지성계를 주도하면서 현상학과 실존주의적 마르크시즘이 유력한 사상으로 등장한다. 두 사상에서는 의미의 부여자로서 (초월론적인) 주체가 절대적 지위를 지니게 된다.

그런데 이 초월론적인 주체는 언어의 문제와 무의식의 문제 앞에서 무력할 뿐이다. 왜냐하면 그 주체도 이로부터 발생한 효과(푸코)이거나 과잉적인 잉여물(지젝)이기 때문이다. 한마디로 주체는 가장 기본적인 전제가 아니다. 오히려 이러한 주체가 발생하는 과정에 대한 설명이 필요하다. 페르디낭 드 소쉬르Ferdinand de Saussure로부터 시작된 공시적 언어 분석은 주체가 구조의 산물(또는 부산물)임을 보여 준다.

우선 소쉬르의 이론은 언어의 구조에 대한 명확한 과학적 설명을 해준다. 더 나아가서 라캉이 이 구조 분석을 무의식에 적용하여 놀라운 성과를 거둔다. 언어학에서 배운 구조 분석은 초월론적인 주체로부터 탈출할 수 있다는 가능성을 제시한다. 클로드 레비스트로스Claude Lévi_Strauss는 인류학에서, 롤랑 바르트Roland Barthes는 문학 비평에서, 루이 알튀세르Louis Althusser는 마르크스의 해석에서 구조 분석의 방법을 이용한다. 이를 통해서 이들은 반反휴머니즘과 주체의 죽음을 선언한다.

푸코도 마찬가지로 구조주의자들의 반휴머니즘에 공감하면서 『말과 사물』에서 인간의 죽음을 주창한다. 이 인간의 죽음이라는 말로 인해 사르트르를 비롯한 많은 사람들이 푸코를 구조주의자의 한 사람으로 보게 된다. 푸코는 이러한 점을 인정하면서도 다음과 같이 항변한다.

나는 오늘날 인문학 내에서의 지식의 거대한 변형에 구조주의가 각인되어 있다고 생각한다. 그리고 또한 이 변형이 인간학적 지위, 주체의 지위 그리고 인간의 특권에 관한 물음을 제기하는 것보다 구조 분석에 덜 향해 있다고 생각한다. 그리고 나의 방법도 구조주의와 마찬가지로 이 변형의 내부에 각인되어 있지만, 구조주의 안에서가 아니라 그것과 함께한 것이다.(『푸코 라이브Foucault Live』)

이처럼 푸코가 구조주의자라는 명칭을 강하게 부정하는 데에는 나름의 이유가 있다. 그는 구조주의를 모더니즘적인 형식주의의 일환으

로 간주한다. 구조주의자라는 규정에 대한 강한 부정에는 자신이 공
감한 모더니즘과 모더니즘적 에크리튀르^{écriture}(글쓰기)에 대한 자기
비판이 담겨 있는 것이다.

이 점을 이해하려면 우선 푸코가 구조주의를 어떻게 생각하는지를
살펴보아야 한다. 그는 언어학이나 비교신화학과 같은 매우 제한된
영역에서 사용된 구조 분석을 구조주의라고 부른다. 이런 영역을 넘
어서는 구조주의라고 정의할 만한 것이 있는지에 대해 회의적이다.
그는 구조주의를 정의하는 데에는 관심이 없다.

대신에 형식적 사유, 여러 종류의 형식주의를 연구하는 것이 내겐 흥미
로운 것처럼 보인다. 이 형식주의가 20세기 동안 서구 문화를 관통하였던
것이다.(「구조주의와 포스트구조주의^{Structuralism and Post_structuralism}」)

푸코는 좁은 영역에 해당하는 구조주의보다 광범위한 영역에서 일
어난 사조인 형식주의가 훨씬 더 강력하고 복잡한 문예 세력이라고
생각한다. 게다가 형식주의는 그 당시 러시아와 동유럽의 정치 운동들
과 연관이 있다고 본다. 프랑스의 구조주의는 이러한 운동의 작은 반향
일 뿐이다.(『푸코의 마르크스』) 보통 모더니즘은 문학과 예술의 자율성을
주장하는 형식주의와 정치적 반항을 강조하는 전위 예술로 구분된다.

이에 비해 푸코는 모더니즘을 이루고 있는 두 축의 연관성에 주목
한다. 형식주의가 시작될 무렵에 형식의 자율성, 예컨대 언어 구조로
서의 문학의 자기 관련성^{self_reference}과 내재성이 갖는 정치적 함의는

장자의 눈으로 푸코를 읽다

다음과 같다. 문학과 예술은 모든 외적인 규정으로부터 자유롭다는 것이고, 창작, 즉 글쓰기는 그 자체로 전복顚覆이라는 실천적 행위라는 것이다.

그러나 형식주의는 프레드릭 제임슨Fredric Jameson의 동명의 책 제목처럼 '언어의 감옥'에 갇히고 아방가르드는 대학에서 소수의 전문가들만 다루는 고답적인 의례가 된다. "소위 아방가르드 집단과 대학의 조야한 대중이 일치하고 있다. 이것은 매우 육중한 정치적 바리케이드(장애물)로 나아간다."(『푸코 라이브Foucault Live』)

이와 같이 형해화形骸化된 모더니즘을 비판하고 새로운 전략을 모색하기 위해 푸코는 구조주의자의 가면을 벗어던진다. 그는 『말과 사물』에서 구조라는 말을 한 번도 사용하지 않았다고 항변할 뿐 아니라 이 책은 '공식적 훈련'에 지나지 않았다고 말하기도 했다. 그러면서 그는 자신의 진정한 관심사를 이야기한다. 『푸코의 마르크스』에 따르면, "한계 체험, 이것이 나를 매혹시킨 주제입니다. 광기, 죽음, 성, 범죄, 이것들이 나의 주목을 가장 끈 것들입니다."

한계 체험을 전면에 내세움으로써 그는 이론가에서 벗어나고자 한다. 이론가는 자신이 이미 생각했던 것을 전달하기 위해 책을 쓴다. 반면에 그는 실험가이다. 실험가는 자신에게 매력적인 주제이지만 아직 무엇을 사유해야 할지 모르기 때문에 글쓰기를 한다. 그럼으로써 글쓰기는 글쓴이 자신을 변형시킨다. 새로운 작품은 이전의 작품으로 도달했던 사유의 관점을 철저하게 변화시킨다. 이런 의미에서 푸코는 이론가가 아니라 '실험가'이다.

실험가로서 푸코가 글을 쓰는 것은 자신을 바꾸기 위해서이고 이전과 동일한 것을 생각하지 않기 위해서이다. 이런 그에게 그가 고정된 정체를 강요하는 '누구인지 묻는 것'은 무의미하다. 그의 글쓰기의 특징은 "도구적이고 환영적이며 꿈과 같다"는 것이다. 그의 글쓰기는 "삶의 불가능성에 가능한 한 근접해 있으며, 한계나 극한에 놓여 있는 삶의 핵심"에 도달하려고 한다.(『푸코의 마르크스』)

이 한계 체험을 통해서 그는 "모호한 휴머니즘과 언어의 순수한 형식주의"(『푸코 라이브』)에서 머뭇거리고 있는 문학에 새로운 가능성을 제시하고자 한다. 20세기의 주요한 흐름인 해석(대표적으로는 현상학과 해석학)과 형식화(대표적으로는 논리실증주의의 기호논리학), 즉 인간과 기호라는 이 양 극단에서 벗어나는 길은 한계 체험을 시도하는 실험적 글쓰기이다. 이 글쓰기의 선구자들로 푸코는 프리드리히 니체, 조르주 바타유Georges Bataille, 모리스 블랑쇼Maurice Blanchot, 피에르 클로소프스키Pierre Klossowski를 꼽는다. 체험은 주체를 그 자신으로부터 '찢는' 과제를 갖는다. 이 찢는 과정을 통해서 자신이 항상 동일하게 남아 있는 것은 불가능하게 된다.(『푸코의 마르크스』) 한계 체험으로서의 실험적 글쓰기는 일종의 '유목민 되기'이다.

삶의 실험가라는 푸코의 철학적 기풍은 그의 니체주의와 잘 통한다. 니체는 『즐거운 학문Die fröhliche Wissenschaft』에서 다음과 같이 말한다. "아니다. 삶은 나를 실망시키지 않는다! 해가 거듭될수록 나는 오히려 나의 삶이 더욱 진실해지고, 더욱 원할 만한 가치가 있고, 더욱 비밀스러워진다는 것을 알게 된다. 위대한 해방자가 나를 압도한 그날부

　　　　　　　　　　　장자의 눈으로 푸코를 읽다

터 그렇다. 그것은 삶이―의무도 아니고 운명도 아니고 사기도 아니다―인식하는 자의 실험이 되어도 좋다는 사상이다."

그러나 푸코의 사상과 글은 우리 시대와 우리 자신의 삶과 밀접한 관련을 맺고 있기 때문에 마냥 어려운 것은 아니다. 이러한 관련성을 보지 못하고 그의 현란한 언어 놀이에 빠져들면 이로부터 헤어나지 못하게 된다. 우리는 푸코의 언어에서 근대 이후 서양 사상이 쌓아온 발전적 축적의 흔적을 엿볼 수 있다. 그러나 이에 대해 미리 겁을 먹어서는 안 된다. 아무리 현묘하고 세련된 언어라도 매우 단순한 통찰과 근본 경험이 그것의 모티브가 되었기 때문이다. 이런 모티브를 이해하지 못하고 푸코를 읽는 것은, 장자의 말대로 "성인聖人의 찌꺼기를 보는 것"에 불과하다.

삶도 이론만큼이나 복잡하고 어렵기는 마찬가지이다. 그래도 삶으로부터 도망갈 수는 없다. 매일매일 우리는 삶을 살아야 하기 때문이다. 푸코의 철학은 장자의 철학처럼 우리의 삶을 실험하는 연금술이다. 장자는 이를 양생養生의 도술道術이라고 부른다. 푸코 철학의 위험한 매력은 바로 여기에 있다. 실험한다는 것은 가능한 위반을 실천하는 것이다. 가능한 위반이란 현재 삶의 극단에까지 가보기 위해 이를 역사적으로 분석하고 동시에 이 한계를 넘어가기 위한 가능성들을 모색해 보는 작업이다. 역사적 분석을 행하는 이유는, 현재는 과거에 이루어진 축적 과정의 산물이기 때문이다. 한계를 넘어서는 가능성을 실험하려면 현재의 삶을 위반해야 한다. 기존의 삶의 규칙을 거부이기도 해야 하며 심지어 규칙을 바꾸기도 해야 한다.

철학적 기풍이란?

◇ ◇ ◇

푸코가 행한 가능한 위반의 실천은 일종의 철학적 에토스(기풍)를 지니고 있다. 에토스ethos란 고전 그리스어로서 원래 풍습이나 관습을 의미하는 단어 ἔθος와 현대 영어의 ethics(윤리학)이라는 말의 어원인 ἦθος에서 기인한 말이다. 그렇지만 푸코에게 철학적 에토스란 철학자의 존재 방식이며 실존 태도를 가리킨다. 이러한 푸코의 에토스를 이해하면 그의 복잡한 사상과 현란한 언어에 대한 조망도 가능해진다. 그리고 그가 제기한 문제들에도 적확하게 다가갈 수 있다. 또한 그가 사용한 고고학과 계보학이라는 방법들이 일종의 비판이라는 것도 이해할 수 있다. 그런데 이 비판은 단순한 인식 비판이 아니라 "우

장자의 눈으로 푸코를 읽다

리 자신에 대한 역사적이고 비판적인 존재론"이라는 것도 마찬가지로 이해할 수 있다. 그래서 장자로 읽는 푸코 사상에 대한 첫 번째 장의 제목을 '철학적 기풍'으로 정한 것이다.

그렇다면 장자의 철학적 기풍은 어떠한가? 『장자』의 대미를 장식하는 33번째이자 마지막 편인 「천하」에 다음과 같이 장자의 자기 규정이 나온다.

적막하여 형체가 없으며, 끊임없이 변화하여 일정한 모습이 없다. 죽은 것인가, 살아 있는 것인가? 천지와 나란히 존재하고 있는 것인가? 신명神明과 함께 가고 있는 것인가? 아득한 공간 속에서 어디로 가는 것이며, 황홀한 순간 속에서 어디로 가는 것인가? 만물이 모두 하나의 그물을 이루는데 여기로 되돌아가 만족하며 쉴 줄을 모른다. 옛날 도술 중에 이런 학문이 있었다. 장주莊周가 이러한 학풍을 듣고 그것을 기뻐하였다.

장자의 기풍도 역시 변화무쌍하며 관계 지향적인 철학이다. 이런 까닭에 세상 사람들에게는 그가 "터무니없는 이야기 및 황당한 말과 밑도 끝도 없는 언사言辭"로 이따금 제멋대로인 것처럼 보인다. 그러면서도 장자 자신이 언급하는 것처럼 어느 한쪽에 치우친 것도 아니라 균형을 갖추었다. 이런 이야기를 늘어놓은 이유도 단순히 "진기함을 자랑하려고" 한 것이 아니라, 단지 "천하 사람들이 혼탁함에 빠져 있어 함께 바른 이야기[正言]를 할 수 없다"고 생각했기 때문이다.

장자의 언어 사용 방식은 크게 세 가지이다. (기세춘의 해석에 의하면) 우선 치언卮言이 있다. 이는 소크라테스적 아이러니로, 자연의 끝없는 변화를 알게 하여 기존의 선입견에 혼란을 일으킨다. 다음으로 중언重言이 있다. 기존의 성인들을 패러디함으로써 역설적으로 진실을 깨닫게 한다. 마지막으로 우언寓言이 있다. 이는 동물과 사물에 빗대어 광대한 우주처럼 뜻을 확장한다.

이를 통해 장자가 획득한 철학적인 경지는 어떠한가? 첫째로 장자는 "홀로 천지의 정묘하고 신묘한 작용과 함께 일체가 되어 왕래하면서도 만물 위에서 오만하게 함부로 만물을 구분하고 서열을 매기지 않았으며, 옳고 그름을 따져 추궁하고 견책하지 아니하였다." 그렇지만 그는 세속을 초월하거나 세속으로부터 도피하지 않고 "세속과 더불어 살았다." 마치 플라톤의 동굴 비유에서 동굴 밖으로 나가 이데아를 보고 깨달은 자도 다시 어두운 동굴 안으로 되돌아오듯이, 장자는 우물 안에서 벗어나는 지혜를 얻었어도 결국 우물과 더불어 살았다는 말이다. 장자를 소극적인 은둔의 철학이나 비겁한 도피주의로 이해해서는 안 된다는 뜻이다. 장자의 지혜는 도리어 세속의 프레임을 깨뜨리는 적극적인 현실 비판의 의미를 담고 있다.

둘째로 장자의 저서는 "비록 터무니없이 진기한 내용을 담고 있으나, 둥글게 순환하여 사물을 해치는 일이 없다." 이는 장자의 철학이 우주와 사물의 변화를 따르므로 자신의 몸이나 다른 생명을 해치거나 상하게 하지 않는다는 뜻이다. 또한 "그 언사는 비록 크고 작게 어긋남이 있으나 수수께끼처럼 기발하여 볼 만한 점이 있다." 이는 장자의 기발한 언어 속에 담긴 익살과 해학을 가리키고 있다. "마음과 생명을 상하게 하지 않는 책"이 바로 『장자』인 것이다.

셋째로 장자는 "가슴속에 무언가가 꽉 찬 것을 다 표현할 수가 없어 위로는 조물자造物者와 함께 노닐고, 아래로는 삶과 죽음을 도외시하고, 끝도 시작도 없는 사람을 벗으로 사귄다." 이는 시작도 끝도 없는 변화의 한가운데에서 삶의 무게와 죽음의 두려움에서 벗어나 무위자연의 도道와 함께 소요하는 경지이다. 한쪽으로 치우치거나 배타적인 협소한 구분에서 벗어나 도의 광대함의 경지에 나가 욕망을 비운 텅 빈 마음의 자유를 얻은 것을 말한다. 반면에 유명有名의 세계는 억압적인 배제와 착취적인 구분이 지배적이며 욕망을 끝없이 자극하는 노예적인 삶을 주조한다.

기존의 규율 사회적인 질서와 상징계의 프레임에서 벗어나 자유로이 소요하며 노니는 경지를 추구한다는 점에서, 장자와 푸코의 철학적 기풍은 시간과 문화의 차이에도 서로 만나게 된다.

2장

과학과 지식은

구원이 아니다

푸코 사상을 구조주의로 대표되는 인식론이나 과학사의 관점에서 읽는 것이 통상적인 해석이다. 구조주의는 객관적 과학성의 외관을 띠기 때문에 현대 학자들의 열광을 불러일으켰다. 구조주의에 대한 열광은 과학주의에 대한 맹신 때문이다. 현대 사회에서 과학은 진리로 가는 유일한 길로 간주된다. 과학 아닌 것은 단순히 감정의 산물이거나 상상력의 판타지에 불과하다. 전통 사회에서는 영향력이 대단했던 종교와 윤리도 이런 취급을 받게 된다. 비非과학이라는 딱지는 적을 공격하는 효과적인 무기가 된다.

그러나 구조는 과학적이기는 하지만 동시에 역사를 무시하기에 특정 프레임에 갇힌 감옥의 역할을 한다. 그래서 이미 밝혔듯이 구조주의는 '언어의 감옥'(프레드릭 제임슨)인 것이다. 장자의 표현을 빌리면 '우물 안 개구리'인 것이다.

기존 프레임이나 좌표계를 흔들거나 바꾸려면 우선 기존 지식의 한계를 알아야 한다. 과학과 같은 객관적 지식도 알고 보면 권력의 노예임을 잘 알아야 한다. 지젝이 라캉의 대학 담론을 가지고 설명했듯이, 객관성을 주장하는 과학과 지식은 정치 권력과 자본 권력을 은밀하게 섬긴다. 다시 말해 과학과 지식은 권력이 부추기는 욕망의 충족 수단이자 결과물인 것이다.

장자는 효율성에 빠져 유용한 과학적 지식에만 몰두하는 기계 문명을 비판하고, 정치적 이해관계와 상업적 이익 때문에 생겨나는 번쇄하고 복잡한 논쟁과 언변을 풍자하고 있다. 마치 플라톤이 소피스트의 지혜 소유를 비판하고 마르크스가 종교와 문화 산업을 아편이라고 폭로한 것처럼 말이다. 소피스트의 지혜는 권력 경쟁이나 법정 싸움에서 이기기 위한 이익의 도구이며, 종교는 기존 현실을 정당화하고 가상적인 위안을 제시하는 권력의 도구이다. 결국 장자가 비판하는 지식 추구나 푸코가 비판하는 과학주의는 모두 이러한 권력과 욕망의 노예적인 태도인 것이다.

장자는 다섯 유형의 선비를 권력과 욕망의 노예로 풍자한다. 산곡의 선비, 평세의 선비, 조정의 선비, 강해의 선비, 도사 같은 선비가 그것이다. 통상적으로 유가의 선비들은 난세의 시대에는 산곡의 선비가 되어 부패한 권력을 비판하며 불우한 자신의 처지를 탓하다 고결하게 자결한다. 태평의 시대에는 평세의 선비처럼 서당의 훈도가 되어 재야에서 교화하는 역할을 하거나 운이 좋아 등용된다면 조정의 선비처럼 통치에 종사하며 부국강병을 추구한다. 반면에 도가의 선비들은 통상 강해의 선비처럼 강과 바다로 떠나 무심하게 은둔하는 삶을 살거나 도사처럼 건강과 장수를 위해 요가 수행을 하는 삶을 산다고 알려져 있다. 장자는 이런 다섯 종류의 선비와 그들의 지식을 흉기로 규정한다. 마찬가지로 푸코도 권력/지식을 비판한다.

과학을 닮으려는 철학의 이론적인 빈곤

◇ ◇ ◇

우리 사회에서 1980년대 말과 1990년대 초에는 과학주의가 강단 철학을 지배하였다. 독일 관념론이나 프랑스 실존주의 대신에 영미 분석철학이 등장한 것이다. 반대로 재야에서는 일본의 영향을 받은 마르크스주의가 유행하였다. 강단과 재야라는 철학적인 괴리가 생기기 시작하였다.

강단 철학은 실천의 문제는 도외시한 채로 논리적인 언어 분석과 텍스트 해석에 급급하였다. 과학적 객관성과 텍스트 해석의 정확성이 우선적인 관심사였다. 하지만 하이데거의 말처럼, 존재하고 있는 것에만 관심을 갖는 과학은 "생각하지 않는다." 강단에서 철학은 현실과 이념의 사유에서 벗어나 유사 과학이나 문헌학으로 전락해 버렸다. 반면에 재야 철학도 사유하지 않기는 매한가지였다. 재야 철학은 격변하는 현실에 떠밀리고 억압과 착취에 대한 투쟁에 치여 마르크스의 말처럼 '철학의 빈곤'을 겪었다. 재야 철학은 과학적인 마르스주의를 이상으로 삼고 구소련 공산당이 제시한 공식을 그대로 외우고 있었다.

그러나 기이하게도 반대의 일치가 있었다. 강단 철학이나 재야 철학이나 모두 과학을 이상으로 생각하여 과학을 닮고자 몸부림치고 있었던 것이다. 분석철학과 실증주의 철학은 아예 과학적 철학을 추구했고 마르크스주의도 과학적 세계관을 선언했을 정도이다. 철학은 오히려 '과학이 싫어하는 과학'이 되었다.

과학만이 객관적인 진리에 이르는 유일한 길이라는 생각에 의문을 제기한 것은 게오르크 헤겔Georg Hegel의 변증법과 마르틴 하이데거의 해석학적 현상학이었다. 그러나 문제는 두 철학자의 사상이 너무 난해해서 전문적인 철학자조차도 제대로 이해하지 못한다는 것이었다. 현실 공산주의 정권들의 몰락 이후에 1990년대 중반 이후로 포스트모더니즘이라는 새로운 철학적 사조가 유행하기 시작했다. 이때 푸코가 혜성처럼 등장했다.

그런데 푸코마저도 과학적 인식론의 틀 안에서 이해되는 비극이 벌어졌다. 본래 푸코 철학의 매력은, 객관적인 과학성을 비판하고 과학적 마르크스주의 경직성에서 벗어나 역사와 정치를 통해서도 철학을 할 수 있다는 데 있다. 이와 같은 푸코 사상의 면모를 이해하려면 강단과 재아에서 유행하고 있는 과학주의가 근대적 계몽주의에서 기원한다는 것을 알아야 한다.

계몽주의의 근대성에 관한 계보학적 작업으로는 하이데거의 「기술에 대한 논구Vorträge und Aufsätze」와 「세계상의 시대Die Zeit des Weltbildes」, 그리고 막스 호르크하이머Max Horkheimer와 테오도르 아도르노Theodor W. Adorno의 『계몽의 변증법Dialektik der Aufklärung: Philosophische Fragmente』과 앨프리드 노스 화이트헤드Alfred North Whitehead의 『과학과 근대 세계Science and the Modern World』가 있다. 이러한 지적인 맥락 위에 포스트모던 철학이 존재하는 것이다. 게다가 푸코 철학은 근대성에 관한 이론적인 비판을 사회와 정치의 영역까지 확장했다는 점에서 크게 유행했다. 푸코의 다음의 말에서 이 점이 확인된다.

내가 학생이었을 때, 과학사와 그것이 가진 문제점들은 전략적 요충지에 위치해 있었습니다. 이론적 논쟁의 거의 대부분이 과학적 지식이라는 주제를 중심으로 전개되었고, 과학적 지식이 가진 토대와 그것이 지닌 합리성, 그것의 역사 등이 검토되곤 했지요. 특히 현상학의 경우가 이러했는데, 후설 사상의 그러한 측면을 발달시킨 현상학자들은, 인식의 객관성과 토대를 조사하는 방향으로 나아갔습니다. 그런데 이와 유사한 담론이, 해방 이후 이론적 영역과 일상생활 영역 둘 다에서 젊은 학생들과 지식인들에게 중요한 영향력을 가지고 있었던 마르크스주의 진영에서 제기되었습니다. 실제로 사람들은 마르크스주의가 하나의 과학이라고, 혹은 적어도 과학의 '과학성'에 대한 일반 이론이라고 주장하였습니다. 즉 마르크스주의는 우리로 하여금 무엇이 이데올로기이고, 무엇이 과학인지를 구분할 수 있게 해주는 이성의 법정, 다시 말해 모든 형태의 지식이 가지는 합리성을 판별해 주는 일반적 기준이라는 주장이 제기된 것입니다.(『푸코의 마르크스』)

이 인터뷰에서 드러나듯이, 푸코의 학창 시절에는 과학성과 합리성에 대한 응축된 문제들이 작은 렌즈처럼 과학사와 현상학 그리고 (알튀세르가 대표하는) 마르크스주의의 관심의 초점이 된다. 그 문제들을 푸코는 다음과 같이 정의하고 있다. 과학사가 어느 정도까지 자신의 합리성에 의문을 제기하고, 그것을 한정지을 수 있을까? 혹은 어느 정도까지 기존 프레임을 뒤흔들 수 있는 '바깥의 요소'를 도입할 수 있을까? 과학도 하나의 역사를 지니며 역사적으로 결정된 사회 속에서 발달한다고 하면 과학 속에 도입되는 우발적인 영향들은 무엇인가? 결국 과학에 대한 합리적인 역사를 생산할 수 있는가? 과학사에 스며든 다양한 사건들, 우연들, 그리고 어쩌면 비합리적인 요소들 가운데에서 명증성의 기준을 발견할 수 있는가? 비록 그러한 과학성과 합리성의 문제들로 인해 구조주의적 마르크스주의와 현상학적인 사유가 진척된 것은 사실이다.

그러나 푸코는 이러한 문제들을 다른 방식으로 제기한다. 여기에 결정적으로 영향을 준 철학자가 바로 니체이다. 푸코에게 니체가 매력적인 이유는 과학과 실천 그리고 담론의 합리성이 자신들이 생산하는 진리에 의해 측정되는 것이 아니라, 진리 그 자체가 담론과 실천에 내적인 영향을 미치고 있기 때문이다. 그래서 그에게는 합리성의 역사뿐 아니라 진리의 역사도 요구된다.(『푸코의 마르크스』) 이처럼 푸코는 신칸트주의적인 초월론 철학과 구조주의의 시금석으로서의 과학적 합리성으로부터 탈출할 수 있는 길을 니체에게서 본 것이다. 그런데 이런 점을 간과한다면 푸코 사상을 과학적 인식론으로 오해할 수밖에 없다.

과학의 감옥과 마음 비우기

이번 장의 핵심은 푸코 사상을 구조주의로 대표되는 인식론이나 과학사의 관점이 아니라 현대의 해체 존재론이라는 관점에서 읽어 보려는 데 있다.

앞에서 언급했듯이 현대 사회에서 과학은 진리로 가는 유일한 길로 간주된다. 과학 아닌 것은 단순히 감정의 산물이거나 판타지에 불과하다. 전통 사회에서 영향력이 대단했던 종교와 윤리도 이런 취급을 받게 된다. 비非과학이라는 딱지는 적을 공격하는 효과적인 무기가 된다. 예를 들어 커피의 과학적 효능은 커피에 대한 신뢰를 불러일으킨다. 반면에 "프로이트의 정신분석학과 마르크스의 변증법은 비과학적이거나 사이비과학"이라는 카를 포퍼Sir Karl Raimund Popper의 주장이 설득력을 갖게 되면 프로이트와 마르크스는 진리의 전당에서 효과적으로 배제된다. 그 이후로는 진리가 아닌 감성적 만족이나 상상력의 허구적 날개를 펴기 위해 우리는 프로이트와 마르크스의 저작을 펼치게 된다. 이처럼 현대 과학은 중세 기독교나 조선 성리학의 반열에 올랐다. 과학은 현대인에게 구원의 문이 되었다.

과학주의 분위기 속에서는 철학도 과학을 닮고 싶어 한다. 영미의 실증주의와 분석철학 그리고 유럽 대륙의 형식주의와 구조주의는 모두 과학적인 객관성을 금과옥조로 여긴다. 오해이기는 했지만 실제로 푸코조차도 과학적 인식론을 표방하는 구조주의 운동과 밀접한 연관 속에서 구조주의자라는 명칭을 얻었다. 구조는 덧없는 사건과 사물들의 현상적인 변화가 일어나는 보이지 않으나 심층적인 장場이다. 이러한 구조는 역사와 무관하기 때문에 객관적이고 보편적인 성격을 지닌다. 또한 그 구조는 현상적인 사건과 사물과 달리 심층적이기 때문에 의식의 심층 구조인 무의식無意識(의식되지 않는 심층의식)을 다루는 정신분석학과 잘 결합되기도 한다. 이러한 구조에 대한 모티브는 현대 언어학의 창시자인 소쉬르 이후 언어학적 문법에서 획득했다. 이후로 구조주의는 객관적 과학성의 외관을 띠기 때문에 현대 학자들의 열광을 불러일으켰다.

과학주의에 대한 열광을 니체는 다음과 같이 지적한다. "다소간 미래에 도움이 될 힘이나 권력 수단이 발견되는 축적의 시대. 중간 위치에 있고 보다 다면적이며 보다 복잡한 존재자, 즉 실행을 억제당한 모

　　　　　　　　　　　　　　장자의 눈으로 푸코를 읽다

든 사람들이 가장 자연스러운 해방감이나 만족감을 맛볼 수 있는 중간 정거장으로서의 과학."(『권력에의 의지』)

신이 죽은 허무주의의 시대에 과학은 모든 것을 설명하려는 욕망에 의해 삶의 혼란과 사물의 혼돈을 제거하는 작업이 된다. 이런 이유로 세계는 무한한 해석의 가능성을 지니지만 기존의 종교와 도덕이 제거되고 위안이 사라진 자리에서 과학은 인식으로 가는 길로서 삶을 정돈하는 데 필요한 매력을 지니게 된다. 철학에서는 이러한 과학적인 매력에 상응하여 인식론이 발달하게 된다.

인식론이란 니체에 의하면 "고정된 사실을 요청하는 것"이다. 그러나 "인식은 권력의 도구"이다. "과학적 인간은 철학자보다 훨씬 더 데카당스의 증후가 아닐까 하는 문제. 과학적 인간은 전체로서 해체되고 있는 것이 아니라, 그 일부분만을 한결같이 인식에 바치고, 어떤 좁은 관점이나 시야밖에 갖지 못하도록 길들여져 있다."(『권력에의 의지』) 과학적 인간은 장자가 말한 '우물 안 개구리'의 전형이자 '일곡의 선비〔一曲之士〕'(한 가지 프레임에만 갇혀 있는 선비)에 해당한다.

구조주의의 과학성에 대한 열풍은 비록 구조가 과학적 공식 만들기로 해명되기는 하지만 동시에 역사를 무시하기에, 특정 프레임에 갇힌 감옥의 역할을 한다. 그래서 이미 밝혔듯이 구조는 '언어의 감옥'인 것이다. 언어의 감옥에 관해 이미 장자가 「외물」에서 일갈한 바 있다.

통발은 물고기를 잡기 위한 도구인지라 물고기를 잡으면 통발은 잊어버리며, 올무는 토끼를 잡기 위한 도구인지라 토끼를 잡으면 올가미는 잊어버린다. '이와 마찬가지로' 말이라고 하는 것은 뜻을 알기 위한 도구인지라 뜻을 알고 나면 말을 잊어버린다. '그런데 세상의 학자들은 뜻보다 말을 중시하여 말에 천착하니' 내 어디에서 말을 잊은 사람을 만나 그와 함께 이야기를 할 수 있을 것인가?(「외물」)

과학주의란 일종의 언어의 감옥에 갇힌 '우물 안 개구리' 신세인 것이다. 기존 프레임이나 좌표계를 흔들거나 바꾸려면 우선 기존 지식의 한계를 알아야 한다. 과학과 같은 객관적 지식도 알고 보면 권력이라는 주인의 노예임을 잘 알아야 한다. 지젝이 『이라크*Iraq: The Borrowed Kettle*』에서 라캉의 대학 담론을 가지고 설명했듯이, 객관성을 주장하는 과학과 지식은 정치 권력과 자본 권력을 은밀하게 섬긴다. 다시 말해 이들 권력이 부추기는 욕망의 충족 수단이자 결과물인 것이다.

장자의 눈으로 푸코를 읽다

지식이라는 흉기를 버려라

◇ ◇ ◇

장자의 무치無治주의는 이소노미아isonomia(지배와 계급이 없는 평등한 법으로서의 노모스)로서의 무하유지향無何有之鄕, nowhere의 고향과 코스모폴리스로서의 광막한 들판을 추구한다. 이를 실행하기 위해서는 우선 지배와 차별의 시스템에서 벗어나야 한다. 서열이나 지배 질서를 뜻하는 하이어라키hierarchy는 성스러운 의례라는 히에르hier와 사제의 지배를 의미하는 아르키아archia의 복합어이다. 이러한 서열 시스템에서 벗어나기 위해서는 법치든 덕치든 기존 정치가 전제하고 있는 인위적인 도덕이라는 노모스와 권력 지식 복합체를 비판해야 한다. 장자의 정치철학이 잘 나타난 「응제왕」에 다음과 같은 구절이 나온다.

지금의 세상에서는 사형당해 죽은 사람들의 시신이 서로 베개를 베고 누워 있고, 차꼬를 차고 칼을 쓴 죄수들이 서로 밀칠 정도로 바글거리고, 형륙을 당한 자들이 서로 마주 볼 정도로 많다. 그런데도 유가와 묵가의 선생이란 자들은 차꼬와 수갑을 찬 죄인들 사이에서 뛰어다니며 팔을 걷어붙이며 뽐내고 있으니. 아! 심하구나! 그들이 수치를 모름이여. 나는 성聖(유가의 성인)과 지知(유가의 권력 지식 복합체)가 차꼬나 목에 씌우는 칼 따위의 쐐기가 되지 않는다고 확신하지 못하겠고, 인의仁義(혈연적 노모스)가 질곡을 채우는 자물쇠가 되지 않는다고 확신하지 못하겠다. 어찌 증삼이나 사추가 걸이나 도척의 효시가 아니라고 확신할 수 있겠는가. 그 때문에 성과 지를 끊어 버려야 천하가 크게 다스려질 것[大治]이라고 하는 것이다.(「응제왕」)

유가와 묵가의 도덕적인 인위 정치란 결국 이런 난세를 더욱더 악화시키는 미봉책일 뿐이다. 이러한 인위 정치와 거리를 두는 무치無治야말로 위대한 정치인 것이다. 이런 관점에서 장자는 다시 한 번 세상이 높게 가치를 매기는 네 가지 재능(지식, 예의, 세속적인 덕, 기술)을 비판한다.

그 때문에 (도가적인) 성인은 자유롭게 노닐며 지식을 잉여물로 여긴다. 사람을 구속하는 예의를 아교풀로 여긴다. 세속의 덕을 기워 붙이는 것으로 여긴다. 기술을 장삿속이라고 생각한다. 성인은 억지로 도모하지 않으니 어디에 지식을 쓰겠는가. 깎아 장식하지 않으니 어디에 아교풀을

장자의 눈으로 푸코를 읽다

쓰겠는가. 본래의 자기[道]를 잃어버리지 않으니 어디에 세간의 덕을 쓰겠는가. 팔지 않으니 어디에 장삿속을 쓰겠는가. 이 네 가지는 자연이 길러 주는 것이니, 자연이 길러 준다는 것은 하늘이 먹여 주는 것이다. 이미 자연에서 먹을 것을 받았으니 또 어디에다 인위적인 것을 쓰겠는가.(「응제왕」)

그래서 도가적인 성인은 다음과 같이 행동해야 한다.

명예의 주인이 되지 말며, 모략의 창고가 되지 말며, 일의 책임자(군주를 섬기는 관리)가 되지 말며, 지혜의 주인이 되지 말라. 다함이 없는 도道를 완전히 체득해서 흔적이 없는(자아가 없는) 무위자연의 세계에 노닐도록 하라. 하늘에서 받은 것을 극진히 하되 이익을 보지 말아야 할 것이니 오직 마음을 비울 따름이다. 지인至人의 마음 씀씀이는 마치 거울과 같아서, 보내지도 아니하고 맞이하지도 아니하며, 비추어 주기만 하고 모습을 간직하지는 않는다(변화에 응하되 마음에 두지 않는다). 그 때문에 만물의 위에 군림하면서도 다치지 않을 수 있는 것이다(그러므로 능히 외물外物의 유혹을 극복하고 이를 상하게 하지 않는 것이다).(「응제왕」)

반대로 장자는 외물의 유혹에 빠져 사는 인간의 비참함을 그린다. 「인간세」에서 그는 기존 프레임에 갇혀 사는 삶을 노예로 표현하며 욕망으로 마음이 정신없이 요동치는 모습을 잘 그리고 있다.

세속으로부터 자취를 끊는 것은 쉽지만 세속에 살면서 땅 위를 걸어 다니지 않기는 어렵다. 남에게 부림을 받는 처지가 되면 거짓을 저지르기가 쉽고, 하늘의 부림을 받는 처지가 되면 거짓을 저지르기 어렵다. 날개를 가지고 난다는 이야기는 들었어도 날개 없이 난다는 이야기는 아직 듣지 못하였고, 지식知識을 통해서 안다는 이야기는 들었지만, 무지無知를 통하여 안다는 이야기는 아직 듣지 못하였다. 저 문 닫힌 집을 보라. 비어 있는 방에 햇살이 비치니 길상吉祥은 고요한 곳에 머무르는 것이다. 또한 마음이 고요히 머물지 않기 때문이니 이것을 일러 몸은 가만히 앉아 있지만 마음이 이리저리 치닫는다고 한다.(「인간세」)

이 글에서 과학과 권력, 욕망과 지식의 연관성이 잘 드러난다. 실제로 과학의 객관성에 매력을 느끼는 이유는 과학의 실용성 때문이다. 과학적 지식은 현대의 기계 문명과 산업 사회의 발전에 결정적인 역할을 했다. 과학 지식의 사회적 문제점을 장자는 「거협胠篋」에서 다음과 같이 비판하고 있다.

윗사람이 참으로 지혜를 좋아하고 도를 무시하게 되면 천하는 크게 어지러워질 것이다. 어떻게 그러함을 알 수 있는가. 무릇 활과 쇠뇌, 새그물과 주살 따위의 도구를 이용하는 지혜가 많아지면 새들은 하늘에서 어지러움에 빠지고, 낚싯바늘과 미끼, 크고 작은 그물, 삼태그물과 통발 따위를 이용하는 지혜가 많아지면 물고기들은 물속에서 어지러움에 빠지고, 목책과 새 잡는 그물, 토끼 그물, 짐승 잡는 그물 따위의 도구가 많아지면 짐승들이 늪에서 어지러움에 빠지고, 남을 속이는 못된 지혜, 매끄러

장자의 눈으로 푸코를 읽다

운 말재주와 견백론堅白論 따위의 그릇된 언변과 같음과 다름[同異]의 궤변이 많아지면 세속의 사람들이 이 같은 말다툼으로 인해 어지러움에 빠진다.(「거협」)

이 글에서 장자는 효율성에 빠져 유용한 과학적 지식에만 몰두하는 기계 문명을 비판하고, 정치적 이해관계와 상업적 이익 때문에 생겨나는 번쇄하고 복잡한 논쟁과 언변을 풍자하고 있다. 마치 플라톤이 소피스트의 지혜 소유를 비판하고 마르크스가 종교와 문화 산업을 아편이라고 폭로한 것처럼 말이다. 소피스트의 지혜는 권력 경쟁이나 법정 싸움에서 이기기 위한 이익의 도구이며, 종교는 기존 현실을 정당화하고 가상적인 위안을 제시하는 권력의 도구이다. 결국 장자가 비판하는 지식 추구나 푸코가 비판하는 과학주의는 모두 이러한 권력과 욕망의 노예적인 태도인 것이다.

그래서 장자가 이러한 욕망의 종속으로부터 벗어나기 위해 강조한 것은 마음 비움의 훈련이다. 그는 다시 「인간세」에서 풍자적인 패러디를 구사하여 권력을 향한 지식 쌓기의 중요성을 강조한 공자의 입을 빌려 도리어 마음 비움을 역설한다. 공자는 안회에게 마음을 비우는 것이 마음을 재계[心齋]하는 것이라고 한다. 마음을 비워야 도道가 모이기 때문이다. 공자의 가르침에 따라 그의 제자인 안회는 좌치坐馳(앉아 마음 달리기)라는 무한한 욕망 추구의 심란한 상태로부터 마음을 단련시키는 심재(마음 재계)로써 결국 좌망坐忘(앉아 잊음)이라는 궁극적 경지에 도달한다.

중니(공자)가 깜짝 놀라 얼굴빛을 고치면서 말했다. "무엇을 좌망이라 하는가?"

안회가 말했다. "사지四肢와 온몸[百體]을 다 버리고, 눈과 귀[耳目]의 감각 작용을 물리치고 육체를 떠나고 지각 작용을 없애서 대통大通의 세계와 같아졌을 때, 이것을 좌망이라 합니다."

중니가 말했다. "대통의 세계와 같아지면 좋아하고 싫어하는 것이 없게 되며, 큰 도의 변화와 함께하면 집착이 없게 되니, 너는 과연 현명하구나. 나는 청컨대 너의 뒤를 따르고자 한다."(「인간세」)

장자에 따르면 안회는 자아를 잊고 그 근원이 되는 인의仁義라는 도덕적 욕망이나 예악禮樂이라는 사회적인 서열에 대한 집착에서 벗어나게 된다. 궁극적으로는 모든 것이 한 뿌리라는 대통의 세계에 진입하여 구분과 서열이라는 기존 프레임에서 벗어나고 도道의 변화무쌍함을 따라 고정된 좌표계에 집착하지 않는 대자유의 경지를 획득한다.

푸코도 장자와 마찬가지로 과학주의라는 언어의 감옥에서 탈출하기 위해 언어의 소유권을 주장하는 저자의 개념도 포기한다. 언어의 감옥과 저자라는 소유권에 대한 집착에서 벗어나는 것이 그의 유명한 '저자의 죽음'과 '얼굴을 갖지 않는 글쓰기'의 진정한 의도이다.

장자의 눈으로 푸코를 읽다

구조주의도 아니고 프로이트주의도 아니고
마르크스주의도 아닌

푸코는 과학주의적 충동 때문에 과학적 객관성에 몰두한 것이 아니다. 그의 고고학이란 이러한 과학적 객관성의 문턱을 넘지 못한 지식들에 관한 학문들을 탐구하기 위한 방법론에 붙인 이름이다. 그에게 과학과 비과학이라는 경계 설정은 절대적 기준이 아니라 오히려 극복해야 할 또 하나의 문젯거리에 불과한 것이다.

물론 푸코가 그 당시 구조주의의 언어로 작업한 것은 사실이지만, 그는 구조의 역사적 변화에도 관심이 있었다. 그리고 그 구조에 의해 만들어지는 주체를 넘어서 그 구조 자체를 변경하는 주체의 가능성을 실험한다. 이런 점들에서 푸코는 구조주의적 언어로 구조주의를 넘어서게 된다. 이러한 면모는 그의 구호인 '바깥의 사유'에서 잘 드러난다. 푸코의 바깥의 사유는 기존 프레임과 좌표계를 뒤흔들려고 한다는 점에서 장자의 심재나 좌망과 동일한 기풍을 지니고 있다.

그런데 푸코가 구조주의적 언어를 사용한 것은 데카르트적인 의식이나 자아를 기초로 삼는 심리주의나, 주관주의적인 인간 중심주의를 극복하려는 시도의 일환이다. 이미 장자에게서 보듯이 지식과 욕망 주체는 뗄 수 없다. 마음 비우기의 시작은 자신을 잊는 것이다. 이런 이유로 푸코도 근대적 주체의 해체를 시도한다. 즉 그는 휴머니즘이라는 근대적 주체성에 대한 가능한 위반을 추구한다.

다시 말해서 푸코는 주관주의적 의식과 자아 중심의 철학을 넘어서기 위해 그 당시 객관적인 구조주의적 언어에 공감하게 된 것이다. 그러나 그는 앞서 지적했듯이 구조주의의 과학적·객관주의적 프레임도 넘어서고자 한다. 과학적 객관주의를 극복하고 의식(주체) 중심적인 주관주의를 초극하려는 것은 원래 후설과 하이데거의 현상학이 제기한 과제였다. 하이데거는 현상학의 구호를 "사태 자체로"라고 규정한다. 사태 자체로 나아가기 위해 기존의 전통 철학적인 언어를 후설처럼 잠정적으로 포기하는 판단 중지(에포케epoché)를 선택하거나 하이데거처럼 아예 해체Destruktion를 시도하기도 한다.

이런 이유로 현상학적 운동은 현대 해체론, 즉 포스트모던 철학에 크게 영향을 준다. 실제로 프랑스 포스트모던 철학자들인 리오타르, 데리다, 레비나스 등은 현상학을 프랑스에 소개하고 연구한 사람들이

장자의 눈으로 푸코를 읽다

다. 푸코나 들뢰즈도 하이데거를 통한 니체 해석을 통해 전통 철학에 대한 해체의 사유로 초대받게 된다. 이런 영향사로 볼 때, 후설과 하이데거의 현상학적 운동이라는 매개를 통해 이해하게 되면 푸코가 리오타르와 데리다 그리고 들뢰즈와 더불어 포스트모던 철학의 대표 주자로 알려지게 된 것은 우연이 아니다.

포스트모던이란 모던의 본질, 즉 모더니티를 포스트post('다음', 또는 '넘어'를 의미하는 전치사)하려는, 다시 말해서 분석하고 비판하고 해체하려는 사상적 운동들의 집합을 가리키는 신조어이다. 물론 푸코 자신부터 포스트모던이라고 규정된 철학자들은 모두 이 신조어를 거부했다. 모더니티란 근대성 또는 현대성이라고 번역된다. 현대성이 우리가 살고 있는 동시대성에 주목하는 개념이라면 근대성은 이러한 현대적인 삶의 방식의 기원을 드러내는 개념이다. 아직 현대성이 서양 근대에서 발현된 삶의 방식과 사회 구조에서 벗어나지 못한 이상, 현대성과 근대성은 동의어라고 할 수 있다. 이런 연유로 포스트모더니즘이란 탈현대주의 또는 탈근대주의라고 번역되곤 한다.

그러나 포스트모던적 실험이 단번에 모던을 넘어 모던이 문제점을 모두 해결한 이상적인 상태로 이행하는 것으로 간주되어서는 안 된다. 이는 전형적인 근대식 진보적 사고방식인 것이다. 즉 '모던이냐 포스트모던이냐'는 양자택일적 사고방식이 바로 전형적으로 모던적인 것이다. 이를 푸코는 '계몽의 협박'이라고 부른다. 현실을 불변하는 것으로 간주하여 안주하는 것도 문제이지만 현실 바깥에 이상을 설정하고 현실적인 조건들을 단번에 뛰어넘어 이상으로 돌진하는 것도 문제이다. 다시 말해서 하버마스처럼 모던을 절대적인 기준으로 삼는 태도도 문제가 있고, 근대에 유행하던 정체불명의 포스트모던주의처럼 모던을 무조건 배격하고 포스트라는 새로운 이상을 절대적인 기준으로 삼아 나아가자는 태도도 문제가 있다. 모던의 성과와 한계를 비판적으로 바라보는 에토스가 필요하다. 그래야 양자택일의 덫에 걸리지 않을 수 있다.

근대 또는 현대라는 시대성은 푸코의 사상에서 대단히 중요한 역할을 한다. 예를 들어, 그의 책 『임상의학의 탄생*Naissance de la clinique*』은 현대의 의학적 시선 속에서 의학 담론의 보편적인 규칙이나 구조를 탐구한다는 뜻이 아니라, 이를 역사적으로 형성된 담론 구성체의 형태로서 파악함을 의미한다. 그러나 그 담론 구성체의 역사를 서술하는 것은 해석학처럼 "현재의 관점에서 과거의 역사를 서술하는 것"이 아니라 "현재의 역사를 서술하는 것"(『감시와 처벌*Surveiller et punir*』)이다.

푸코에게 역사는 과거가 아닌 현재의 역사를 다시 쓰는 것이다. 그런데 현재의 역사를 다시 쓴다는 것은 비판적인 것이다. 더 구체적으로 말하자면, 다시 서술한다는 것은 단순히 있는 것을 그대로 묘사하고 복원하는 서술이 아니기 때문이다. 그 담론 구성체와 관련된 비非지식적 조건들, 즉 권력 관계와 주체성의 현재적 조건들에 대한 비판이다. 이 현재적 조건들에 문제점이 도사리고 있기 때문이다.

이처럼 현재의 역사는 비판인 동시에 이 문제를 해결하기 위해 기존의 조건들 대신에 새로운 조건들의 창출을 모색하는 과정이기도 하다. 이 비지식적 조건들은 단순히 인식 조건이나 과학성의 조건이 아

장자의 눈으로 푸코를 읽다

니라 근본적으로 비언어적 조건들이다. 그러므로 이러한 조건에 대한 탐구는, 인식 조건의 가능성을 탐구하는 인식론도 아니고 개별 분과들에 기반을 두고 형성된 과학들을 서술하는 과학사도 아니다. 현대성의 현존 방식을 해체하고 변형하는 존재론인 것이다.

이미 앞서 밝혔듯이 푸코는 휴머니즘에 경도되어 있는 칸트류의 의식 주체 중심의 초월론 철학이나 '언어의 감옥'에 갇혀 형해화된 구조주의 양자 모두를 비판한다. 초월론 철학이나 구조주의 모두 인식론적 작업을 통해 과학과 비과학을 나누며 과학성의 기준을 확립하고자 시도한다. 동시에 이런 인식 비판을 견뎌내지 못하는 전통 형이상학을 '과학성이라는 덫'에 걸린 사냥감으로 취급한다. 이로부터 제일철학prote philosophia으로서의 형이상학의 자리에 인식론과 언어철학이 들어서게 된다. 이것이 하버마스가 주창한 '언어학적 전환'이다. 인식론과 언어철학이 설립한 과학성의 영토 안에 존재론이 설 자리는 더 이상 없다는 뜻이다.

그러나 푸코는 플라톤과 기독교의 형이상학이 아니라 니체와 하이데거의 존재론의 영향사影響史에 서 있다. 그는 이 두 철학자를 통해 인식론과 과학철학의 정상화로부터 벗어나고 현상학과 실존주의의 휴머니즘으로부터 벗어날 수 있는 새로운 존재론의 가능성을 본 것이다.

과학성이 정상이 되면 비과학성으로 낙인찍힌 것은 비정상이 된다. 그래서 포퍼는 정신분석학과 마르크스주의를 사이비과학이라 규정한 것이다. 물론 한의학의 과학성 논쟁도 이로부터 비롯된 것이다. 여기에는 정상화라는 과정이 개입된다. 정상화란 비정상과 정상을 나누는 것을 전제한다는 문제점을 안고 있다. 이러한 이분법에 대한 비틀기가 중요하다. 푸코는 규율 사회론을 펼쳤고, 장자는 매우 비정상적인 인간인 '지리소' 이야기를 통해 정상화가 인간의 자본화이자 착취임을 잘 보여 주었다. 언어철학과 인식론이라는 정상 학문에 의해 비정상인 존재론이 배제되고 억압받는 것은 이러한 사회적 현상과 무관하지 않다는 것이 푸코의 생각이다.

그런데도 푸코가 벗어나고자 했던 사조의 틀을 여전히 그에게 적용하는 해석이 있다. 대표적으로는 그를 주된 논적으로 삼았던 위르겐 하버마스의 해석이다. 그는 푸코의 철학을 '구조주의적 초월론적 역사주의'라고 규정한다. 그는 『현대성의 철학적 담론』에서 다음과 같이 쓰고 있다.

여전히 인간학적 사유와 휴머니즘적 근본 확신들에 묶여 있는 역사 서술을 이와 같이 파괴함으로써 선험적 역사주의의 윤곽이 드러납니다. 초월론적 역사주의는 니체의 역사주의에 대한 비판을 물려받으면서 동시에 능가합니다. 역사적-해석학적 의미 이해의 대상들을 구성된 것으로서, 즉 그때마다 토대에 놓여 있으며 구조주의적으로 파악할 수 있는 담론 실천의 객관화로서 간주한다는 점에서 푸코의 급진적 역사 서술은 여전히 약한 의미에서 '초월론적'입니다.

하버마스는 푸코의 입장을 '초월론적인 역사주의'로 규정하고 아날 학파École des Annales의 입장을 변용한 구조주의적인 것이라고 단언한다.

구조주의적인 이유는 칸트가 시도한 '추정된 의식의 종합적 활동들의 개념적 수단'도 포기하고, 헤겔이 추구한 '전체성의 형성'도 단념하는 동시에 '화해의 이념'까지 포기하기 때문이다. 다시 말해 푸코의 역사에 대한 접근 방식이 초월론적인 의식 주체를 비판한다는 것이다. 그러면서도 그것이 초월론적인 이유는 역사적인 이해의 대상이 구성된다고 보기 때문이다.

그러나 하버마스처럼 푸코가 의식 주체의 휴머니즘을 비판하는 것을 바로 구조주의로 오인해서는 안 된다. 도리어 이러한 휴머니즘 비판은 니체와 하이데거의 해체적 존재론에서 더 극명히 나타나기 때문이다. 그리고 초월론적인 구성 주체로서의 의식의 자리에 언어가 대신 등장한다고 해서 이를 오로지 초월론적이라고 해서도 안 된다. 언어도 초월론적인 것이 아니라 니체와 하이데거처럼 존재론적으로도 해석할 수 있기 때문이다.

또한 초월론적transzendental이라는 말의 본래적인 의미를 고려해 볼 때 약한 의미의 초월론적이라는 말은 문제가 있다. 초월론적이라는 말의 의미를 칸트는 다음과 같이 규정하고 있다.

> 나는 대상이 아니라 대상에 관한 우리의 인식 방법을, 그것이 선천적으로a priori 가능해야만 하는 한에서, 다루는 모든 인식을 초월론적이라고 부른다.(『순수이성비판』)

여기서는 선천성이 보편성의 형식적 틀을 제공함으로써 경험의 자료를 과학적인 대상으로 만든다. 따라서 선천성은 실증성과 더불어 과학성의 토대가 된다. 과학적 인식 대상은 선천성과 실증성의 결합을 통해 형성된다. 이것이 유명한 칸트의 합리론과 경험론의 종합이 의미하는 뜻이다. 선천성이 실증성의 지반을 상실할 때 인식의 한계를 넘어서게 된다. 인식의 한계에 대한 검토를 통해 과학과 비과학을 구분하는 이성의 법정으로서의 이성 비판이 바로 초월론적인 비판철학인 것이다.

이처럼 칸트가 의미하는 인식 대상은 인식의 한계 안에 들어오는 과학성의 대상이 되는 것을 의미한다. 반면에 푸코가 탐구한 대상은 광기, 질병, 범죄, 성처럼 비과학적이거나 전前과학적인 대상이다. 이런 점에서 푸코의 역사적 접근 방식은 바로 초월론적인 접근 방식의 과학성 경도傾倒를 비판하고 있는 것이다. 그런데 과학적 합리성의 문제는 초월론 철학만의 문제가 아니라 구조주의에도 그리고 구조주의화된 마르크스주의에도 나타난다.

푸코는 하이데거적인 니체,
즉 해체 존재론자이다

◇ ◇ ◇

　푸코는 니체의 영향, 더 정확히 말하면 하이데거의 니체 독해의 영향을 크게 받는다. 그는 스스로 니체를 하이데거보다 더 잘 안다고 했다. 하지만 하이데거를 읽지 않고서는 니체 그 자체만으로는 자신에게 아무런 의미가 없었을 것이라고 단언했다. 하이데거는 푸코에게 언제나 중요한 핵심 철학자였다. 그에게 니체와 하이데거는 '철학적 충격'이었다. 니체와 하이데거는 그가 가장 많이 읽은 철학자들이지만 저술에는 거의 다루지 않은 철학자이기도 하다. 그 이유는 니체와 하이데거는 바로 그의 사유적 도구이기 때문에 대상화할 수 없었기 때문이다.(「주체와 권력Le sujet et le pouvoir」)

푸코는 하이데거와 니체의 사상적인 맥락 속에서 과학성과 합리성에 대해 전적으로 다른 문제제기를 한다. 과학은 경험을 통해 주체가 변경되는, 하나의 특정한 관계로서 이해되거나 분석될 수는 없는 것인가? 다시 말해, 과학적 실천 속에서 지식의 대상뿐만 아니라, 과학의 이상적인 주체 역시 구성되는 것은 아닌가? 그리고 하나의 과학의 역사적 시작은, 주체와 대상 간의 이러한 상호적 발생 속에서 찾을 수는 없는가? 이러한 방식으로 생산되는 진리 효과는 무엇인가? 이러한 물음에 그는 '정해진' 단 하나의 진리는 존재하지 않는다고 답한다.

그렇다고 해서 역사가 비합리적이라는 것을 의미하는 것도 아니고 과학이 허구적인 이야기라는 것도 아니다. 오히려 지식의 주체와 대상이 모두 역사적으로 구성된다는 것을 말한다. 이렇게 형성하는 과정 속에서 그 형성 규칙에 상응하는 집단적인 합리적 경험이 존재하는 것을 인정한다는 것이다. 그리고 이에 관하여 분명히 현실적으로 존재하는 것을 승인하는 것이다. 이러한 형성 과정을 이해하기 위한 최선의 방법으로 푸코가 선택한 것이 광기, 질병, 죽음, 범죄, 성욕인 것이다.

이러한 대상들의 과학적 특징은 상대적으로 최근에 형성되고 아직 덜 굳어진 과학, 즉 과학적인 특성이 가장 불분명한 과학이라는 것이다. 다시 말해 합리성의 장에 가장 부적합한 대상들을 이해하고자 하는 과학인 것이다.(「주체와 권력Le sujet et le pouvoir」) 대표적인 예가 바로

장자의 눈으로 푸코를 읽다

광기가 어떠한 방식으로 과학적 분석의 대상이 되었는가를 탐구하는 『광기의 역사*Histoire de la folie à l'âge classique*』이다.

이 책에 대해 푸코는 "프로이트적이지도 않고 구조주의적이지도 않고 마르크스주의인 것도 아니"라고 규정한다. 지식, 합리성, 이성 그리고 역사가 중요하다. 지식의 역사, 합리성의 역사, 이성의 역사로 표현되는 이러한 네 용어의 핵심은 오로지 니체를 통해서만 포착될 수 있다.(『푸코 라이브』)

그런데 많은 해석자들이 이러한 푸코의 작업을 오해한다. 해석자들의 생각과는 달리 푸코는 자신을 "단지 하나의 니체주의자"로 부른다. 그 자신은 될 수 있는 대로 니체 텍스트의 도움으로 또한 반反니체주의적인 테제들(이것들은 그럼에도 니체주의적이다)의 도움으로 수많은 쟁점들을 보려고 시도했다고 한다.(『푸코 라이브』)

푸코는 니체와 하이데거적인 문맥 속에서 「계몽이란 무엇인가*Qu'est-ce que les lumières?*」라는 강연에서 자신의 철학적 입장을 역사비판적 존재론이라고 부른다. 그는 이를 달리 역사비판적 분석, 역사적 존재론, 비판적 존재론, 역사비판적 성찰이라고 부르기도 한다. 역사비판적 존재론은 칸트적인 초월론적인 형이상학의 정초定礎도 아니고 헤겔이나 마르크스적인 역사적 변증법도 아니다. 이것은 고고학, 계보학, 실존의 미학으로서의 윤리학으로 구성된다. 다만, 윤리학은 푸코의 이른 죽음으로 인해 방법론으로 명시화되지는 않는다.

「주체와 권력*Le sujet et le pouvoir*」이라는 짧은 글에서 푸코는 광기와 질병 및 범죄와 성을 역사비판적 존재론이라는 방식으로 탐구하면서 권력을 연구한 근본적인 이유를 다음과 같이 말한다.

　　내가 이 자리에서 논의하고 싶은 생각들은 이론이나 방법론을 나타내는 것이 아닙니다. 지난 20년 동안 내 작품의 목표였던 것을 우선적으로 말하고 싶습니다. 그 목표는 권력의 현상들을 분석하는 것도 아니고 그러한 분석의 토대들을 정교화하는 것도 아니었습니다. 그 대신에 나의 목표는 우리 문화 속에서 인간이라는 존재자가 주체로 생성되는 상이한 방식들의 역사를 창조해내는 것이었습니다. 내 작업은 인간이라는 존재자를 주체들로 변형하는 객체화의 세 방식들을 다룬 것이었습니다.

　　그 세 가지 탐구 방식 중 첫 번째는 자신들에게 과학의 지위를 부여하려고 시도하는 탐구이다. 예를 들면 일반 문법, 문헌학 및 언어학에서 행해지는 '말하는 주체'의 객체화가 있다. 이의 다른 예로는 부와 경제학의 분석에서 행해지는 '노동하는 주체', 즉 '생산하는 주체'의 객체화가 있다. 또 다른 예로 자연사自然史나 생물학에서 '살아 있다'는 순전한 사실의 객체화가 있다.

　　푸코가 작업한 두 번째 부문은 '구분하는 실천들' 속에서 이루어지는 주체의 객체화에 대한 탐구이다. 그 주체는 자신의 내부에서 구분되거나 타자들로부터 구분된다. 이러한 구분 과정은 그 주체를 객체화한다. 그 예로는 광인과 정상인, 병자와 건강한 자, 범죄자와 모범생이라는 구분이 있다.

　　　　　　　　　　　　　장자의 눈으로 푸코를 읽다

마지막으로 그는 인간이라는 존재자가 자신을 하나의 주체로 전환하는 방식을 연구한다. 성욕의 영역이 그러한 예가 된다. 이 영역은 사람들이 자신들을 '성욕'의 주체로 인정하는 것을 배우게 되는 방식과 관련된다. 따라서 푸코가 행한 연구의 보편적 주제는 권력이 아니라 주체이다.

이런 식으로 푸코는 지식, 권력, 윤리의 세 축을 관통하는 핵심 주제로 주체의 문제를 본 것이다. 이는 흔히 주체의 죽음과 저자의 죽음으로 대변되는 구조주의자로서의 푸코와 모순되는 듯이 보인다. 그러나 앞서 충분히 해명했듯이 푸코는 구조주의자가 아니다. 그는 주체를 거부한 것이 아니라 '주체에 대한 초월론적 이론'을 거부한 것이다. 그는 한마디로 자기 자신으로부터 벗어나길 원했다. 이는 본래의 나인 나로 되는 것을 의미한다. 이것이 들뢰즈가 말한 '동일성 없는 주체un sujet sans identité'이며 노자와 장자의 무명無名이다.

푸코는 주체의 해체와 변형을 통해 국가 권력에 연결되어 있으면서 권력 확대에 몸부림치는 개별화된 자아에서 벗어나 권력 관계를 강화하지 않으면서도 자신의 능력을 신장시키는 실험적 자아를 추구한 것이다. 이것이 곧 '자유의 실천으로서의 자아에 대한 배려l'éthique du souci de soi comme pratique de la liberté'인 것이다. 그의 역사비판적 존재론의 과제는 인간의 한계에 대한 연구와 자유를 향한 견딜 수 없는 갈망을 형상화하는 노력을 요구한다. 이것이 푸코가 제시한 지식인의 새로운 기능 및 윤리이다. 이를 위해 그는 계몽, 근대성, 합리성, 이성, 역사, 진리, 권력, 주체를 새롭게 탐구한 것이다.

역사비판 존재론과 참다운 인간

◇ ◇ ◇

푸코의 주체의 변형으로서의 역사비판 존재론은 장자의 참다운 인간이 되려는 「소요유」 및 「제물론」과 연결된다. 장자는 「제물론」의 역사비판 존재론의 작업을 통해 '무하유의 고향'에서 노예 노동에 시달리지 않으며 소요하며 노니는 참다운 인간이 되기를 지향한다. 푸코의 '나인 나' 되기는 장자의 참다운 인간 되기이다.

장자 철학은 세속으로부터 도피하는 철학이 아니다. 도리어 니체의 운명애amor fati와 동일한 안명安命의 철학이다. 후쿠나가 미쓰지는 『장자, 중국 고대의 실존주의』에서 다음과 같이 말한다.

장자의 눈으로 푸코를 읽다

『장자』 전편의 내용은 하나의 통합된 사유를 표현하고 공통성을 갖는다. 인간의 어리석음과 그 잔혹성에 대한 철저한 응시, 인간 사회의 부조리에 대한 예리한 각성, 그리고 인간 역사의 비극성과 허무성에 대한 차분한 체념 등이 『장자』의 기본적인 특징이다. 하지만 기독교의 원죄 사상과 달리 장자는 인간이 태어나면서부터 무거운 짐, 즉 가난한 자로서의 무거운 짐을, 모습이 추하다든가, 병자로서의 무거운 짐을 진다는 것에 대하여 긍정한다.

따라서 이 장자의 철학에는 정상과 비정상의 구분과 서열로 배제하고 억압하고 착취하는 사회 질서[有名]에 대한 역사비판적 성찰이 있다. 장자의 「덕충부」에서는 버림받은 사람들[兀者]의 반전 드라마가 그려진다. 덕충부德充符란 덕이 충만하다는 징표라는 뜻이다. 그런데 그 덕이 충만한 주인공들이 세속에서 모두 버림받은 사람들이다. 대표적으로 형벌을 받아 발 잘린 절름발이나, 꼽추, 언청이 같은 불구자들이 있다.

노나라 애공哀公(기원전 494~468년, 공자 임종은 기원전 479년) 시절, 애태타哀駘它라는 추악한 용모의 곱사등이가 있었다. 공자에 따르면 그는 "임금의 지위로 사람들의 죽음을 구제할 수 있는 것도 아니며, 재물을 모아서 사람들의 배를 채워 줄 수 있는 것도 아니며, 게다가 그 추악한 꼴이란 천하 사람들을 놀라게 할 만하고, 남의 주장을 따르기만 하고 먼저 나서서 인도하지 않으며, 지식이 사방의 다른 사람들보다 뛰어난 것도 아닙니다."

한마디로 꼽추 애태타는 권력이 없는 자이며, 재력도 없는 자이고,

매력도 없는 자이며, 언변도 없는 자이자 지력도 없는 자이다. 속된 말로 표현하면 스펙 제로, 아니 스펙 마이너스의 사람이다. "그런데도 모든 남녀가 그 앞에 모여드니 이 사람은 반드시 보통 사람과는 다른 사람일 것입니다. 과인이 불러서 살펴보았더니 과연 추한 용모로 천하를 놀라게 할 만합니다."

그 앞으로 모여든다는 의미는 다음과 같다. "남자들 중에 그와 함께 지내 본 사람은 그를 사모하여 떠나지 못하며, 여자들은 그를 보고 나면 자기 부모에게 '다른 사람의 아내가 되느니 차라리 그의 첩이 되겠다'고 청하는 사람이 몇 십 명인데도 그런 사람이 그치지 않습니다."

애공은 추악한 용모(형체)로 쓸모없이 버림받아야 할 사람에게 왜 다른 사람들이 끌리고 모이는지 이유를 묻는다. 이에 대해 공자는 새끼 돼지들의 비유를 들며 외모와 덕이 상관없음을 말한다.

제가 초나라에 사신으로 간 적이 있었습니다. 그때 마침 새끼돼지들이 죽은 어미돼지의 젖을 빨고 있는 것을 보았는데, 조금 있다가 깜짝 놀라서 모두 그 어미돼지를 버리고 달아났습니다. 어미돼지의 시선이 자기들을 보지 않고 있었기 때문일 뿐이며 어미돼지가 본래의 모습과 같지 않았기 때문일 뿐입니다. 새끼돼지가 어미돼지를 사랑하는 것은 그 형체(외모)를 사랑하는 것이 아니라, 그 형체를 움직이게 하는 것(덕)을 사랑하는 것입니다.(「덕충부」)

결론적으로 공자는 온전한 재능을 갖고 있으면서도 그 덕을 밖으로 드러내지 않는 자라고 애태타를 평가한다. "지금 애태타는 말을 하지 않아도 사람들이 믿으며, 공적이 없어도 군주가 친애해서, 사람으로 하여금 자기 나라를 맡기게 하면서도 오직 그가 받지 않을까 두려워 하게 하였습니다. 그러니 이 사람은 틀림없이 재능이 완전하지만 그 덕德이 밖으로 드러나지 않은 사람일 것입니다."

애태타의 경우처럼 재미있게도 버려진 불구자가 매력적인 인물로 보이면 외모에 대한 판단도 바뀌게 된다. 상식적으로 버려진 사람인 비정상의 대표적인 인물인 애태타의 경우, 덕이 충만한 성인이 되어 도리어 현실의 정상적인 인간보다 훨씬 매력적으로 다가온다. 다음과 같은 인기지리무순闉跂支離無脤(절름발이이고 꼽추이자 언청이)의 경우도 동일한 역설을 보여 준다.

인기지리무순이 위衛나라 영공靈公에게 유세하자 영공이 기뻐하였다. 그 이후로 온전한 사람들을 보면 목이 가늘고 길어 이상하게 느껴졌다. 옹 앙대영甕盎對癭(항아리만 한 커다란 혹부리)이 제齊나라 환공桓公에게 유 세하자 환공이 기뻐하였다. 그 이후로 온전한 사람을 보면 목이 가늘고 길 어 이상하게 느껴졌다. 그 때문에 덕이 뛰어나면 외형 따위는 잊어버리는 데 세상 사람들은 잊어버려야 할 것은 잊지 않고, 잊지 말아야 할 것을 잊 어버리니 이것을 일러 정말 잊어버렸다고 한다.(「덕충부」)

여기서 뭇사람들이 권력자의 입맛대로 판단하며 외모를 잊은 것은 절대로 좌망坐忘의 경지가 아니다. 이는 도리어 좌치坐馳로서 외모에 집착하여 번민하는 마음인 것이다. 현대 자본주의 사회에서 우리는 재능을 경쟁력이나 우월성에서 찾는다. 이러한 경쟁의 재능은 노자의 격언대로 죽음의 무기이며 장자의 말대로 흉기이다. 능력자는 자신의 재능으로 다른 사람들을 배제하거나 착취하거나 학살한다. 이런 관점을 바탕으로 장자는 세상이 높게 가치를 부여하는 네 가지 재능(스펙), 즉 지식, 예의, 세속적인 덕, 기술을 통렬하게 비판한다.

그 때문에 성인은 자유롭게 노닐면서 지식을 잉여물로 여긴다. 사람을 구속하는 예의를 (억지로 붙게 만드는) 아교풀로 간주한다. 세속의 덕을 기워 붙이는 누더기로 본다. 공학기술을 장삿속(비즈니스 도구)이라고 생각한다. (도가적인) 성인은 억지로 도모하지 않으니 어디에 지식을 쓰겠는가? 깎아 장식하지 않으니 어디에 아교풀을 쓰겠는가? (진정한 도道는) 잃어버린 것이 아니니 어디에 세속적인 덕을 쓰겠는가? 팔지 않으니 어디에 장삿속을 쓰겠는가? 이 네 가지는 자연이 길러 주는 것이니, 자연이 길러 준다는 것은 하늘이 먹여 주는 것이다. 이미 자연에서 먹을 것을 받았으니 또 어디에다 인위적인 것을 쓰겠는가?(「덕충부」)

장자는 이처럼 인위적인 가짜 재능을 비판하며 재능이라는 단어를 다르게 해석한다. 재능은 착취와 억압으로 만물을 손상하게 하는 것이 아니라 도리어 만물과 화평한 관계를 유지하고 만물의 생명력을 강화하는 역할을 한다. 다음의 대화에서 이런 특징이 잘 드러난다.

장자의 눈으로 푸코를 읽다

애공이 말했다. "무엇을 일러 재능이 완전하다고 합니까?"

공자가 말했다. "죽음과 삶, 보존과 패망, 곤궁함과 영달, 가난함과 부유함, 현명함과 어리석음, 치욕과 명예, 배고픔과 목마름, 춥고 더움 따위는 사물의 변화이며 천명天命이 유행하는 것입니다. 밤낮으로 앞에서 교대하는데, 인간의 지능知能으로는 그 시작을 헤아릴 수 없습니다. 그 때문에 마음의 평안을 어지럽히기에는 부족하며 마음속[靈府](정신의 집)에 들어오지 않게 해야 합니다. 그런 변화로 조화되고 즐겁게 되고 막힘없이 통하게 하여 기쁨을 잃어버리지 않게 합니다. 밤낮으로 쉴 새 없이 만물과 더불어 따뜻한 봄과 같은 관계를 이루어야 합니다. 이것은 만물과 접촉하여 마음속에서 때를 만들어 내는 것입니다. 이것을 일러 재능이 완전하다고 합니다."(「덕충부」)

여기서 재능이란 때에 맞게 만물의 생명력을 증가시켜 주는 것이다. 그러니 재능은 이기적인 성공 수단이 아닌 것이다. 그래서 진정한 덕을 지닌 자는 그 덕을 겉으로 드러내지 않는다. 그 덕을 겉으로 드러내지 않음으로써 만물을 버리지 않는 태도인 것이다. 따라서 진정한 덕이란 천명을 편안하게 여겨 마음을 평정함으로써 사물과 화평한 관계를 이루는 수양을 하는 것이다. 천명을 편하게 여기는 것이 바로 안명安命인 것이다.

"무엇을 일러 덕이 밖으로 드러나지 않는다고 합니까?"

중니가 말했다. "수평기는 물이 정지하여 바른 것입니다. 그것이 기준이 될 수 있습니다. 안에서 잘 보전되고, 밖으로 흔들리지 않기 때문입니다. 덕이란 화평을 이루는 수양입니다. 덕이 밖으로 드러나지 않는 사람은 다른 사람들(만물)이 떠날 수 없습니다."(「덕충부」)

이렇듯 정상과 비정상의 구분에 관한 장자식의 계보학은 인위적인 서열을 가차없이 뒤흔드는 반전 드라마이다. 재능은 스펙처럼 자신의 성공을 위해 다른 사람과의 경쟁에서 앞에 서는 것을 말하는 것이 아니다. 진정한 재능이란 천명을 편안하게 여기며 마음이 사회적인 욕망으로 불타오르지 않아 흔들림 없이 타인과 사물과 화평한 관계를 맺고 사는 것이다. 경쟁에서 이기기 위해 타자를 도구로 보는 것이 아니라 그 생명을 상하지 않도록 노력하는 태도인 것이다. 이런 점에서 장자의 안명 사상은 니체가 말하는 운명애와 동일한 기풍에 속한다.

그런데 이러한 도의 경지에 도달하지 않은 대부분의 인간이 살아가는 실존적인 모습은 어떠한가? 장자에 따르면 이는 미혹된 인간이다. 그는 세상이 심어준 한 가지 관점에 사로잡혀 있는 인간이다. 다시 말해 사회적인 상징 질서에 굴복하여 욕망의 사다리를 오르려고 애를 쓰는 자이다. 다시 말해 욕망의 노예가 된 사람이다. 그래서 「대종사」에 따르면 "남에게 굴복屈服하는 사람은 목이 메여 아첨하는 말소리가 마치 토하는 것 같고, 욕망이 심한 사람은 자연의 기틀이 얕다."

미혹된 인간은 위기의 인간이다. 왜냐하면 욕망을 채우는 데만 몰두하므로 자신이 위험에 처한 줄을 알지 못하기 때문이다. 외물外物에 빠져 본래의 자신을 잃어버려 사회적인 큰 타자의 노예로 전락한 것

장자의 눈으로 푸코를 읽다

을 모르고 있다. 자신이 위기에 처한 인간인 줄도 알지 못한 채 욕망에 사로잡혀 서로를 위험으로 모는 문명인의 비극적 모습을 장자는 「산목」에서 다음과 같이 신랄하게 묘사하고 있다.

장주(장자)가 조릉雕陵의 울타리 안에서 산보하며 노닐 적에 남방에서 온 한 마리의 기이한 까치를 보았다. 이 까치는 날개 너비가 7척이고 눈의 크기는 직경이 1촌이었다. 장주의 이마를 스쳐 지나가서는 밤나무 수풀에 머물렀다.

장주가 말했다. "이 새는 어떤 새인가. 날개는 큰데도 제대로 날지 못하고, 눈은 큰데도 제대로 보지 못하는구나."

이렇게 말하고는 아랫도리를 걷어 올리고 살금살금 걸어가서 새총을 잡고 그것을 당겨 새를 잡으려 머물러 있다가, 한 마리 매미가 막 시원한 나무 그늘을 얻어 자기 몸을 잊고 있는 것을 보았다.

그런데 그 매미 뒤에서는 사마귀가 도끼 모양의 발을 들어 올려 매미를 잡으려 하고 있었는데, 매미를 잡는다는 이득만 생각하고 자기 몸을 잊고 있었다. 이상한 까치는 바로 그 뒤에서 사마귀를 잡는다는 이익만 생각하고 자기 몸을 잊고 있었다.(「산목」)

위기의 인간에 대한 비판이 그 끝은 아니다. 참다운 인간으로의 변형이 필요하다. 기존의 가치를 뒤집고 새로운 가치를 창출하는 니체의 초인Übermensch이야말로 장자가 그린 진인眞人의 모습과 가장 유사하다. 초인이나 진인과는 다르게 낭만적인 반항자(일명 아름다운 영혼,

독일 낭만주의 운동의 전형적인 인물형)는 위기의 상태에서 벗어나기는 했어도 여전히 새로운 가치를 창조하지 못한 채로 방종을 자유롭다고 착각하며 살아간다. 이로 인해 현명한 처신 없이 사회적 질서를 어기기만 할 뿐, 바꾸려 하지 않아 사회적인 모욕이나 처벌만 받게 된다.

방금 인용한 「산목」의 다음 구절에서 이러한 '아름다운 영혼'의 어려움과 한계가 나온다.

장주는 깜짝 놀라 "아! 사물(존재자)이란 본시 이처럼 서로 해를 끼치는 관계로구나. 이욕利慾에 빠진 두 가지 다른 종류는 서로가 서로를 부르는구나." 하고는 새총을 버리고 몸을 돌려 달아나려 했는데 산지기가 쫓아와 장주를 호되게 꾸짖었다.

장주가 돌아와 집으로 들어온 뒤 사흘 동안 기분 나빠 했다. 제자 인저藺且가 찾아와 물었다.

"선생께서는 요즈음 무엇 때문에 오랫동안 기분 나빠하십니까?" 장주가 말했다.

"나는 겉모습에 정신을 빼앗겨 자신을 잊어버리고 탁한 물만 보다가 맑은 연못을 잃어버리고 말았다. 게다가 나는 우리 선생님에게서 "세속에 들어가서는 세속을 따라야 한다."고 들었다. 지금 나는 (실정법을 어기고) 조릉 울타리 안에 들어가 노닐다가 자신을 잊어버렸다. 마침 괴이한 까치가 내 이마를 스치고 가기에 어느새 밤나무숲 속으로 들어가 노닐다가 나 자신의 본래 모습을 잊고 있었다. 밤나무숲의 산지기가 나를 밤을 훔친 범죄자로 처벌해야 한다고 꾸짖었다. 이런 이유로 내가 기분이 나쁜 것이다."(「산목」)

장자의 눈으로 푸코를 읽다

기존의 상징 질서를 해체하고 여기로부터 받아들인 자신의 정체성마저 잊어도 여전히 현실의 실정법의 지배를 받으며 살아가는 조릉의 장자가 처한 위태로운 처지가 잘 드러난다. 이는 아직 궁극적인 참다운 인간에 도달하지 못한 단계라고 할 수 있다. 그래서 장자는 진인으로 가는 주체의 변형을 네 유형의 경지로 제시한다.

온전한 인간, 신나는 인간, 성스러운 인간

◇ ◇ ◇

장자는 주체성의 변형, 즉 '인간 되기'의 네 단계를 「소요유」에서 논하고 있다. 우선, 외물外物, 즉 스펙(칭찬과 명예와 같은 이름, 귀함과 부유함과 같은 신분, 아름다움과 추함과 같은 외모 등)의 사다리(위계질서)에 사로잡혀 있어서, 그러한 프레임 속에서 그 사다리를 한 칸이라도 더 오르려고 애쓰는 상식인이 등장한다. 이러한 사람은 아무리 관직이 높고 능력을 발휘하더라도 여전히 메추라기와 같은 자신의 욕망 충족에 머무는 소인에 불과하다. 유가의 대인도 역시 소인의 연장선일 뿐이지 진정한 의미의 인간이 아니다.

　　　　　　　　　　　　　　장자의 눈으로 푸코를 읽다

저 지식은 한 관직을 맡아 공적을 올릴 만하고 행실은 한 고을 사람들의 기대에 부합하며 능력은 군주의 마음에 들어 한 나라에 쓰이는 사람들도 그 스스로를 보는 것이 이 메추라기와 같을 것이다.(「소요유」)

둘째 유형의 인간형은 외물이라는 스펙에서 벗어난 인물이다. 그러나 아직 '조릉의 장자'와 같은 위험한 경지에 머물러 세속에서 새로운 가치를 창조하며 주체적으로 설 줄을 몰라 그 세속에 종속되어 살아간다. 지젝이 늘 비판하듯이 저항과 반항의 정신을 대표하는 '아름다운 영혼'은 기존의 법과 규칙에 얽매여 있는 것이다.

그런데 송영자宋榮子는 이런 자기 만족의 인물들을 빙그레 비웃는다. 그리하여 그는 온 세상이 모두 그를 칭찬하더라도 더 힘쓰지 아니하며 온 세상이 모두 그를 비난하더라도 더 기세가 꺾이지 아니한다. 그러니 그는 자기의 내면과 바깥의 사물의 구분을 확립하고 영예나 치욕 따위가 바깥 영역의 일임을 변별하고 있는 것이다. 그러나 이러할 뿐이다. 그는 세상의 평가에 대해 초연하기는 하나 비록 그러나 아직 주체성이 수립되어 있지 않다.(「소요유」)

셋째 유형의 인간형은 외물과 세속에서 벗어났지만 여전히 세속으로 돌아올 줄 모르는 자이다. 다시 말해 여전히 의존하는 바가 있다. 진정한 자유인은 세속에서 자유로운 자이다. 그러나 아직 이 단계는 여전히 진인의 경지가 아니다. 진정한 진인은 나만 자유롭지 않고 모든 사람을 자유롭게 하는 자이다. 이런 이유로 사르트르가 본래적인 주체성을 회복하려는 실존주의와, 종속과 착취의 체제를 자유의 시스템으로 변혁하려는 코뮌주의communism를 결합하려고 한 것이다. 모든 사람이 자유로워야 자신도 진정으로 자유로워지기 때문이다.

저 열자列子는 바람을 조종하여 하늘을 가뿐가뿐 즐겁게 잘 날아서 열닷새가 지난 뒤에 땅 위로 돌아온다. 그는 세속의 행복을 구하는 일에 대해서도 초연하다. 그러나 이런 사람은 비록 걸어 다니는 번거로움으로부터는 해방되었으나 아직 무엇엔가 의존하는 것이 있는 것이다.(「소요유」)

넷째 유형의 인간형은 '무하유의 고향'에서 노닐 줄 아는 온전한 인간[至人], 신나는 인간[神人], 성스러운 인간[聖人]이다.

저 하늘과 땅의 바른 기운을 타고 육기六氣의 변화를 조종하여 끝없는 경지에 노닐 줄 아는 사람이라면 그는 대체 무엇을 의존할 것이겠는가. 그래서 "지인至人은 자기가 없고 신인神人은 공적이 없고 성인聖人은 명예가 없다"고 한다.(「소요유」)

하지만 이러한 참다운 인간을 철저히 개인주의 관점에서만 보면 안 된다. 사르트르의 말처럼 모든 사람이 자유로워야 자기 자신도 자유로운 법이다. 「도척」에 보면 장자 자신이 스스로 속세를 끊고 세상을 초월한 선비[絶俗過世之士]가 아니라고 선언한다. 그런데도 많은 사람들

장자의 눈으로 푸코를 읽다

이 장자를 이런 관점으로 이해하는 이유는 현대 중국의 대문호인 루쉰의 영향력이 크다.

신영복은 루쉰魯迅(1881~1936)에 대해 "비판적 지식인으로 어떤 주의에도 매이지 않은 '영원한 비판자', '영원한 회의가', '영원한 자유인'"이라고 이야기했다. 이런 점에서 루쉰은 장자와 매우 닮았다. 그러나 그는『호루라기를 부는 장자古事新編』에서 장자를 신랄하게 비판한다.

루쉰의 작품집『호루라기를 부는 장자』는 그 분량은 많지 않지만 루쉰이 밝힌 바와 같이 13년에 걸쳐서 쓴 작품이다. 그리고 이 작품집에 실린 여덟 편의 작품 가운데 다섯 편은 그의 최후의 작품들이다. 원래 제목인 '고사신편'이란 말의 의미는 옛날에 떨어져 이미 시들어 버린 꽃, 그렇기 때문에 아무도 줍지 않는 꽃을 먼 과거의 망각으로부터 그 꽃들을 다시 불러내어 오늘의 현실 속으로 살려낸다는 것이다.

『호루라기를 부는 장자』는『장자』의「지락」에서 소재를 취하여 장자의 상대주의 철학의 비현실성과 무비판성을 풍자한 희곡 형식의 작품이다. 500년 전에 친척을 찾아가다가 도중에 옷을 모두 빼앗기고 피살된 한 시골 사람이 다시 생환하여 장자와 대화를 나눈다. 간절하게 옷을 원하는 그 사람에게 장자는 그의 현학적인 철학을 펼친다.

옷이란 있을 수도 있고 없을 수도 있는 법. 옷이 있다면 그 역시 옳지만 옷이 없어도 그 역시 옳은 것입니다. 새는 날개가 있고, 짐승은 털이 있습니다. 그러나 오이와 가지는 맨몸뚱이입니다. 이를 일러 "저 역시 옳기도 하고 그르기도 하며, 이 역시 옳기도 하고 그르기도 하다."는 것입니다.(「지락」)

옷을 모두 빼앗겨 도움이 필요한 순간에 이런 쓸데없는 소리를 늘어놓는 것에 그 사람은 격분한다. 이러한 태도에 위급함을 느낀 장자가 급히 호루라기를 꺼내어 미친 듯이 불어 순경을 부른다. 현장에 도착한 순경은 장자가 옷을 하나 벗어 주어 그 사람의 치부만이라도 가리고 지인을 찾아가도록 하자고 제안하지만, 장자는 그 제안을 끝내 뿌리치고 만다. 결국 장자는 순경의 도움을 받아 궁지에서 벗어난다.

신영복에 따르면 이 이야기는 '발가벗겨진' 사람의 절실한 현실인 '옷'과 장자의 현학적인 사상인 '무시비관無是非觀'을 극적으로 대비시킴으로써 장자 철학의 비현실적인 관념성을 드러낸다. 이 작품의 정점은 장자가 미친 듯이 호루라기를 불어 순경을 부르고 순경의 도움으로 위기를 모면하는 대목이다. 장자의 무시비無是非의 상대주의적 개인주의란 결국 통치자에게 유리한 논리임을 보여 준다는 것이다. 호루라기는 권력을 상징하고 있기 때문이다.

신영복 자신은 『강의』에서, 노자에 대해서는 민초의 정치학으로 긍정하는 반면에 장자에 대해서는 소극주의라고 비판한다.

『노자』를 우리는 민초들의 정치학으로 이해하고 그러한 관점에서 읽을 수 있는 반면에, 『장자』에는 이러한 차원의 정치학이 없는 것이 사실입니다. 패권 경쟁을 반대하고 궁극적 진리를 설파하고 있다는 점에서 『장자』와 『노자』는 크게 다르지 않습니다. 그러나 장자는 노자의 상대주의 철학 사상에 주목하고 이를 계승하고 있지만 이를 심화해 가는 과정에서 노자로부터 결정적으로 멀어져 갔다고 할 수 있습니다. 개인주의적인 세계, 즉

장자의 눈으로 푸코를 읽다

"정신의 자유"로 옮겨 갔다는 것이지요. 그것을 도피라고 할 수는 없지만 어떻든 노자의 관념화인 것만은 분명하다고 할 수 있습니다. 그러나 이처럼 장자 사상이 권력에 봉사한다는 부정적 평가가 있는 것이 사실이지만 그것은 결과적으로 그렇게 원용되었을 뿐이며 『장자』는 권력 그 자체를 부정하는 근본주의적 사상으로 평가됩니다. 장자 사상은 반체제적인 부정철학否定哲學에 그치는 것이 아니라 궁극적으로 체제 그 자체를 부정하는 체제 부정의 해방론이라는 평가가 그러하다고 할 수 있습니다. 그러나 장자의 해방은 어디까지나 관념적 해방이며 주관적인 해방임은 부정할 수 없습니다. 장자 철학은 결과적으로 노자의 사회성과 실천성이 탈색될 수밖에 없는 것 또한 사실이라고 해야 할 것입니다.

이러한 평가는 장자의 자기 이해와 상반된다. 장자는 결코 탈속적인 관념론자나 개인주의적 도피주의자가 아니다. 노자 철학이 나중에 황로학黃老學적인 교묘한 통치술로 변질된 반면에 장자 철학은 예술적 상상의 근원이 되어 현실 비판의 자세를 여전히 유지한다.

다섯 종류의 선비에 대한 비판

◇ ◇ ◇

장자는 「각의」에서 자신을 규정하기 전에 스스로 비판하는 다섯 유형의 선비를 규정한다. 산곡의 선비, 평세의 선비, 조정의 선비, 강해의 선비, 도사 같은 선비가 그것이다. 이중에서 보통 유가의 선비들은 난세의 시대에는 산곡의 선비가 되어 부패한 권력을 비판하며 불우한 자신의 처지를 탓하다 고결하게 자결하거나, 태평의 시대에는 평세의 선비처럼 서당의 훈도가 되어 재야에서 교화하는 역할을 하거나, 운이 좋아 등용된다면 조정의 선비처럼 통치에 종사하며 부국강병을 추구한다. 반면에 도가의 선비들은 통상 강해의 선비처럼 강과 바다로 떠나 무심하게 은둔하는 삶을 살거나, 도사처럼 건강과 장수를 위해

장자의 눈으로 푸코를 읽다

요가 수행을 하는 삶을 산다고 알려져 있다. 그러나 장자는 이 다섯 유형의 선비를 다음과 같이 준엄하게 비판한다.

산곡의 선비[山谷之士]들은 마음을 억제하고 행동을 고결하게 하여 속세를 떠나고 세속과 달리 행동하여 높은 이상을 논論하고 자기의 불우不遇한 처지를 원망하거나 세상의 부패를 비난하여 자기를 높이는 일에 몰두할 따름이다. 이 같은 태도는 심산유곡을 방황하는 사람, 세상을 비난하는 사람들로 말라 비틀어진 모습으로 연못에 몸을 던지는 자들이 좋아하는 태도이다.

또 평세의 선비[平世之士]들은 인의충신仁義忠信을 말하며 공손, 검약, 추천, 양보를 실천하여 도덕수양에 몰두할 따름이다. 이 같은 태도는 평화로운 시대의 선비들로서 남을 가르치는 사람들로 밖에 나가 유세遊說하거나 들어앉아 남을 가르치는 학자들이 좋아하는 태도이다.

또 조정의 선비[朝廷之士]들은 천하를 다스리는 큰 공을 말하며, 역사에 남을 큰 이름을 세우며, 군신君臣 간의 예禮를 제정하며 상하上下의 신분 질서를 엄정하게 하여 다스리는 일에 몰두할 따름이다. 이 같은 태도는 조정의 선비들, 군주의 권력을 강화하고 나라를 강대하게 하려는 사람들, 공을 이루어 다른 나라까지 겸병하려는 자들이 좋아하는 태도이다.

강해의 선비[江海之士]들은 초목이 무성한 못가에 나아가고 한적하고 비어 있는 땅에 살면서 조용한 곳에서 물고기나 낚으며 무위無爲(부정적 의미로 아무것도 하지 않음)할 따름이다. 이 같은 태도는 큰 강과 바닷가의 은둔자, 세상을 피해 사는 사람들로 한가한 자들이 좋아하는 태도이다.

도사 같은 선비[道引之士]들은 숨을 급히 쉬거나 천천히 쉬고, 숨을 토하거나 숨을 들이마시면서 호흡하여, 묵은 기운을 토해내고 새로운 기운을 받아들이며 곰처럼 바로 서거나 새처럼 목을 펴면서 장수하는 일에 몰두할 따름이다. 이 같은 태도는 도인道引(호흡법을 가미한 유연한 체조)하는 사람, 육체를 기르는 사람들로 팽조彭祖와 같은 장수자들이 좋아하는 태도이다.(「각의」)

이처럼 장자는 운둔하는 강과 바다의 선비나 도사 같은 선비가 아니다. 그렇다면 그가 추구하는 선비는 어떠한가? 그는 천지의 도道를 따라 (도가적인 의미의) 성인聖人의 덕德을 키운 자이다. 「각의」의 다음 구절에 그 모습이 이렇게 묘사된다.

"뜻을 새기지 않고서도 저절로 고결해지고, 인의仁義를 내세우는 일이 없어도 저절로 마음이 닦인다. 무리하게 공명功名을 세우는 일이 없어도 나라가 저절로 잘 다스려진다. 은둔의 명소名所라 할 큰 강이나 바닷가로 숨지 않아도 저절로 마음이 한적하다. 굳이 도인(기공이나 요가)을 하지 않아도 천수天壽를 누릴 수 있다. 이 같은 경지에 도달한 사람은 모든 것을 잊지 않음이 없기 때문에 도리어 모든 것을 다 가질 수 있다. 그리하여 담담히 끝없는 작용을 이루면 모든 아름다움이 따르게 될 것이니, 이것이 바로 천지자연의 도道이고 성인聖人에게 갖추어진 덕德이다."

천지자연의 도를 체득하여 도가적인 성인의 경지에 이르러 지덕至

장자의 눈으로 푸코를 읽다

德의 시대를 여는 자가 앞서 말한 온전한 인간[至人], 신나는 인간[神人], 성스러운 인간[聖人]이다. 이런 선비가 바로 참다운 인간[眞人]이다.

장자 철학의 정체성에 대해서는 여러 해석이 존재한다. 대표적으로 루쉰은 반동주의자, 상대주의자, 회의주의자, 주관적 관념론자, 도피주의자로 장자를 부정적으로 규정한다. 반면에 사마천의 아버지인 사마담은 중국의 고대 철학을 육가로 나누고 거기에 도가와 음양가의 큰 흐름을 따르고, 유가와 묵가의 좋은 점을 취하고, 명가와 법가의 요점을 취한 것으로 긍정적으로 설명한다.

대만 학자 진고흥은 노자와 장자의 연계성에 주목하지만 본체론에 주관적 경지를 덧붙인다. 신영복은 노자를 민초의 정치학으로 이해하는 반면에 장자에게는 사회성과 정치성이 부재한 관념론적 자유를 주창한 것으로 보면서도 양자의 일치점을 강조한다. 반면에 강신주는 노자와 장자를 분리하고 노자의 제국적 국가주의와 장자의 무정부주의를 구분한다. 이와는 다른 관점에서 전호근은 신비주의적인 해석을 비판하고 정치 참여를 강조하는 유가 기원설을 주장한다. 반면에 일본 학자 후쿠나가 미쓰지는 실존주의 철학으로 이해하는 한편, 김형효는 장자를 데라다적인 해체론적 문법으로 읽어낸다.

이중에서 신영복, 강신주, 전호근은 그 방점은 다르지만 장자의 정치철학을 대부분 긍정적으로 인정한다. 신영복이 관념적 해방이라고 부정적으로 본 측면을 강신주는 무정부주의라는 긍정적인 측면으로 강조하며, 비록 전호근은 유교적인 맥락이지만 정치 참여를 강조한다. 앞으로 밝혀지겠지만 장자야말로 민초의 정치학으로서 이소노미아(계급과 서열의 노모스가 없는 제물론)를 지향하며 '자유로운 개인들의 자유로운 연합'으로서의 코뮌주의 철학이다.

푸코와 마찬가지로 장자 철학도 하나로 규정하기 어려운 실험철학이자 얼굴 없는 글쓰기로서의 무명無名의 철학이기 때문이다. 그렇지만 여기서는 푸코식의 언어로 '역사비판 존재론'이라는 이 세 단어의 조합을 중심으로 할 것이다. 이 단어들로 우리는 푸코의 사상과 아울러 장자의 사상을 집약할 수 있다. 푸코가 방법론으로 본인이 직접 구사한 고고학이나 계보학 모두 이렇게 명명할 수 있으며 장자의 제물론이나 인간세도 이렇게 명명할 수 있다.

푸코는 지식의 계보학을 처음에는 고고학이라고 부른다. 고고학이란 역사적 지층들에서 유물(기념물)들을 발견하고 해석하는 작업이다. 고고학과 계보학은 모두 역사학과 관련된 분과들이다. 예를 들어 담론의 질서, 사물의 질서, 말과 사물, 고고학은 주로 진리 의지 또는 지식 의지와 연관이 있다. 이는 니체의 권력 의지와 짝을 이룰 수 있다. 계보학, 감옥, 규율은 주로 권력 의지와 연관이 있다. 더 나아가 권력 의지는 자기 극복을 위한 자기를 해체하며 초월하는 초인에게서 잘 구현된다. 초인이란 기존의 휴머니즘의 종언end이자 새로운 주체성과 윤리의 탐색점을 가리킨다. 이 점이 장자에서는 제물론과 대종사(진인)로 잘 드러난다.

결론적으로 푸코의 철학은 니체의 계보학을 계승하여 그 당시 현상학과 마르크스주의, 휴머니즘과 과학주의, 철학적 인간학과 역사실증주의의 딜레마를 끊고 니체의 계보학이 지닌 가능성을 실현하기 위해 철학적이며 정치적인 비판의 활동으로 전개된 것이다. 장자의 철학에서도 마찬가지로, 참다운 인간은 자본의 이익을 위한 과학적 지식의 욕망에 사로잡히지 않는 자이다. 동시에 권력에 기여하는 지식 추구를 하지 않는다. 이런 점에서 과학과 지식의 추구는 인간의 궁극적인 구원이 될 수 없다. 이를 비판하기 위해 장자는 제물론과 인간세를 논의하며 양생의 도를 통해 참다운 인간으로 변형을 추구함으로써 계급과 지배가 없는 무치無治주의와 모든 사람이 자유로운 무하유의 고향을 지향한다.

3장

제물론,

어떤 비판인가?

푸코는 현대 정치에 대해 매우 중요한 발언을 한다. "철학의 과제는 우리 세계에 대한 비판적 분석"이다. 이 분석의 "현재 목표는 우리가 무엇인지를 발견하는 것이 아니라 우리가 현재 있는 모습과 방식을 거부하는 것이다." 한마디로, 푸코의 비판은 현대의 우리 자신에 대한 분석이자 해체이다. 이는 곧 새로운 우리 자신을 창조하려는 실험이기도 하다.

푸코에 따르면 비판에는 두 개의 전통이 있다. 칸트는 '계몽이란 무엇인가'를 물으며 현재의 시대에 대한 비판적 의식을 최초로 제기했다. 하지만 칸트 이후로 그 자신이 정립한 비판적인 전통과 여기에 대립하는 비판적인 전통으로 나뉘게 된다.

칸트의 비판적 작업은 참다운 인식의 가능성에 대한 문제제기로서 진리의 분석론으로 전개된다. 그러나 칸트적인 진리 분석론으로서의 비판이 아닌, 니체적인 가치 비판과 마르크스의 현실 비판을 진리의 정치경제학과 주체의 계보학으로 잇는 작업이 푸코의 비판 노선이다. 그도 니체와 마찬가지로 망치를 들고 우상을 파괴하는 글쓰기를 하며 마르크스적인 변혁에 대한 열망을 가지고 다이너마이트처럼 현 체제를 폭파하는 말하기를 한다. 푸코가 한 글과 말의 폭발적인 매력은 이런 비판의 힘에 있는 것이다. 니체적인 계보학으로서의 해체론은 푸코의 역사비판 존재론으로 계승된다.

니체적인 계보학과 연관된 장자의 사유 방식은 '제물론'에서 잘 드러난다. 그는 마치 푸코식으로 사물과 그 이름에 관한 역사비판적인 계보학을 통해 기존 문명 사회를 해체하는 새로운 존재론의 가능성을 제시한다. 계보학으로서의 제물론을 위해 장자가 사용하는 언어적 방법은 이미 앞에서 밝힌 것처럼 우언(우화), 중언(패러디로서의 풍자), 치언(소크라테스적인 아이러니)이다.

장자의 언어 사용 방식은 니체적인 계보학과 마찬가지로 유명한 인물의 말을 패러디하고, 상식적인 인간과 학식 있는 학자들의 상식과 편견을 부순다. 이는 인위적인 노모스로 서열이 나누어진 사회 질서와 언어 체계를 질타하는 것이다. 침묵이란 말을 하지 않는 것이 아니라 기존 사회 질서를 만든 언어를 거부함을 의미한다. 이 점에 주목하면 니체의 도덕 계보학과 장자의 제물론이 동일한 정신의 작업임을 이해할 수 있다. 언어와 지식 비판은 단순히 진리의 분석론이 아니라 결국 가치 비판이며 현실 비판인 것이다. 이런 이유에서 제물론은 계보학이다.

철학을 역사와 정치로부터 떼어낼 수 없다
◇ ◇ ◇

푸코는 현대 정치에 대해 매우 중요한 발언을 한다. "철학의 과제는 우리 세계에 대한 비판적 분석"이다. 이 분석의 "현재 목표는 우리가 무엇인지를 발견하는 것이 아니라 우리가 현재 있는 모습과 방식을 거부하는 것이다." 다음과 같은 종류의 정치적인 '이중적 구속'을 제거한다면 우리가 어떤 모습으로 존재할 수 있는가를 상상하고 구축할 수 있다. 그 이중적 구속이란 현대 권력 구조의 동시적인 개인화(섬과 같이 고립된 개인과 대중)와 총체화(전체주의의 숭고한 대상으로서의 국가와 민족)이다. 이로부터 그가 내리는 결론은 다음과 같다. 우리 시대의 정치적, 윤리적, 사회적, 철학적 문제는 개인을 국가로부터 해방하려고 노력하는 것으로는 불충분하다. 우리는 국가 및 이와 연결된 종류의 개인화로부터 동시에 해방되려고 노력해야 한다. 우리에게 수세기 동안 부과된 예속적인 형태의 개인화를 거절함으로써 새로운 형태들의 자유로운 주체성을 증진시켜야 한다.(「주체와 권력Le sujet et le pouvoir」)

이처럼 푸코에게는 실존적 주체에 관한 철학적 분석과 현대 역사의 분석이 연결되고, 주체의 문제와 정치 권력의 문제가 분리되지 않는다. 결국 역사와 정치, 철학과 역사, 정치와 철학을 별도로 고찰해서는 기존의 주체성과 지식 권력 복합체에 대한 비판적 해체와, 새로운 주체성의 형성과 문명에 대한 비전을 제시할 수 없다.

푸코와 마찬가지로 장자에게 철학과 역사적 이야기는 분리되지 않고, 철학과 정치가 분리되지 않는다. 장자는 철학 자체를 세 가지 이야기로 진행했다(기세춘의 해석에 의거함). 그는 자신의 글에 관하여 「우언」에서 다음과 같이 선언하고 있다. 동물이나 사물에 빗대어 이야기한 우언寓言은 장자 전체 저작의 10분의 9에 해당한다. 또한 유명한 성인의 이름을 빌려 자신이 한 말을 스스로 부정하게 하는 일종의 패러디인 중언重言이 10분의 7에 해당한다. 마지막으로 무지를 일깨워 새로운 통찰을 유도하려는 소크라테스적인 문답법에 해당하는 치언이 있다. 이는 인위적인 서열과 구분의 프레임을 혁파하여 해가 떠오르듯이 새롭게 자연적인 분계分畍로써 조화를 시도한다. 예를 들자면, 치언으로 외모지상주의라는 인위적인 차별 대신에 학의 다리가 길다고 자르지 않는 자연적인 차이를 제시하며 부당한 사회 질서를 비판한다.

이러한 작업을 위해 장자는 신화나 역사에서 빌려오거나 현실의 관찰에서 가져온 이야기들을 활용한다. 그의 궁극적인 의도도 푸코와 마찬가지로 결국 새로운 인간과 사회에 대한 비전인 것이다. 이런 점에서 철학은 역사 및 정치와 분리되지 않으며, 더구나 신화와 문학과 같은 허구적인 이야기와도 구분되지 않는다. 이제 우리는 푸코와 장자 철학에서 왜 문학성과 역사성, 정치성과 사회성이 강하게 드러나지를 이해할 수 있다. 이런 스타일로 철학하는 대표하는 학자들이 바로 푸코에게 영향을 준 헤겔, 니체, 하이데거이다.

헤겔과 하이데거의 사상이 전문가에게도 난해한 것처럼, 순전히 논리적인 담론으로 구성된 다른 철학과 달리 푸코와 장자의 철학도 이해하기가 어렵기는 마찬가지이다. 푸코는 프랑스 헤겔 철학의 대가인 장 이폴리트Jean Hyppolite의 제자로, 프랑스 최고의 지적인 권위를 자랑하는 콜레주드프랑스Collège de France에서 그의 후임으로 자리를 잡는다. 그리고 푸코는 프랑스 공산주의의 구조주의적 마르크스주의를 대표하는 알튀세르의 제자이기도 하다. 푸코는 독학으로 하이데거를 읽고 하이데거를 통해 니체 철학의 의미를 깨달은 것이다.

이와는 별개의 방향에서 푸코는 그 당시 과학적 인식론이나 구조주의적 객관주의의 영향 속에서 철학을 했으며 여기에 영향을 받아 현란한 용어들을 사용한 적도 있다. 하지만 앞에서 밝힌 것처럼 결코 그는 이러한 과학주의나 객관주의에 머물지 않았다. 또한 여기에 반발하는 해석주의나 주관주의에 그치지도 않았다. 그는 헤겔의 변증법과 대결하면서 하이데거의 해체 존재론에 영감을 받아, 전통적인 신학과 형이상학 전반의 해체를 선언한 니체를 극적으로 받아들인다. 이들의 철학을 한마디로 하면 역사적이고 비판적인 존재론이다. 푸코가 여전히 칸트적이고 인식론적인 언어에서 벗어나지 못할 때 이를 '초월론적 역사주의'라고 불렀던 것에 불과하다.

푸코의 역사비판 존재론은 진리를 문제로 제기한다. 왜냐하면 진리가 지식만의 문제가 아니라, 제도와 연관된 문제라고 보기 때문이다. 따라서 진리를 비판적으로 바라본다. '진리의 정치학'이 문제가 된다. 현대 사회에서는 진리가 자본의 증식 수단이나 정당화 수단으로 사용되기도 한다. 따라서 '진리의 정치경제학'이라고 부를 수 있다. 진리는 권력과 부와의 연관성 속에서 이해되어야 한다. 순수한 진리라는 말 자체는 유니콘처럼 현실적으로는 존재할 수 없다. 진리의 문제화는 권력의 문제화로 이어지게 된다. 그러나 진리도 권력도 이것의 주체 없이는 일어날 수 없는 역사적 형성물인 것이다. 그렇다고 해서 주체가 진리를 형성하고 권력을 형성하는 전제라든가 중심이라는 뜻이 아니다. 그래서 주체에 대한 역사적 형성을 탐구하는 것이 중요한 과제가 된다.

푸코 사상에 대한 유명한 입문서가 질 들뢰즈의 『푸코*Foucault*』이다. 그의 책은 푸코를 이해하려는 시도인 동시에 푸코와 들뢰즈 자신의 사상이 겹쳐진 주름이다. 그는 다섯 개의 핵심 개념으로 푸코를 설명한다. 고문서(고고학)와 다이어그램(계보학, 전략) 그리고 위상학(지식, 권력, 주체화)이 그것이다. 이 개념들은 푸코가 낡아빠진 것에 새롭게 의미를 부여한 반反개념들이다. 반反개념이란 기존 개념의 고정성과 경직성을 극복하기 위해 그 개념을 풀어헤치는 작업을 의미한다.

진리의 분석론에서 실천적 비판으로

◇ ◇ ◇

그런데 위르겐 하버마스는 『현대성의 철학적 담론』에서 푸코의 계보학적 역사 서술을 "현재주의적, 상대주의적, 정체불명의 규범주의적 사이비 과학, 그 자신이 원치 않았던 바로 그 허구 과학"이라고 비판적으로 규정한다. 더 나아가 그는 다음과 같이 비판적으로 단언한다. 마치 장자에 대해 비판적인 루쉰의 목소리가 들리는 것 같다. "푸코에 따르면 근대의 인간에 대한 과학(인문과학)이 절망적인 객관주의로 끝나는, 더 정확히 표현하자면 비참한 종말을 맞이하지만, 계보학적 역사 서술의 운명도 그보다 덜 역설적이지 않습니다. 계보학적 역사 서술은 주체를 말살시키는 철저하게 역사주의적인 운동을 쫓아가지만, 결국 절망적인 주관주의로 끝납니다." 푸코에 대한 이러한 비판적 해석이야말로 역으로 푸코의 사상을 이해하는 실마리가 될 수 있다.

하버마스는 푸코와 논쟁을 벌인 현대의 대표적인 사상가이다. 그가 푸코를 다룬 두 개의 강의 제목인 「인문과학의 이성비판적 폭로」 및 「권력 이론의 아포리아」에서 알 수 있듯이 지식과 권력이 키워드이다.

푸코에 따르면 지식savoir과 인식connaissance은 다르다. 인식이란 과학적 지식을 가리킨다. 하지만 인식이 성립하려면 비과학적인 지식이 있어야 한다. 그런데도 인식만을 따로 떼어내어 여기에 특권적 지위를 부여하는 것은 이미 권력에 의한 나눔과 배제가 지배하는 것이다. 그는 "모든 사회는 그 사회의 고유한 진리의 질서를, 그리고 그 자신의 일반적인 진리의 정치학을 가진다. 즉 모든 사회는 그 사회를 진리로 기능하게 하는 특정한 담론을 받아들인다."(「진리와 권력Truth and Power」)

푸코의 사상은 지식의 영역에서의 과학적 진리와 권력의 영역에서의 국가 및 자본의 규율 권력을 연결해서 탐구함으로써 행위자의 영역에서는 인식하고 행위하고 가치판단하는 주체로서의 근대적 자아를 문제로 삼는다. 이는 일종의 비판이다. 그렇다면 사상의 문제란 무엇인가? 하이데거에 의하면 문제란 사태이다. 이는 헤겔과 후설의 현상학적인 전통에서 기존에 은폐된 사태를 대면하려는 태도와 연결된다. 문제를 제기한다는 것은 사태로 돌입하는 것을 말한다. 기성의 이론적 프레임을 과감하게 버리고 진리에 대한 용기를 가지고 '사태 자체로zu den Sachen selbst' 되돌아가려면 역사비판 존재론으로서 고고학과 계보학이 요구된다.

푸코 철학은 (앞으로 규명될) 어떤 비판의 전통에 서 있다. 그 비판의 의미와 역할이 무엇인지에 대해 본격적으로 논의하기에 앞서 비판의 일반적 의미와 중심적인 구분에 관해서 언급하지 않을 수 없다.

비판critique이란 영어권에서는 문학적이고 예술적인 비평criticism과 그보다는 더 이론적이고 학술적인 비판critique으로 구분된다. 그러나 독일어권이나 프랑스어권에서는 이러한 구분 없이 둘 다 비판critique이라는 말로 통용된다.

푸코에 따르면 비판에는 두 개의 전통이 있다. 칸트는 "계몽이란 무엇인가?"를 물으며 현재의 시대에 대한 비판적 의식을 최초로 제기했다. 하지만 칸트 이후로 그 자신이 정립한 비판적인 전통과 여기에 대립하는 비판적인 전통으로 나뉘게 된다. 칸트의 비판적 작업은 참다운 인식의 가능성에 대한 문제제기로서 '진리의 분석론'으로 전개된다. 이와는 달리 푸코 자신은 우리의 현실성, 즉 가능한 경험의 현실적 장에 대한 문제제기로서의 비판이다. 이는 현재의 존재론, 다시 말하면 우리 자신의 존재론의 형태를 취하는 철학적 노선을 잇는 것이다. 그 철학적 노선이란 헤겔로부터 시작해서 니체와 막스 베버Max Weber를 거쳐 프랑크푸르트학파에 이르기까지의 비판적 성찰이다.

우선, 칸트의 『순수이성비판Kritik der reinen Vernunft』은 회의주의가 아니다. 흄의 회의주의로부터 영감을 얻었지만 확실한 진리를 얻기 위

장자의 눈으로 푸코를 읽다

한 데카르트적인 방법적 의심의 연장선에 있다. 여기서 비판이란 이성의 능력에 대한 비판인 것이다. 대상 인식을 위한 주관적인 조건의 가능성과 한계를 탐구한다는 것이 칸트가 생각한 진리의 분석론이다. 반면에 이러한 가능한 조건을 넘어서는 개념의 월권, 즉 독단적 사용에 대한 해명이나 해소는 '오류의 변증론'이 된다. 이로부터 비판과 독단은 반대의 개념이 된다.

칸트의 『순수이성비판』에서 비판이란 과학적 지식을 위한 건축술적인 계획을 수립하는 것이다. 그런데 문제는 『실천이성비판』도 여전히 『순수이성비판』의 분류를 기준으로 삼아 진리의 분석론과 오류의 변증론으로 구분된다는 것이다. 이와 같이 실천의 문제를 진리의 규칙과 오류의 해소의 문제로 본다는 점에서 칸트적인 비판은 진리의 분석론에 불과하다.

이와는 다른 관점에서 니체는 자기 평가서인 『이 사람을 보라*Ecce Homo*』에서 자신의 책인 『선악을 저편*Jenseits von Gut und Böse*』을 본질적으로 '근대성에 대한 비판'으로 규정한다. 이러한 비판이 바로 『우상의 황혼*Götzen_Dämmerung oder Wie man mit dem Hammer philosophiert*』의 부제목인 '망치로 철학하기'이다. 또한 그는 『이 사람을 보라』의 「왜 나는 운명인가」에서 자신의 운명을 다이너마이트에 비유한다. "나는 사람이 아니라 다이너마이트이다." 망치와 다이너마이트적인 비판이란 '모든 가치에 대한 재평가'이다. 재평가란 어떤 가치에 대해서 현재 통용되고 있는 값을 문제로 삼고 값을 다시 매기는 것을 말한다. 여기서 비판은 가치와 연결된다. 가치 비판은 결국 '가치 뒤집기〔顚倒〕'와 '가치를 다시 매김[再評價]'을 요구한다. 이러한 비판이 『도덕 계보학*Zur Genealogie der Moral*』이라는 책 제목이 말해 주듯이 계보학이라고 불리게 된다.

기존 가치에 대한 재평가로서의 비판은 하이데거로 계승된다. 그는 『사유의 사태로*Zur Sache des Denkens*』의 한 논문인 「철학의 종말과 사유의 과제」에서 사유의 과제를 다음과 같이 규정한다. "사유의 사태(문제)를 규정하려면 이전까지의 사유를 포기해야 한다." 하이데거가 제시하고 데리다가 이어받은 전통 철학에 관한 '해체'(독일어 Destruktion, 프랑스어 deconstruction)는 이와 같은 니체적인 가치 비판의 노선으로 읽어야 한다. 해체도 계보학의 일종이다.

비판으로서의 계보학과 해체로서의 비판의 전형적인 사례는 마르크스의 『자본』의 부제인 '정치경제학 비판'에서 찾을 수 있다. 이러한 정치경제학 비판과 계보학적 사유가 프랑크푸르트학파의 비판 이론에서 종합적으로 전개된다. 칸트의 이성 비판이 과학적 진리를 추구하고 오류를 해소하려고 시도한 반면에 니체의 계보학과 마르크스의 정치경제학 비판은 전통 문명(가치와 현실 체제)과 사상(우상이나 이데올로기)에 대한 근본적인 해체와 변혁을 요구한다.

칸트적인 진리 분석론으로서의 비판이 아닌, 니체적인 가치 비판과 마르크스의 현실 비판을 진리의 정치경제학과 주체의 계보학으로 잇는 작업이 푸코의 비판 노선이다. 그도 니체와 마찬가지로 망치를 들고 우상을 파괴하는 글쓰기를 하며 마르크스적인 변혁에 대한 열망을 가지고 다이너마이트처럼 현 체제를 폭파하는 말하기를 한다. 푸코가 한 글과 말의 폭발적인 매력은 이런 비판의 힘에 있는 것이다.

장자의 눈으로 푸코를 읽다

니체와 마르크스 노선의 비판이란 일종의 위반이다. 또한 극한을 체험하는 것이다. 극한이란 어떤 것의 가능성의 총체적 결집이다. 왜 위반을 하려고 하는가? 우리는 왜 어떤 것의 끝을 체험해 봐야 하는가? 그래야 자신의 변화와 사회의 변화가 일어나기 때문이다. 이런 이유로 본질적으로 비판이란 문제화이다.

문제제기로서의 비판이란 이미 언급했듯이 하이데거적인 '사태 그 자체로' 돌아가는 것을 의미한다. 사태는 기성의 프레임 안에서는 은폐되기 마련이므로 '고된 개념적 노동'(헤겔)을 통해 드러내야 한다. 이러한 탈은폐 작업은 하이데거가 제시한 사태 자체의 '드러남Lichtung'과 연관이 있다. 사태가 드러나기에 사태 자체로 돌아가야 한다. 하지만 이것은 기존 패러다임을 버려야 가능하다. 그런 점에서 사태 자체로 간다는 것은 일종의 문제제기Problematization라고 봐야 한다.

이런 점에서 비판이란 문제제기이다. 어떤 것, 사태, 현상, 사건, 과정 등을 문제로 제기하는 것이다. 심지어 진리까지도 문제 삼아야 한다. 더 나아가 자명한 자기 의식이라는 초월론적인 자아도 문제로 삼아야 한다. 반면에 진리나 자아를 문제로 삼지 않고 자명한 것으로 간주하는 태도가 독단주의이다. 그렇다면 진리나 자아를 무비판적으로 전제하는 칸트의 진리 분석론으로서의 비판은 여전히 독단주의의 잠에 빠져 있다고 봐야 한다.

푸코와 영혼의 친구인 들뢰즈가 칸트를 자기 철학의 주요한 적으로 여기는 이유가 여기에 있다. 자신을 드러내려면 자신의 적을 먼저 분석하는 것이 순서일 것이다. 이 때문에 들뢰즈와 푸코가 칸트에 관한 글을 쓴 것이다. 푸코 자신의 비판의 성격을 칸트적인 것과 대비해서 가장 잘 드러낸 강연이 두 개가 있다. 우선 다룰 강연 제목은 「진리를 말하는 기술The Art of Telling the Truth」이다.

장자의 눈으로 푸코를 읽다

칸트의 계몽 텍스트에 관한 푸코의 분석

◇ ◇ ◇

푸코는 「진리를 말하는 기술」이라는 강연에서 자신의 비판의 의미를 드러내기 위해 칸트의 「계몽이란 무엇인가에 대한 답변」이라는 텍스트에 관하여 다음과 같이 분석을 시작한다.

나에게는 이 텍스트는 새로운 종류의 문제를 철학적인 성찰의 마당으로 들여온 것처럼 보입니다. 물론 그 텍스트가 철학사에서 역사에 관한 문제를 도식화한 최초의 발걸음도 아니고 이에 관하여 칸트 자신이 쓴 유일한 텍스트도 아닙니다. 우리는 칸트가 역사에 기원의 문제를 제기한 텍스트들을 알고 있습니다. 즉 역사 자체의 시작들에 관한 텍스트와 인종race의 개념 정의에 관한 텍스트를요. 다른 텍스트들은 역사가 실행된 형태들에 관한 문제를 제기합니다. 다시 말해 그렇게 해서 같은 해인 1784년에 우리는 「세계시민적 관점에서 본 보편사의 이념」을 갖게 됩니다. 그리고 역사적 과정들을 조직화하는 내적인 목적성(끝으로서의 궁극성)을 묻는 다른 텍스트들도 있습니다. 여기서 나는 목적론적인 원리들의 이용에 관한 텍스트를 염두에 둔 것입니다. 실로 긴밀하게 연결되어 있는 이러한 모든 문제들이 칸트의 역사 분석에 물들어 있습니다. 나에게는 계몽Aufklärung에 관한 그 텍스트가 오히려 앞의 것들과는 다르게 보입니다. 즉 어떤 경우에도 그 텍스트는 직접적으로 이러한 문제들 중 어느 것도 제기하지 않습니다. 기원에 관한 문제도 제기하지 않으며, 겉으로 보이는 것과는 반대로 성취(완성)의 문제도 제기하지 않습니다. 그리고 그 텍스트는 자신에게 상대적으로 조심스럽게 그리고 거의 간접적인 방식으로 역사의 과정 안에 내재하는 목적론의 문제를 제기합니다.(「진리를 말하는 기술」)

우리는 보통 과학성에 대한 칸트의 천착 때문에 그가 역사 문제를 등한시한 것으로 알고 있다. 실제로 칸트는 수학과 과학, 도덕과 종교에 관한 체계적인 저술은 남겼지만 역사에 관한 체계적인 저술은 남긴 것이 없다. 그러나 역사에 관해 남긴 몇 편의 작은 논문들은 있다. 푸코는 이 논문들을 역사의 시작에 관한 것과 역사의 전개 형태에 관한 것, 그리고 마지막으로 역사 과정의 내적인 목적론에 관한 것으로 정리한다. 다시 말해서 역사의 시작과 과정 그리고 끝이라는 순서로 정리한 것이다.

장자의 눈으로 푸코를 읽다

그런데 이러한 역사가 전제하는 시간관은 근대의 기계적인 시간관과는 다르다. 기계적인 시간관은 뉴턴에게서 잘 드러난다. 과거, 현재, 미래라는 시간들은 현재라는 점들의 계열로 구성되어 있어서 기계적으로 전진하거나 후진할 수 있다. 그래서 이 시간관은 '시간의 화살'과는 달리 가역적可逆的인 성격을 띤다. '가역적'이란 시간을 거꾸로 되돌릴 수 있다는 뜻이다. 반대로 '시간의 화살'이 의미하는 바는 유기체의 역동적인 시간은 되돌릴 수 없다는 것이다. 다시 말해 늙어 버린 사람이 다시 젊은 시절로 돌아갈 수 없는 것처럼 말이다. 시간의 화살은 쏘면 그만이다.

그러나 칸트의 역사에서 시간은 뉴턴의 기계론적인 것이 아니라 목적론적인 것이다. 목적론이란 시간의 화살과 비슷하지만 이와 다른 점은 역사에 의도와 설계가 있다고 보는 관점이다. 이에 따라 정해진 방향으로 흘러가서 궁극적인 끝(완성이자 목적)에 도달한다고 보는 역사관이다.

그런데 푸코에 의하면 칸트의 계몽에 관한 텍스트의 특이성은 다른 역사 논문들과는 다르게 역사의 시작이나 완성의 문제는 다루지 않고, 역사의 내적인 목적론만을 간접적으로 제기할 뿐이다. 그 텍스트의 의의는 현재에 관하여, 다시 말해서 현재 어떤 일이 벌어지고 있는지에 관하여 최초로 묻는다는 데에 있다. 푸코가 이 텍스트에 주목하는 이유는 여기서 서양의 근대 사상 최초로 근(현)대성의 의식이 가장 먼저 드러났기 때문이다.

칸트의 이 텍스트가 처음으로 제기한 듯이 내게 보이는 문제는 현재에 관한 문제, 즉 지금 무슨 일이 벌어지고 있는가에 관한 문제입니다. 즉 오늘 무슨 일이 일어나고 있습니까? 지금 무슨 일이 벌어지고 있습니까? 그리고 우리 모두가 처해 있는 이 '지금'이란 것은 무엇입니까? 그리고 누가 내가 글을 쓰고 있는 순간을 정의합니까? 현재에 관련해서 적어도 철학적인 성찰을 위해 가치 있는 특수한 역사적 상황으로 언급한 것을 처음으로 철학적 성찰에서 우리가 발견한 것입니다. 결국, 『방법서설』의 서두에서 데카르트가 그 스스로를 위해서 그리고 철학을 위해서 취해 온 그 자신의 여정과 모든 철학적인 결정들을 이야기할 때, 그는 그 시대의 과학과 지식의 질서에서 역사적인 상황으로 간주될 어떤 것을 아주 명시적으로 언급한 바 있습니다. 그러나 이런 종류의 언급에는 현재로 지칭된 이러한 배치 안에 철학적인 결정을 위한 어떤 동기가 있는가라는 문제가 남아 있습니다. 즉 데카르트에게서 여러분은 다음과 같은 질문을 발견할 수 없을 것입니다. "도대체 내가 속한 이 현재가 정확히 무엇입니까?"라는 질문 말입니다. 칸트가 답변하고 있는 그 질문은 실제로 그에게 던져진 것이기에 그가 답변하게 된 것입니다. 이제 나에게는 그 질문은 (데카르트의 질문과는) 꽤 다른 것으로 보입니다. 그 질문은 단순히 현재의 상황에서 철학적인 차원의 이러저러한 결정을 규정하는 것이 무엇인가만을 묻는 것은 아닙니다. 그 질문은 이 현재가 실제로 무엇인가라는 질문을 함축하고 있습니다. 즉, 첫째로 그 질문은 모든 다른 요소들 중에서 인정되고 식별되고 해석해야 할 현재의 요소들에 대한 규정을 최초로 포함하고 있습니다. 현재에서 지금 철학적인 성찰을 위해 의미를 산출하고 있는 것은 무엇입니

장자의 눈으로 푸코를 읽다

까?(「진리를 말하는 기술」)

푸코에 따르면 칸트는 현재에 관한 문제를 제기하면서 자신이 속해 있는 현재라는 시대를 규정하는 결정적인 요소를 찾고자 한 것이다. 데카르트는 현대라는 시대의식을 자기의식으로 드러냈다는 점에서 근대 철학의 출발점이 된다. 하지만 칸트가 제기한, "내가 속해 있는 이 현재란 정확히 무엇입니까?"라는 물음과 같은 것은 제기하지 못했다. 이와 달리 칸트는 자신이 살고 있는 시대의 의식이나 시대의 정신을 발견하고 싶었다. 철학자 자신도 이 현대라는 과정의 요소이면서 동시에 행위자(배우)이기도 하기 때문이다.

계몽에 관한 칸트의 텍스트는 철학이 자신의 담론적 현재성을 문제로 제기하고 있다. 이 점에서 현대에 관한 물음은 일종의 철학적 사건으로 간주될 수 있다. 다시 말하면 그 사건에 관해 언급하는 철학자 그 자신도 그 사건에 속해 있다는 점에 주목해야 한다. 푸코에 따르면 이 사건의 "의미와 가치 및 철학적 고유성을 제시하는 것이 철학의 과제이며, 이 사건 속에서 철학은 자신의 존재 이유와 자신이 말하고 있는 것의 근거를 찾을 수 있다."

푸코에 의하면 이런 식의 현대에 관한 물음은 철학자 자신이 그 시대에 귀속되는 방식의 문제이다. 하지만 이러한 귀속은 단순히 개별적인 학설이나 전통에 귀속된다거나 공동체 일반에 귀속된다는 뜻이 아니다. 도리어 특정한 '우리'에게 귀속된다는 것을 의미한다. 이러한 '우리'는 그 철학자 자신이 속한 시대의 특징적인 문화적 총체성과 관련이 있다.

푸코에게서 이와 같이 현대에 관한 물음은 이 '우리'라는 주체 형성에 관한 물음으로 전개된다. 이러한 '우리'가 그 철학자에게 자기 자신의 반성을 위한 대상이 된다. 이것이 '주체의 계보학'인 것이다. 이로써 계보학적 비판의 역사는 현재의 역사인 이유가 잘 드러난다.

이 모든 것(현대의 문제제기로서의 철학과 그 자신이 속해 있는 이 현대에 관하여 그가 그 자신을 위치시켜야 하는 관계 안에서 철학자의 물음으로서의 철학)은 철학을 현대성에 관한 현대성의 담론으로 규정한다고 말할 수 있어요.(「진리를 말하는 기술」)

푸코에게 칸트의 계몽에 관한 텍스트의 매력은 철학을 '현대성에 관한 현대성의 담론'으로 규정한 데 있다. 도식적으로 말하자면 현대성의 문제는 이미 고대와 현대라는 두 개의 극단을 지닌 축軸의 관점으로 17세기의 고전주의 문화에서 제기된 것이다. 이러한 문제제기의 핵심은 고대의 권위를 수용할지의 여부와 고대와 현대를 어떤 식으로 비교 평가하는가에 있었다. 다시 말해 그 물음은 다음과 같다. "우리는 쇠퇴의 시대에 살고 있는가? 아니면 역으로 진보의 시대에 살고 있는가?" 이는 자신의 시대를 역사적 진보와 쇠퇴의 관점에서 규정하려고 한 것이다. 이미 언급했듯이 이러한 '현대성에 관한 현대성의 담론'은 그 현대에 살고 있는 특정한 우리라는 '주체의 계보학'으로 전개된다. 이러한 점은 푸코가 칸트의 계몽 텍스트에 관해 다룬 또 다른

장자의 눈으로 푸코를 읽다

강연인 「계몽이란 무엇인가」에서 잘 드러난다.

이 강연에서 푸코는 자신의 비판 작업이 부분적이고 지역적인 지대에서 벌어지고 있음에도 관심사, 동질성, 체계성, 보편성을 지니고 있다고 본다.

1 관심사

관심사는 "능력과 권력 사이의 관계에서 나타나는 패러독스"이다. 그는 헤겔과 유사하게 서구 사회의 영원불변의 요소를 자유를 위한 투쟁이라고 규정한다. 서구 사회는 다른 사회와 달리 스스로를 보편화하려고 하며, 스스로 지배적 위치에 서려고 애쓰는 운명을 지닌다. 18세기 서구인은 개인들이 서로 동시에 균형 있게 성장하는 희망을 품었다.

하지만 능력의 성장과 자율성의 성장의 관계가 18세기 서구인의 생각처럼 그렇게 단순한 것은 아니다. 오늘날 우리는 다양한 테크놀로지, 예컨대 경제 목적을 위한 생산, 사회 통제에 목적을 두는 제도, 커뮤니케이션의 기술 등이 어떤 형태의 권력 관계를 운반하고 있음을 목도하고 있다. 그 권력 관계란 개인적인 동시에 집단적인 감시이며 국가 권력의 이름으로 수행되는 정상화 과정이거나 사회나 인구 구역의 요구 등을 말한다. 이러한 발견으로 인해 데카르트 이후로 정의된, '자연의 소유자요 지배자'로서의 인간의 능력 향상을 꿈꾼 근대 서구의 정신인 계몽과 그 능력인 이성이 문제가 된다. 이러한 문제제기의 밑바탕에는 "어떻게 하면 능력의 증대가 권력의 관계를 강화하지 않도록 할 수 있는가?"라는 물음이 깔려 있다.

이 물음을 던짐으로써 푸코는 '계몽의 협박'에서 벗어나고자 한다. 계몽의 협박이란 계몽의 합리주의 전통 아래에 남아 있든지, 아니면 계몽을 비판하고 계몽의 합리성에서 빠져나오든지 하는 것과 같은 양자택일을 강요하는 것이다. 특히 하버마스와 과학적 마르크스주의자들이 이러한 선택을 요구한다. 하지만 푸코는 이러한 요구를 협박이라고 규정하며 아예 거부한다.

그 대신에 푸코는 계몽을 역사비판적으로 분석하고자 한다. 계몽이 분석의 우선적 대상이 되는 이유는 우리의 현재가 계몽이라는 일련의 정치적, 경제적, 사회적, 제도적, 문화적 사건에 많은 부분을 의존하고 있기 때문이다. 또한 계몽이 진리의 진보와 자유의 역사를 직접 결합하려는 기획이기 때문이다. 이 분석은 계몽에서 발견할 수 있고 어떤 경우에도 보전되어야 하는 '합리성의 본질적 핵심'을 회고적으로 지향한다. 이 분석은 동시에 '필연의 동시대적 한계들'을 지향한다. 비판이란 한계를 분석하고 성찰하는 것이다. 그는 한계라는 형태로 수행된 비판을, 가능한 위반의 형태를 취하는 실천적 비판으로 변형하는 것이 핵심 문제임을 지적한다.

이 비판은 우선 보편적 가치의 형식적 구조를 찾고자 하는 칸트의 초월론 철학과 후설의 현상학을 거부하고 역사비판적 태도를 취한다.

오늘날의 비판은 우리가 스스로를 구성하도록 만들며, 우리가 행하고

장자의 눈으로 푸코를 읽다

사유하며 말하는 주체로서 스스로를 인식하게 하는 사건을 역사적으로 탐구하는 방식으로 실행됩니다. 그와 같은 의미에서 이 비판은 초월적이지 않으며, 그 목적은 (칸트처럼) 형이상학을 가능하게 만드는 것이 아닙니다. 오늘날의 비판은 그 구도에 있어서는 계보학적이며, 그 방법에 있어서는 고고학적입니다. 오늘날의 비판은 모든 앎과 도덕적 행위의 보편적 구조를 확증하려 하지 않고 우리가 사유하고 말하고 행하는 것을 분절(표현)하는 담론의 심급들을 역사적 사건들처럼 다룬다는 의미에서 초월론적이라기보다는 고고학적이라고 할 수 있습니다. 또한 오늘날의 비판은 현대의 우리로부터 우리가 행할 수 없는 것, 즉 알 수 없는 것을 연역하는 대신에 현재의 우리를 만들었던 우연성으로부터 우리의 존재와 행위와 사유를 넘어설 수 있는 가능성을 구별한다는 의미에서 계보학적입니다. 그것은 결국 과학이 되어 버리고 마는 형이상학을 하는 것이 아닙니다. 그것은 아직 규정되지 않은 자유의 과업에 가능한 만큼 위대한 능력을 부여합니다.(「계몽이란 무엇인가」)

이 인용문에서 푸코의 핵심적 과제인 자유의 문제가 분명히 언급되고 있다. 또한 자신의 탐구 방식과 전략인 고고학과 계보학에 대한 설명도 제시된다. 고고학은 담론 형성의 체계와 그 담론의 변형 과정을 다루는 데 반해, 계보학은 담론이 어떻게 효과적으로 형성되고 있는가를 취급한다.

계보학은 담론의 형성을 권력의 영역 안에서 파악하는 것이다. 또한 역사적 기념물에서 홀대받고 무시당해 온 것을 탐구한다. 역사의 시작을 하찮고 복잡하고 우연한 것으로 생각하므로 기원^{origin}에 대한 추구를 거부한다. 이런 이유에서 과학의 자격을 얻지 못하는 여타의 소외된 앎으로 하여금 제 목소리를 내도록 해주는 한편, 과학을 수단으로 하여 지식을 위계질서화하는 것과 이것의 영향에 반대한다. 한마디로 계보학적 분석의 목표는 제도와 관련되어 있다. 상세하게 말하면 조직화된 과학 담론의 기능과 관련된 중앙집권적인 권력이 야기한 결과와 영향이 그 목표인 것이다.

역사비판 존재론으로서의 계보학은 새로운 가능성을 실험하는 자유를 열어 밝힌다. 푸코에 따르면 "자유는 윤리의 존재론적 조건이다. 그러나 윤리는 자유가 상징하는 사려 깊은 형식이다." 이 윤리라는 것은 이미 밝힌 대로 "자기 자신으로부터 벗어나는 것"이며 "가능한 위반의 실천"이다. 이것은 곧 역사비판적 태도가 실험적 태도가 되어야 함을 뜻한다. 우리 자신의 한계를 비판하는 작업은 자유의 영역을 개방시킴과 아울러 우리 시대의 현실성을 시험하는 것이다. 즉 변화 가능하고, 변화가 바람직한 지점을 파악하는 동시에 이 변화가 취해야만 하는 형태를 결정해야 한다.

푸코에 따르면 "이는 우리 자신의 역사적 존재론이 전체주의적인 모든 기획 또는 근본주의적인 모든 기획을 물리쳐야 한다는 것을 의미한다." 이는 계보학이 전반적인 기획, 곧 히틀러의 나치즘식 신인류 창출 프로그램을 거부한다는 것을 의미한다. 이와 달리 역사적 분석과 실천적 태도가 상호작용하며 형성시킨 부분적인 변형 작용을 선호한다는 뜻이다. 일례로 "우리의 존재 방식과 사유 방식에 관련된 지

장자의 눈으로 푸코를 읽다

대, 권위에 대한 관계에 관련된 지대, 성들 사이의 관계에 연관된 지대, 우리가 광기 또는 질병을 지각하는 방식과 연관된 지대 등에서 일어난 변형 작용"을 들 수 있다.

전체주의적인 기획보다 부분적인 변형을 추구하는 이유는 우리 자신의 한계가 있기 때문이다. 또한 이 한계를 넘어서는 가능성에 대한 이론적, 실천적 경험이 제한되어 있기 때문이다. 그렇다고 해서 이러한 제한성이 인간에게 무력감을 주는 것은 아니다. 들뢰즈의 지적대로 이런 제한성을 받아들이는 것이 역으로 우리의 한계로 그어진 "선線을 파기하고 방향을 바꾸고, 바다 한가운데 있는 스스로를 발견하고, 창조로 나아가게" 한다. 다시 한 번 반복하자면 이러한 실천의 밑바탕에는 이미 푸코가 문제로 제기한 "어떻게 하면 능력의 증대가 권력 관계를 강화하지 않도록 할 수 있는가?"라는 물음이 깔려 있는 것이다.

2 동질성

역사비판적 분석이라는 작업의 동질성은 '실천 체제'에 있다. 다시 말하자면, 사람들이 자신에게 부여하는 표상이나 자신을 규정하는 조건을 다루는 대신에 이 작업은 사람들이 행하는 것과 행하는 방식에 관계하는 동질적 영역을 다룬다.

우리가 다루는 대상은 사람들이 어떤 것을 행하는 방식을 조직하는 합리성의 형태들(실천의 기술적인 측면)과 이러한 실천 체제 안에서 어느 지점에 이를 때까지는 사람들이 다른 사람이 행하는 것에 반응하고 게임의 규칙을 변경해 가며 행위하는 자유(실천의 전략적인 측면)입니다.(「계몽이란 무엇인가」)

실천의 기술적 측면과 전략적 측면은 앞에서 제시한 고고학적 방법과 계보학적 전략에 대응하고 있다. 그렇다고 해서 푸코는 마르크스주의적인 공산당이나 반反체제 운동가들과는 달리 곧바로 대안을 추구하지 않는다. 그가 우선적으로 원하는 것은 해법의 역사가 아니라 문제의식problématique의 계보학이다. 그의 관점은 모든 것이 잘못되었다는 것이 아니라, 모든 것이 위험하다는 것이다.

이 위험 때문에 사람들은 항상 어떤 것을 하지 않으면 안 된다. 그러므로 계보학적 전략이란 '실천의 역사적 조건'을 인식하고 '실천 속에서 변형의 가능성'을 규정하는 것이다. 이러한 까닭에 데카르트식의 "나는 누구인가?"가 아닌 "매우 특정한 역사적 한 순간에서의 우리는 누구인가?"를 물어야 한다. 푸코에게는 이 물음이야말로 모든 철학적 문제들 중에서 가장 명확한 것이다. 이런 이유로 철학은 전적으로 정치적이고 역사적이다. "철학은 역사 속에 내재되어 있는 정치이고 정치로부터 떼어낼 수 없는 역사이다."

3 체계성

체계성은 세 가지 영역의 구분에 바탕을 두고 있다. 역사비판적 분석의 동질성을 확보해 주는 '실천 체제'는 크게 세 개의 영역으로 구분된다. 즉 1) 사물에 대한 통제 관계, 2) 타자들에 대한 행위 관계, 3) 자기 자신에 대한 관계라는 영역에 기초하고 있다. 물론 이 세 영역이 완전히 독립적인 것은 아니다. 그런 까닭에 이러한 세 개의 영역이 지닌 특수성과 상호연관성이 동시에 분석되어야 한다. 이 분석의 중심축은 '지식의 축, 권력의 축, 윤리(주체)의 축'이다. 이로부터 역사비판적 분석의 핵심 물음이 생겨난다. "어떻게 우리는 지식의 주체가 되는가?" "어떻게 우리는 권력을 행하기도 하며 그것에 복종하기도 하는 주체가 되는가?" "어떻게 우리는 행위의 도덕적 주체가 되는가?"

이 물음들에 따라 대개의 푸코 연구가들은 그의 지적 작업을 대략 세 시기로 구분한다. 첫 시기는 『고전주의 시대의 광기의 역사』(1961), 『말과 사물』(1966), 『지식의 고고학』(1969)을 쓴 기간이다. 이때는 지식이 주된 관심사이며 '고고학적 방법'이 사용된다. 둘째 시기는 『담론의 질서』(1970), 『감시와 처벌』(1975), 『성욕의 역사 1권: 지식에의 의지』(1976)를 쓴 기간이다. 이때는 권력의 문제가 중심 문제로 부각하고 이 권력을 분석하는 방법으로 '계보학'을 도입한다. 세째 시기는 『성욕의 역사 2, 3권』과 콜레주드프랑스에서 행한 강의와 짧은 논문들로 이루어진다. 여기서는 주체와 자유의 문제가 중심 문제로 제기된다. 그래서 푸코의 철학은 지식, 권력, 주체라는 세 요소의 특수성과 상호작용을 묻는 것으로 요약될 수 있다.

4 보편성

역사비판적 분석은 비록 자료, 시대, 정해진 실천과 담론 체계에 의존한다는 점에서는 특수하지만, 서구 사회에서 지금까지 계속 되풀이된다는 의미에서는 보편성을 지닌다. 푸코는 그 예로 정상과 광기의 관계 문제, 질병과 건강의 관계 문제, 범죄와 법의 관계 문제, 성적 관계에서의 주체의 역할 문제를 든다. 그렇다고 해도 이러한 보편성은 시대를 초월하는 초역사적 연속성의 관점에서 탐구되는 것이 아니다.

우리가 그러한 보편성 안에서 알 수 있는 것, 그러한 보편성 안에서 수행되는 권력의 형태, 우리가 그러한 보편성 안에서 우리 자신을 구성하는 경험은 단지 대상, 행위 규칙, 자기 자신에 대한 관계들을 규정하는 특정한 문제화 형태를 따라서 결정되는 역사적 형태일 뿐이다. 그러므로 문제화에 대한 연구는 역사적으로 고유한 문제화 형태 안에 스며 있는 보편성을 분석하는 한 방식일 수 있다.(「계몽이란 무엇인가」)

장자의 눈으로 푸코를 읽다

계보학으로서의 제물론

니체적인 계보학과 연관된 장자의 사유 방식은 「제물론」에서 잘 드러난다. 다음 구절이 그 대표적인 사례이다. 마치 푸코식으로 사물과 그 이름에 관한 역사비판적인 계보학을 통해 기존 문명 사회를 해체하는 새로운 존재론의 가능성을 제시한다.

길[道]은 사람이 걸어 다녀서 만들어지고 사물은 사람들이 불러서 그렇게 이름 붙여지게 된 것이다. 무엇을 근거로 그렇다고 하는가. 그렇다고 하는 데서 그렇다고 하는 것이다. 무엇을 근거로 그렇지 않다고 하는가. 그렇지 않다고 하는 데서 그렇지 않다고 하는 것이다. 모든 사물은 진실로 그러한 바가 있으며 모든 사물은 긍정되는 이유가 있다. 어떤 사물이든 그렇지 않는 바가 없으며 어떤 사물이든 긍정되지 않는 바가 없다.

그 때문에 이를 위해서 풀줄기(작은 것의 대명사)와 큰 기둥(큰 것의 대명사), 문둥이(추함의 대명사)와 서시西施(미인의 대명사)를 포함해 세상의 온갖 이상한 것들에 이르기까지 도道(장자의 혼돈이자 들뢰즈의 카오스모스)로 통해서 하나(大同)(추상적인 동일성이 아닌 변증법적인 동일성과 비동일성의 동일성)가 된다. 하나인 도道가 분열하면 상대 세계의 사물이 성립된다. 상대 세계의 사물이 성립되면 그것은 또 파괴된다. 따라서 모든 사물은 성립과 파괴를 막론하고 다시 통해서 하나가 된다. 오직 통달한 사람이라야만 통해서 하나가 됨을 안다. 이 때문에 (인위적으로 서열을 나누어) 쓰지 않고, 용庸(무위자연의 작용)에 맡긴다. 용이란 작용作用이고, 작용이란 통일이다. 통일함은 스스로 획득한 덕이다. 이러한 자득自得의 경지에 나아가게 되면 도道에 가깝다. 절대의 긍정(是)에 말미암을 따름이니 그렇게 할 뿐이다. 그러면서도 그러한 까닭을 알지 못하는 것을 도道라고 한다.(「제물론」)

장자는 비판 정신이 없는 지식인들을 일곡의 선비로 비판한다. 장자 스타일의 사상 체계의 역사인 「천하」에 이런 뜻이 잘 나타난다.

천하가 크게 어지러워지자 현인 성인이 모습을 감추었고, 도道와 덕德이 하나로 통일되지 못해서 천하 사람들이 일부만 알고 스스로 만족하는 경우가 많아졌다. 비유하자면 귀·눈·코·입이 각자 밝게 아는 부분이 있지

장자의 눈으로 푸코를 읽다

만 서로 소통하지 못하는 것이 마치 제자백가의 여러 학술이 서로 소통하지 못하는 것과 같다. 모두 나름대로 뛰어난 점이 있어 때로 그 학술을 쓸 곳이 있다. 비록 그렇지만 전부를 포괄하거나 두루 미치지 못하여 일부분밖에 알지 못하는 일곡의 선비[一曲之士]일 뿐이다. 그들은 본래 하나인 천지의 미덕을 멋대로 가르고, 본래 하나인 만물의 이법理法을 쪼개며, 옛사람들이 체득했던 도술道術의 전체를 산산조각 냈다. 그래서 그중에는 천지의 아름다움을 갖추고 천지의 신묘하고 밝은 모습에 꼭 맞출 수 있는 이가 적다.(「천하」)

계보학으로서의 제물론을 위해 장자가 사용하는 언어적 방법은 이미 앞에서 밝힌 것처럼 우언(우화), 중언(패러디로서의 풍자), 치언(소크라테스적인 아이러니)이다.

(내가 하는 말은) 다른 사물에 빗대서 서술하는 우언寓言이 열 가지 중에 아홉 가지 정도이다. 세상 사람들이 중시하는 인물의 말로 자신을 풍자하는 중언重言이 열 가지 중에 일곱 가지 정도이다. 또 치언巵言이 새로이 뜬 태양처럼 새롭게 함으로써 자연적인 분계[天倪]로 조화시킨다.

열 가지 중 아홉 가지를 차지하는 우언寓言이란 밖에서 일어난 일을 빌려 와 무엇인가를 논하는 것이다. 친아버지는 자기 자식을 위해서 중매를 하지 않으니, 친아버지가 자기 자식을 칭찬하는 것이 아버지 아닌 다른 사람이 칭찬하는 것만 못하기 때문이다. (이와 같이 우언을 사용하는 데는) 나에게 그 책임이 있는 것이 아니라 세상 사람들에게 그 책임이 있는 것이다. 그것이 자기 의견과 같으면 따르고 자기 의견과 같지 않으면 반대하며 자기와 같은 의견이면 옳다 하고 자기와 다른 의견이면 그르다고 비난하기 때문이다.

열 가지 중 일곱 가지 정도를 차지하는 중언重言은 사람들의 말을 마무리하기 위한 것이다. 이는 연로한 사람(성인)의 말이다. 그러나 나이는 앞서 있지만 그 말의 줄거리[經緯]와 순서[本末]가 연장자에 합당함이 없는 사람은 참다운 의미의 선인先人이 아니다. 나이 먹은 사람으로서 앞서서 사람들을 인도할 자질이 없으면 사람다운 도리가 없는 것이고 나이 먹은 사람으로서 사람다운 도리가 없다면 이런 사람을 일러 늙어빠진 사람[陳人]이라고 한다.

치언卮言은 새날이 밝아오듯이 자연의 분계[天倪]로 조화시켜 경계 없는 도를 따르게 하는 것으로, 온 생명을 살리기 위한 방법이다. 말을 하지 않을 때는 만물이 가지런하다. 말 때문에 가지런한 만물이 가지런하지 않게 된다. 말은 가지런한 만물을 차별로 대한다. 그 때문에 "말하지 말라."고 하는 것이다. 말을 하면서 말이 없으면 평생 말하더라도 실은 아무 것도 말하지 않은 것이다. 거꾸로 평생 말하지 않더라도 실은 말을 하지 않은 것이 아니다.(「우언」)

장자의 언어 사용 방식은 니체적인 계보학과 마찬가지로 유명한 인물의 말을 패러디하고, 상식적인 인간과 학식 있는 학자들의 상식과 편견을 부순다. 이는 인위적인 노모스로 서열이 나뉜 사회 질서와 언어 체계를 질타하는 것이다. 자연적인 분계란 마치 학의 다리가 길고

장자의 눈으로 푸코를 읽다

오리의 목이 긴 것과 같이 서로 서열과 지배 없이 차이가 나는 것을 말한다. 이러한 차이는 인위적인 차별과는 다르다. 그러므로 자연적인 분계로 조화를 추구한다고 하는 것이다. 즉 기성의 언어 체계가 이런 자연적인 분계에 인위적인 구분을 강요하여 부조화를 일으킴을 비판하고 있다. 침묵이란 말을 하지 않는 것이 아니라 기존 사회 질서를 만든 언어를 거부한다는 의미이다. 이 점에 주목하면 니체의 도덕 계보학과 장자의 제물론이 동일한 정신의 작업임을 이해할 수 있다. 언어와 지식 비판은 단순히 진리의 분석론이 아니라 결국 가치 비판이며 현실 비판인 것이다. 이런 이유에서 제물론은 계보학이다.

다시 한 번 강조하지만 푸코의 역사비판 존재론은 단순히 언어의 감옥이라는 불변의 형식에 갇혀 있는 구조주의 방법론이 아니다. 또한 큰 담론을 해체하기 위해 작은 담론에 분산되어 방향성을 잃어버린 포스트모던적인 글쓰기가 아니다. 이미 미국에서 상업화되어 그 비판적 의미를 잃어버린 포스트모던 철학은 그 혁신성을 상실하고 있다. 푸코는 오히려 마르크스와 니체 그리고 하이데거를 이어받은 비판, 즉 역사 존재론의 계승자이자 혁신자이다.

역사 존재론으로서의 비판은 푸코 자신이 분명하게 선언했듯이 칸트와 하버마스의 인식론적인 진리의 분석론이 아니다. 도리어 이들이 전제하고 있는 계몽과 합리성에 대한 문제를 제기한다. 그러므로 현재에 대한 역사적 분석의 초점은 근대적인 합리성의 역사인 것이다.(「구조주의와 포스트구조주의Structuralism and Post_structuralism」)

이러한 합리성의 역사야말로 우리 자신과 우리 시대를 비판적으로 읽을 수 있는 중심 실마리가 된다. 이 지점에서 역사 존재론으로서의 비판은 베버와 프랑크푸르트학파와 유사한 문제틀을 공유한다. 그러나 그의 접근 방식은 근대적인 합리성의 총체적인 형태가 아니라, 여러 층위로 분산된 공간에서 펼쳐지는 합리성들을 서술하려고 시도한다는 점에서 그 선구자들과는 다르다. 이런 뜻에서 자신의 이러한 역사 서술을 니체적인 계보학이라고 부른 것이다.

계보학이란 현재의 물음으로부터 분석을 시작하는 것을 의미한다.(「진리의 배려Le souci de la vérité」) 계보학이 언급된 최초의 책은 『담론의 질서』이다. 이 책에서 그는 비판(즉 고고학)과 계보학을 구분한다. 그런데 앞에서 설명한 「계몽이란 무엇인가」에서는 비판이라는 용어에 고고학과 계보학을 다 포함시킨다. 이는 이론 비판에서 실천 비판으로 비판의 의미가 확장되었음을 보여 주는 것이다. 다시 말하면 그에게 좁은 의미의 비판이란 한계를 분석하고 성찰하는 것이다. 하지만 그에게 더 의미 있는 작업은 "필연적인 제한이라는 형태로 수행된 비판"을 "가능한 위반의 형태를 통한 실천적 비판"으로 변형하는 것이다. 따라서 계보학의 등장과 더불어 이론적인 비판도 중요하지만 마르크스와 프랑크푸르트학파처럼 실천적 비판이 더 핵심적인 문제가 된다.

이로써 푸코의 계보학은 단순히 인식론적인 방법론이 아니라 비판적인 존재론임이 드러난다. 그의 계보학은 과학 이론도 아니고 칸트적인 초월론 철학도 아니며 헤겔적인 목적론적 역사 변증법도 아니다. 그는 스스로 자신의 사상을 역사비판 존재론이라고 규정한다. 그러므로 니체에 뿌리를 두고 있음을 보여 준 계보학이란 역사비판 존재론의 다른 이름일 뿐이다. 푸코 스스로 밝힌 것처럼 계보학 또는 역사비판 존재론은 휴머니즘에 물든 현상학과 과학주의(형식주의)나 휴머니즘에 물든 마르크스주의라는 이중적 전통과의 단절이다. 역사비판 존재론은 바로 하이데거를 통해 니체를 다시 읽음으로써 도달하게 된 푸코 자신의 문제틀을 다루기 위해 고안된 것이다.

계보학적 역사는 전통적인 역사와 다르다. 전통적인 역사는 절대적 기원Ursprung의 신성함을 강조하는 데 반해 계보학적 역사는 '다른 시작'도 가능한 우연적 유래Herkunft를 고찰한다. 계보학은 니체가 1874년에 알게 된 역사의 세 가지 양상으로 되돌아간다. 기념비에 대한 경외는 패러디로 바뀐다. 고대의 연속성에 대한 존경은 체계적인 해체가 된다. 현재의 인간에 의해 주장된 진리로 과거의 불의不義를 비판하는 것은 지식에의 의지에 고유한 불의를 지적하며 지식인의 주장을 파괴하는 것이다.(「니체, 계보학, 역사Nietzsche, la généalogie, l'histoire」) 이렇게 역사비판 존재론이란 현대의 우리 자신에 대한 분석이자 해체이다. 이는 곧 새로운 우리 자신을 창조하려는 실험이기도 하다.

4장

고고학에서

계보학으로

장자가 이야기를 통해 철학을 하듯이 푸코는 역사를 통해 철학을 한다. 프랑스 최고 권위의 학술 기관인 콜레주드프랑스에서 담당한 그의 강좌명이 '사상 체계들의 역사'라는 사실도 이 점을 분명히 드러낸다.

사상 체계들의 역사는 객관적인 사실의 나열이 아니라, 궁극적으로 과학과 이데올로기의 딜레마, 과학적 인식과 대중적 의견의 이분법, 계몽과 반反계몽의 협박에서 벗어나려는 탐구이다. 이 사상 체계들의 역사적 방법론이 앞에서 설명한 고고학과 계보학이다. 이 사상 체계들의 역사는 방법과 학설의 대립에 빠지지 않으려고 노력한다. 또한 이론과 실천의 이분법을 넘어서 그 시대의 사상 체계에 대한 이론적 규정만을 추구하지 않고 주체의 변형과 세계의 실천적 변혁을 추구하는 비판이다. 그래서 역사적 방법론 그 자체가 현실 변혁의 존재론이다. 이런 이유로 사상 체계들의 역사는 비판적 존재론이다.

임상의학의 담론에 대한 역사적이고 비판적인 분석으로서의 고고학은 임상의학의 현실에 대한 비판이자 고발인 것이다. 예를 들어 푸코는 임상의학이라는 담론 구성체의 형성에 비非담론적인 사회 제도 차원의 조건이 있음을 폭로한다. 이와 같이 고고학은 단순히 담론 구성체 분석을 통해 지식만이 아니라, 이와 연관된 권력 관계 및 주체의 현존 조건들도 탐구해야 했다. 그러나 푸코의 초기 연구에서는 권력과 주체가 주제적으로 명시화되지 않았다. 이 때문에 고고학적 시기 이후에 푸코는 이 담론, 즉 지식과 연관된 권력 관계를 탐구하는 계보학을 제시한다.

푸코는 정신의학이나 감옥과 관련하여 계보학적인 역사를 쓰면서 동시에 계보학적 방법론을 정교하게 제시한다. 고고학이 주로 진리와 지식의 차원에서 담론 구성체의 체계와 그 담론의 내적인 변형 과정을 다루는 데 반해, 계보학은 담론이 어떻게 권력에 의해 효과적으로 형성되고 있는가를 취급한다. 계보학은 담론의 형성을 권력/지식 관계의 영역 안에서 파악하려고 한다. 이를 위해 계보학은 역사적 기념물에서 홀대받고 무시당해 온 것을 탐구한다. 계보학은 역사의 시작을 '하찮고 복잡하고 우연한 것'으로 생각하기 때문에 '순수하고 근원적인 기원'에 대한 추구를 거부한다.

푸코의 비판은 그 목적 지향에 있어서는 계보학적이며 그 방법에 있어서는 고고학적이다. 고고학은 담론들을 다양한 역사적 사건들로서 취급하고 계보학은 현재의 우리가 존재하는 모습으로 우리를 만들어 온 우연성으로부터 다른 방식으로 존재할 가능성을 구별해 내려고 한다. 비판은 형이상학을 과학으로서 근거지으려고 하는 것이 아니라 자유라는 과업을 실현하고자 한다.

다시 말해서 푸코의 비판은 초기에는 (지식과 진리의) 고고학, 중기에는 (권력의) 계보학, 후기에는 (윤리적인) 실존의 미학으로 불리기도 했다. 그러나 그의 전정한 중심 탐구 대상은 진리, 권력, 윤리가 아닌 주체이다. 그러므로 그의 비판은 진리, 권력, 윤리와 삼중으로 연관된 주체의 계보학이다. 즉 현대 사람들의 에토스를 바꾸는 실험인 실존의 미학으로서 새로운 주체를 세우려는 비판적인 존재론이다.

들어가기 전에

◇ ◇ ◇

이미 앞에서 밝힌 것처럼, 장자가 이야기를 통해 철학을 하듯이 푸코는 역사를 통해 철학을 한다. 프랑스 최고 권위의 학술 기관인 콜레주드프랑스에서 담당한 그의 강좌명이 '사상 체계들의 역사'라는 사실도 이 점을 분명히 드러낸다. 그런데 여기서 사상 체계'들'이라고 단수가 아닌 복수를 쓴 이유가 있다. 그 탐구 대상이 특정 시대의 유일한 사상 체계인 시대정신이나 세계관이 아니라, 여러 지층에 분산되어 있는 인식틀(에피스테메ϵπιστήμη)들이기 때문이다.

사상 체계들의 역사는 객관적인 사실의 나열이 아니라, 궁극적으로 과학과 이데올로기의 딜레마, 과학적 인식과 대중적 의견의 이분법,

장자의 눈으로 푸코를 읽다

계몽과 반反계몽의 협박에서 벗어나려는 탐구이다. 이 사상 체계들의 역사적 방법론이 앞 장에서 설명한 고고학과 계보학이다. 이 사상 체계들의 역사는 방법과 학설의 대립에 빠지지 않으려고 노력한다. 또한 이론과 실천의 이분법을 넘어서 그 시대의 사상 체계에 대한 이론적 규정만을 추구하지 않고 주체의 변형과 세계의 실천적 변혁을 추구하는 비판이다. 그래서 역사적 방법론 그 자체가 현실 변혁의 존재론이다. 이런 이유로 사상 체계들의 역사는 비판적 존재론이다.

"역사가 존재론이다."라는 말은 '둥근 사각형'처럼 형식논리적으로 모순을 범한 것처럼 보인다. 하지만 지젝이 지적하듯이 라캉의 위대한 철학적 업적은 역사와 존재론의 이분법을 극복한 데 있다. 다시 말해서 역사의 보편적인 구조를 필연적인 진리로 여기는 낡은 형이상학과 모든 것을 특수한 상황과 사건으로 간주하는 최신의 역사주의의 잘못된 대립을 극복한 데 있다.

> 진정한 변증법은 구체적인 역사적 투쟁들이 동시에 절대자 자체를 향한 투쟁이며, 말하자면 각각의 특정한 시대는 그 자신의 존재론을 가지고 있다는 것을 의미한다.(『지젝과의 대화Converstions with Žižek』)

그런데 푸코는 역사비판 존재론의 관점에서 사상 체계들의 역사를 서술했지만 라캉은 실제로 역사를 쓰지 않았다. 역사를 쓰지도 않은 라캉의 역사 존재론에 대한 지젝의 격찬을 푸코에 적용해 보면 그것의 철학적 의의가 드러난다. 역사의 특수성에만 주목하는 실증주의적 역사관과 해석주의적 역사관과는 전혀 다른 차원의 역사 존재론이 가능한 것이다. 왜냐하면 『지식의 고고학』에서 한 자신의 말처럼 역사는 특수하지만 일반적이기 때문이다.

다시 한 번 상기해 보면 푸코의 역사비판은 단순히 언어의 감옥이라는 불변의 형식에 갇혀 있는 구조주의 방법론이 아니다. 또한 그것은 큰 담론을 해체하기 위해 작은 담론으로 분산되어 방향성을 잃어 상업화된 포스트모던적인 글쓰기도 아니다. 그는 마르크스와 니체 그리고 하이데거를 이어받은 비판, 즉 역사 존재론의 계승자이자 혁신자이다.

이러한 역사비판 존재론은 과학성을 추구하는 칸트의 인식론적인 진리의 분석론도 아니고, 근대성의 정당화를 추구하는 하버마스의 의사소통적인 진리의 분석론도 아니다. 물론 칸트가 '계몽이란 무엇인가'를 물으며 현 시대에 대한 비판적 의식을 최초로 보여 주기는 했다. 하지만 그의 비판적 작업은 참다운 인식의 가능성에 대한 문제제기로서 진리의 분석론으로 전개된다. 반면에 푸코 자신의 비판은 우리의 현실성, 다시 말하면 우리 자신에 대한 존재론의 형태를 취한다.

한마디로, 역사비판 존재론으로서의 사유 체계들의 역사는 휴머니즘에 경도되어 '의식의 감옥'에 갇혀 있는 칸트의 초월론 철학과 '언어의 감옥'에 갇혀 버린 구조주의 모두로부터 벗어나려는 시도이다. 더구나 과학성에 유혹된 초월론 철학이나 구조주의 모두 공통적으로 인식론이나 언어철학에 매달리는 반면에 푸코는 과감하게 역사 존재론을 제시한다. 그는 '언어학적 전환' 대신에 '존재론적 전환'에 기여한

장자의 눈으로 푸코를 읽다

다. 그의 역사 존재론은 칸트적인 초월론적인 형이상학의 기초 공사도 아니고 헤겔이나 마르크스적인 역사 변증법도 아닌 니체적인 계보학으로서의 비판이다. 이는 초기에는 (지식과 진리의) 고고학, 중기에는 (권력의) 계보학, 후기에는 (윤리적인) 실존의 미학으로 불리기도 했다. 그러나 그의 진정한 중심 탐구 대상은 진리, 권력, 윤리가 아닌 주체이다. 그러므로 그의 역사비판 존재론은 진리, 권력, 윤리와 삼중으로 연관된 주체의 계보학이다.

이번 만남의 목적은 푸코의 역사가 니체의 계보학을 계승하여 그 당시 현상학과 마르크스주의, 휴머니즘과 과학주의, 철학적 인간학과 역사실증주의의 딜레마를 끊고, 니체의 계보학이 지닌 가능성을 실현하기 위해 철학적이며 정치적인 비판의 활동으로 전개된 것임을 구체적으로 밝히는 것이다. 이 목적을 위해 진리, 권력, 윤리라는 삼중의 축에서, 주로 진리의 축에서 권력의 축으로 이행하는 초기와 중기 과정에 초점을 맞춘다. 즉 전기에 주로 행해진 지식의 고고학으로부터 중기에 중점적으로 탐구된 권력의 계보학으로 이행하는 과정을 탐구한다.

앞선 연구들은 대개 감옥의 역사를 중심으로 권력/지식의 복합체를 탐구함으로써 이 이행 과정을 설명해 왔다. 반면에 여기서는 구체적인 사례로 정신의학에 주목하여 이와 연관된 권력/지식 복합체에 대한 푸코 자신의 연구를 분석하려고 한다. 이를 통해 '계보학의 유래와 효과'를 제시하고자 한다. 왜냐하면 정신의학의 계보학은 전기에서 다룬 광기와 질병의 역사와의 뚜렷한 연관성을 지니면서도, 후기에서 취급한 윤리의 문제와 관련된 성욕의 역사와도 대단히 밀접한 관련성이 있기 때문이다. 이런 점에서 감옥보다는 정신의학이 전기와 후기를 연결하는 데 더 분명한 연결점을 보여 줄 수 있다. 임상의학의 고고학으로부터 정신의학의 계보학으로 이행하는 과정을 파악하면 외면적으로는 복잡하게 나타나는 푸코의 사상이 체계적인 의미는 아니지만 방법론적인 일관성이 있다는 점이 드러난다. 푸코 저작 전체를 관통하는 것은 역사비판 존재론으로서의 주체의 계보학인 것이다.

사상 체계들의 역사란 무엇인가?

사상 체계들의 역사는 주체의 계보학이다. 사실 이 주체를 형성하는 것이 '사상思想'이다. 예컨대, 1984년에 출간된 『성욕의 역사 2*Histoire de la sexualité 2-L'usage des plaisirs*』의 서문에서 푸코는 계보학을 특정 시대의 사상에 대한 "역사적이고 비판적인 작업"이라고 부른다. 여기에서 그는 사상(프랑스어 pensé, 영어 thought, 독일어 Gedanke)이라는 말을 다음과 같이 정의한다.

내가 '사상'이라는 말로 의도한 바는 가능한 형태들의 다양성 속에서 진리와 거짓의 놀이를 설정하는 것이며, 결과적으로 인간을 인식의 주체

sujet de connaissance로 형성하는 것이다. 다른 말로 표현하면, 사상은 규칙을 수용하거나 거절하는 토대가 되며, 인간을 사회적이고 사법적인 주체로서 형성한다. 즉 사상은 자신과의 관계 및 타자들과의 관계를 설정하며 인간을 윤리적 주체로 형성하는 것이다.

여기서 '사상'은 단순히 이론적인 관념을 가리키는 것이 아니다. 지식의 축, 권력의 축, 윤리의 축이라는 삼중적인 측면에서 인간을 인식의 주체, 사법의 주체, 윤리의 주체로 형성하는 것이다. 그러므로 사상에 대한 역사 탐구가 행하는 분석의 시작점은 단순히 과학적인 이론이나 학설이 아니라, 말하고 행위하며 태도를 취하는 행동이다. 이 행동은 1) 진리와 거짓의 놀이, 2) 규칙의 수용과 거부, 3) 자신과 타인에 대한 태도를 포함한다. 우선, 진리와 거짓의 놀이는 '담론적인 실천'에 해당한다. 이를 분석하는 방법이 고고학이다. 상대적으로 권력이 명령한 규칙의 수용과 거부, 자신과 타인에 대한 윤리적인 태도는 '비非담론적인 실천'에 해당한다. 이에 대한 전략이 계보학이다.

푸코에 의하면 '사상 체계들의 역사'는 경험의 형태들에 대한 탐구로서 담론적이든 비非담론적이든 실천들의 분석으로부터 진행한다. 이 실천들이야말로 "사상이 이에 깃든 한에서 행동들의 상이한 체계들"을 의미한다. 다시 말해서 사상의 역사는 경험의 형태들의 형성과 발달 및 변형이 자리를 갖는 영역, 즉 경험의 형태들이 겪은 역사성이 구현된 장소이다.

푸코는 '사상 체계들의 역사'라고 이름을 붙인 작업의 삼원칙을 밝

장자의 눈으로 푸코를 읽다

힌다. 사상의 환원 불가능성, 사상사의 특이성 및 사상사의 비판성이 그것이다. 이 삼원칙은 칸트적인 순수 의식의 보편적 구조와 경험론의 역사적 형태인 실증주의 사이의 딜레마에서 벗어나려는 전략적 목표를 겨냥한다.

첫째 원칙은 사상의 환원 불가능성이다. 사상은 경험으로 환원되지 않는다는 뜻이다. 경험의 특이한 형태들은 보편적 구조를 지닐 수는 있다. 그러나 사회적 존재의 구체적인 규정들에서 벗어나지 않는다. 그런 이유로 사상이 아니고서는 추상적인 구조와 구체적인 경험을 연결해서 분석하지 못한다. 다시 말해서 경험은 사유하는 방식이므로 사상의 역사라는 관점으로부터만 분석될 수 있다. 이것이 사상의 환원 불가능성의 의미이다. 다시 말해서 경험은 사상으로 환원되지만 사상은 다른 어떤 것으로 환원될 수 없다는 뜻이다.

둘째 원칙은 사상사思想史의 특이성이다. 이는 사상이 역사성을 지닌다는 것을 의미한다. 사상은 사건들로서 존재한다. 하지만 역사성을 띤다고 해서 사상이 보편적 형식을 결여하는 것도 아니다. 또한 경제적이고 사회적이고 정치적이고 역사적인 규정들로부터 독립해서 존재하는 것도 아니다. 왜냐하면 사상의 보편적 형식을 작동시키는 것도 그 자체로 역사적이기 때문이다. 또한 사상은 언제나 이러한 구체적인 규정들과 복잡한 관계를 맺고 있어서, 이러한 복잡한 관계로 인해 필연적으로 사상의 형태들과 변종들 및 사건들에 특수성이 부여되기 때문이다.

셋째 원칙은 사상사의 비판적 활동성이다. 이 비판은 '진리와 규칙 및 자아에 대한 관계를 창출하는 역사적 조건에 대한 분석'이다. 그러므로 난공불락의 한계나 닫힌 체계를 서술하는 것이 아니라 변형 가능한 특이성을 드러낸다.

'사상 체계들의 역사'는 철학과 역사에 대하여 이중적인 요구를 한다. 철학에 대해서는 어떻게 사상이 역사를 갖게 되는가를 설명하라고 요구한다. 역으로 역사에 대해서는 추상적인 사상을 구체적인 형태들(표상, 제도, 실천의 체계)로 산출하도록 요구한다. 푸코는 이러한 요구를 다음과 같은 물음들로 정리한다.

철학에게 사상사思想史의 가치는 무엇인가? 사상과 이것에 고유한 사건들은 역사 속에서 어떤 영향을 미치는가? 개인적이거나 집단적인 경험이 어떤 방식으로 사상의 특이한 형태들로부터, 다시 말해서 진리와 규칙 및 자신에 대한 관계 속에서 주체를 형성하는 것으로부터 생겨나는가?(『성욕의 역사』)

이처럼 사상사는 철학적이며 역사적인 비판적 활동이다. 이런 이유로 현상학과 마르크스주의의 이중적 전통과 단절하고 니체를 계승한 것으로 간주된다. 푸코 연구 활동 전반에 걸쳐 고찰해 보면 사상사의 초기 형태는 지식의 고고학이라는 이름으로 나타나며 중기에는 권력의 계보학으로 출현하며, 후기에는 주체의 계보학으로 통일적으로 명명된다. 우선 임상의학을 중심으로 초기에 작업한 지식의 고고학의 특징을 규명한다.

장자의 눈으로 푸코를 읽다

『임상의학의 탄생』에 나타난 지식의 고고학

◇ ◇ ◇

푸코는 『임상의학의 탄생*Naissance de la clinique*』의 부제목을 '의학적 시선의 고고학'이라고 이름 붙인다. 나중에 그가 초기 방법론을 집대성한 저작인 『지식의 고고학』에서 의학적 시선의 고고학은 인식론도 아니고 과학사도 아니라고 선언한다. 결국 이는 과학적 합리성에 대한 주장과는 무관하다는 말이다. 의학적 시선의 고고학이란 '근현대'라는 특정한 시대에 발생한 의학적 경험의 가능한 조건들의 현존*existence*에 관한 역사적이며 비판적인 연구이다.

『지식의 고고학』에 따르면 임상의학(클리닉)을 단순히 새로운 관찰 기술인 검시檢視의 결과로 간주해서는 안 된다. 또한 새로운 제도인 대학병원, 즉 가르치며 치료하는 이중적 기능의 병원의 효과로 여겨서도 안 된다. 그 대신에 임상의학은 의학적 담론 안에 존재하는 수많은 변별적인 요소들 사이에 관계를 설정하는 것으로 봐야 된다. 이 요소들 중의 일부는 의사의 지위와 관련된다. 다른 일부는 의사들이 말하는 제도적이고 기술적인 장소와 관련된다. 또 다른 일부는 지각하고 관찰하고 기술하고 가르치는 등의 주체로서의 의사들의 위상과 관련된다. 이러한 관계들은 임상의학적 담론 구성체의 영향으로 인해 정립된다. 이로써 지식의 고고학은 담론 구성체에 관한 담론 분석의 형태를 취하게 된다. 보통 푸코 철학 하면 담론 분석이라고 하는 말이 떠오르는데, 바로 여기에서 유래한 것이다.

근현대 의학적 시선의 고고학이 임상의학적 담론 구성체를 연구한다는 것으로부터 이러한 고고학을 언어적 구조가 모든 관계를 규정하는 구조주의적인 것이라고 규정하기 쉽다. 그러나 구조주의가 엄밀한 과학성을 주장하는 반면에, 고고학을 통해서는 '정치적으로도 중요하지 않고 인식론적으로도 천박한' 담론 구성체들을 다룬다는 점이 서로 다르다. 그 푸코는 『광기의 역사』에서 과학적으로 모호한 정신의학을 다루고, 『임상의학의 탄생』에서 이보다 조금 낫지만 그래도 과학적인 아마추어이자 사회 제도에 깊숙이 얽혀 있는 임상의학을 다루게 된다.(『권력/지식Power/Knowledge』)

이처럼 푸코가 『지식의 고고학』에서 주장한 대로 임상의학은 과학science이 아니다. 즉 그것은 과학성의 문턱을 넘기 이전의 상태에 있는 것으로서 아직 명확한 형태로 한정된 분과discipline도 아니다. 그러므로

장자의 눈으로 푸코를 읽다

그것은 과학도 아니고 분과도 아닌, 담론 구성체로서 파악되어야 한다. 이러함에도 불구하고 푸코의 철학적 정체성에 관해서 우리나라에서는 과학 인식론적인 차원에서 많이 소개되었다. 하지만 이번 장은 철저하게 니체와 하이데거의 영향사影響史에 있는 해체 존재론 차원에서 푸코의 철학을 소개한다. 이런 까닭에 인식론적인 연구의 영향사는 이 글에서 배제되어 있다. 다만 이 관점을 이해하기 위해서는 도미니크 르쿠르Dominique Lecourt가 쓴 『프랑스 인식론의 계보』를 참조하기 바란다. 특히 이 책에서는 가스통 바슐라르Gaston Bachelard와 조르주 캉길렘Georges Canguilhem의 '역사적 인식론épistémologie historique'이 푸코에게 영향을 많이 주었다고 주장하고 있다. 우리나라의 대표적인 푸코 연구가인 이정우도 이러한 생각에 동조하고 있다.

아직 지식의 고고학은 일종의 역사비판 존재론의 일기一期에 불과하다. 이를 해명하기 위해서는 『임상의학의 탄생』에 기술된 의학적 시선의 고고학이 어떤 의미에서 역사비판 존재론의 한 형태인지를 고찰해야 한다.

담론 분석으로서의 의학적 시선의 고고학

◇ ◇ ◇

『임상의학의 탄생』은 의학적 시선의 변화를 고고학적으로 추적한다. 이런 이유로 푸코가 이 저서의 부제를 '의학적 시선의 고고학'이라고 명명했던 것이다. 이 책에 따르면 19세기에 시작된 임상의학은 사물들을 새롭게 재단하는 구분이자, 오늘날 통상 실증 과학의 언어라고 불리는 것을 통해 그 사물들을 분절화(분명하게 변별적으로 설명하는 작업)하는 원리이기도 하다.

실증 과학의 언어는 과학적인 경험주의에 바탕을 두고 있다. 따라서 임상의학은 그 경험주의의 과학성으로 인해 좋은 평판을 얻게 된다. 푸코에 의하면 경험주의의 특징은 겸손하게 사물들을 주목함으로써 어떤 담론으로도 사물들을 방해하지 않고 관찰하는 시선 아래로 그것들을 조용히 가져오기 위해 세심하게 주의를 기울인다는 점이다.

그런데 임상의학의 진정한 의미는 (실증적 경험주의적인 언어에 의해) 의학 담론뿐만 아니라 질병에 관한 담론의 가능성 자체에 대한 심층적 재조직화이다. 임상의학의 담론이 절제하는 태도는 보통 이론의 거부, 체계의 포기, 철학의 단념으로 나타난다. 그렇지만 이러한 절제를 보여 주는 데는 임상의학의 비非언어적 조건들이 반영되어 있다. 이러한 비언어적인 조건들이야말로 바로 관찰의 대상과 진술의 대상을 구분하고 분절화하는 공통적 구조를 드러낸다. 따라서 푸코는『임상의학의 탄생』의 성격을 다음과 규정한다. 자신의 기획은 근현대의 의학적 경험이 가능하게 되는 조건들을 규정하기 때문에 역사적이면서도 비판적인 것이 된다. 이 연구는 한마디로 담론의 두꺼운 지층으로부터 그 역사의 조건들을 끄집어내려고 시도하는 것이다.

그 책에 따르면 19세기에 의학과 병리학적 해부학에 특권을 부여하는 시기와 의학적 경험 속에서 질병이 배치된 공간 및 병이 환자의 육체 속에 자리 잡는 공간이 역사적으로 우연하게 겹쳐지는 일이 벌어진다. 바로 이 시기야말로 임상의학적 시선의 주권을 보여 준다. 임상의학적 시선은 진리를 자신의 권리로 주장하며 자신이 주인이라고 외친다. 임상의학적 지각의 장場에서 의학적 시선은 환자라는 유기체의 가시적인 병변과 병리적 형태들의 정합성을 동시에 읽어낸다. 그러면서 질병은 이제 정확히 육체 위에서 언어적으로 분절화되며 질병의 논리적 배치가 즉시 해부학적 부피라는 관점에서 이루어진다.

그런데 해부학적이고 임상의학적 방법에 의해 의학적 시선은 실증 과학적 시선이 된다. 이러한 의학적 시선은 앞서 말한 것처럼 진리에 관한 자신의 권리를 당연하다는 듯이 주장한다. 이러한 임상의학의 담론이 형성된 데에는 비非언어적인 조건들의 변화도 밀접한 연관성이 있다. 다시 말해 조직화되고 건전하며 합리적인 의학이 생겨나려면 자신을 법적으로 보장하는 국가에 의해 집단적으로 통제되는 구조가 필요하다. 이러한 사회 제도적인 차원에서의 구조 변화와 더불어 동시에 의학적 시선에 개방된 질병의 공간화가 나타난 것이다. 다만 아직 고고학의 단계인 전기에서는 이러한 비非담론적인 요소들이 분석의 중심 주제가 아니었을 뿐이다.

이제 새로운 질병의 공간화와 더불어 18세기의 전통적인 분류의학 médecine des espèces은 설 자리를 상실하게 된다. 겉으로는 드러나는 증상에 따라 질병을 분류하기 때문에 전통 의학은 분류의학이라고 불린다. 이러한 분류의학과 달리 임상의학은 병리학적 해부학에 기초를 둔 질병의 공간화와 더불어 출현한다. 여기에는 증상과 질병을 설명하는 정확한 실증적 언어가 필요하다.

분류의학의 대표자인 피에르 폼므Pierre Pomme(1735~1812)는 지각적 뒷받침이 부족한 '환상적인 언어'를 사용한다. 예를 들자면 한의학과 마찬가지로 몸이 대단히 차갑다거나 조금 따뜻하다는 등의 모호한 말을 사용한다. 반면에 해부학에 기반을 둔 새로운 의학의 선두주자인 앙토냉 베일Antoine Laurent Jessé Bayle(1799~1858)은 실증적 시선에 의해 뒷받침되는 '정확한 언어'를 사용한다. 일례로 측정을 바탕으로 몸의 열이 몇 도인지를 명확하게 표현한다.

그러나 이러한 실증적 시선이 객관성 자체를 지향하기 위해 객관적인 선택으로 주어진 것은 아니다. 19세기 의사들의 이러한 환원주의적인 담론과 그의 실증적인 시선으로 드러난 것은 환자의 주관적인 증상이다. 이러한 주관적인 증상으로부터 인식될 객체의 세계가 규정된다. 다시 말해서 질병의 모습들은 인간의 육체와 새로운 과학적 의학의 시선이 마주치는 곳에서 재편성된 것이다. 여기서 결정적으로 변화한 것은 실증적 언어가 편입된 배치^{configuration}이다. 이러한 배치는 말하는 주체와 말해지는 객체 사이의 상황과 관계이다. 실증적 언어는 여기서 자신을 지지하는 바탕을 얻게 된다. 변화된 배치로 인해 갈레노스^{Claudius Galenus(130~210)} 의학 이후로 지배해 오던 기존의 비합리적인 언어가 합리적인 언어, 즉 실증과학적 언어로 전환된다.

어떻게 근현대 의학적 담론 구성체가 합리적인 것을 인식하게 된 것일까? 이 물음에 답하기 위해 먼저 푸코는 기존의 작업 가설을 비판한다. 그 가설이란 사상사나 과학사를 연구할 때 전통이나 발전/진화 및 정신 그리고 작품이나 영향, 저작자(작가)라는 관념에서 벗어나 그 스타일을 연구해야 한다는 것이다. 왜냐하면 19세기 이래의 의학은 그 대상이나 개념에 의해서가 아니라, 그 스타일에 의해서 그 특징이 주어지기 때문이다. 푸코가 생각하는 '스타일(기풍)'이란 진술 방식을 의미한다. 담론 구성체에 관한 고고학이란 발전, 작품, 저자라는 관점을 버리고 스타일의 관점을 취한다고 할 수 있다.

스타일의 관점에서 보면 의학은 더 이상 관행들과 관찰들, 그리고 이질적인 실행들의 집합체로 구성되는 것이 아니다. 이제 의학은 사물을 바라보는 같은 방식, 지각의 장에 대한 같은 구분, 육체의 가시적 공간과 병리학적 사실에 대한 같은 분석, 지각한 것을 말로 번역하는 같은 체계(같은 어휘, 같은 은유의 사용)를 전제하는 지식체知識體로 구성된다. 한마디로 의학이란 일련의 기술적記述的 진술로 조직화된다. 그러나 이 기술적 진술 방식이라는 스타일 가설에만 머물러서는 안 된다. 왜냐하면 언어 스타일 외에도 비非언어적인 조건이 담론 구성체의 형성에 커다란 역할을 하기 때문이다.

스타일 가설 대신에 사회 제도적 분석이 요구된다. 임상의학의 담론은 기술記述의 집합체이기도 하지만 그에 못지않게 삶과 죽음에 관한 가설들, 윤리적 선택들, 치료적 결정들, 제도적 규제들, 모델 교육의 집합체이기도 하기 때문이다. 이 점을 인지한 푸코는 『지식의 고고학』에서 지식의 고고학을 넘어가는 길에 서게 된다. 그는 언어적 기술이 사회 제도적인 것과 무관하게 추상화될 수 없다는 점을 인정한다. 기술적 진술들은 의학 담론에 현존하는 그 구성체 중 하나에 불과한 것이다.

그러나 아직 『임상의학의 탄생』에서는 사회 제도적인 측면보다는 비非언어적 요소로서 시선과 공간이라는 말해지지 않은 측면만을 부각시킨다. 이런 관점에서 초기 푸코는 의학적 담론 구성체의 변화 방식을 추적하려면 그 담론 구성체가 다루고 있는 주제적 대상도 아니고 논리의 양상도 아닌, 말과 사물이 분리되기 이전의 영역을 고찰해야 한다고 주장한다. 이 영역은 병리적인 것에 대한 근본적인 공간화와 언어화가 일어나는 장場이다. 여기에서는 보는 것과 말하는 것이 매한가지이다.

그러나 보는 것과 말하는 것에는 보이지 않고 말해지지 않은 규칙 형성의 장이 전제되어 있다. 이런 까닭에 근대 병리학의 탄생을 위해서는 특정한 공간화가 필요하다. 이러한 공간화를 바탕으로 특정한 언어화가 이루어진다. 이를 나중에 지젝은 라캉의 말을 빌려 상징계나 상징 질서라고 표현했고 장자는 유명有名의 세계라고 한 것이다.

정리하자면 18세기 말에 근대 의학이라는 일종의 과학적 의학이 탄생한다. 근대 의학의 자기 반성은 실증성의 기원을 가장 겸손하지만 효과적인 수준인 지각, 즉 경험된 것으로 환원해서 찾고자 했다. 이러한 경험주의는 가시적인 것의 절대적 가치를 재발견하는 것이 아니다. 또한 이론적인 체계와 이로 인한 환상적 산물들에 대한 거절에 토대를 둔 것도 아니다. 오로지 그 경험주의는 갈레노스 이후로 천년간 이어온 시선이 사라지면서 실증적 시선을 탄생시키는 공간을 재조직화한 것에 토대를 두고 있다.

경험주의적인 실증 의학의 탄생을 일회적인 사건으로 취급해서는 안 된다. 마치 갑자기 상상력 대신에 이성을 채택한 것으로 해석하는 것은 무리가 있다. 실제로 의학의 이러한 돌연한 태도 변화는 기존의 가시적인 것과 비가시적인 것의 구분 경계(공간화)의 변화에 기인한다. 새로운 공간화로 인해 기존의 의학적 지식의 영역으로 포함되지 못한 대상들이 의학들의 시선과 언어에 포착된 것이다. 이처럼 공간의 새로운 조직화로 인해 말과 사물의 새로운 연합이 결성된다. 이로써 그동안 주변적인 것으로 간주하던 대상을 근대 의학이 보고 말할 수 있게 된다.

이러한 공간의 재조직화에 상응하는 언어의 재조직화가 있어야 한다. 『임상의학의 탄생』에 따르면 의학은 문법 구조와 수량적 가능성의 영역을 도입함으로써 '가시적인 것'의 장을 열었다. 새로운 구조는 본질이나 증상이라는 의학적 지식에서 벗어나게 된다. 또한 종류의 분류나 개인이라는 분석 대상의 한계에서 자유롭게 된다. 환자가 사라진 것이다. 대신에 명쾌한 가시성의 영역이 의학적 시선에 열린다. 그러나 이 자유로운 해방의 공간은 가상일 뿐이다. 왜냐하면 근본적으로 질병을 가시적인 대상으로 만든 이 영역에도 이중성이 있기 때문이다.

새롭게 탄생한 관찰 방법은 모든 주관적 개입에 앞서 관찰의 순수성을 유지하려는 시선의 확보가 중요하다. 동시에 소박한 경험주의를 몰아내고 정확한 논리로 무장한 시선이 요구된다. 그 시선은 기존의 분류의학의 언어를 버려야 한다. 그래서 관찰된 것 주위에서 침묵을 지키고 있어야 한다. 그러면 그 시선은 침묵 속에서 사물의 진리에 점차 다가갈 수 있다. 하지만 이러한 드러남은 결국 새로운 언어로 나타나게 된다. 임상의학적 시선은 자신이 사물을 인식하는 순간에 정확한 실증 언어를 들게 되는 역설적인 성격을 지니게 된다. 임상의학 안에서 드러난 것들은 이미 본질적으로 말하는 것들이다. 결국 기존의 언어를 버리는 공간화와 새로운 언어를 획득하는 언어화는 동시에 일어난다.

장자의 눈으로 푸코를 읽다

이처럼 임상의학적 시선과 기술적記述的 언어는 의학적 경험을 정초定礎하고 형성하는 새로운 용법이다. 그래서 그것은 단순히 '본 것을 말하는 것'이 아니라 '본 것을 말하면서 보여 주는 것'이다. 이렇게 보면 의학적 언어가 매우 표면적인 수준에 있는 것 같다. 하지만 실제로는 깊게 묻혀 있는 심층적인 수준에 놓여 있다. 이 심층적인 수준에서 기술記述의 공식은 스스로 폭로의 제스처를 취하게 된다. 그러한 폭로 행위는 그 자신이 진리의 기원이자 현현顯現의 장소로서 시체라는 담론적 공간을 함축하고 있다. 이런 식으로 병리학적 해부학이 형성된 것은 우연이 아니다. 간단하게 말하면 새로운 공간화와 언어화를 통해 등장한 시체에 대한 해부가 임상의학의 진리 기준이 된다.

그 책에 따르면 임상의학의 경험적인 시선과 기술적 언어는 죽음이라는 "안정적이고 가시적이고 해독 가능한 기초"인 시체라는 담론 공간에 의존할 수밖에 없다. 이렇게 공간, 언어 그리고 죽음이 분절화되는 구조가 해부학적·임상의학적 방법이라고 불린다. 이는 실증의학이라고 부르게 되는 의학의 역사적 조건이 된다. 이로써 질병은 전통 의학이 전제하는 악惡의 형이상학에서 벗어나 죽음의 가시성可視性을 통해 실증적인 관점에서 그 질병의 내용이 드러나는 경험적인 대상이 된다. 죽음이 시체라는 담론 공간을 매개로 해서 의학적 경험에 인식론적으로 통합된 순간에, 질병은 개인의 살아 있는 육체 속에서 구체적인 형태를 취하게 된다. 이런 식으로 의학적 시선의 고고학은 임상의학을 탐구하는 사상사의 방법으로 제시된다.

그런데 푸코에 따르면 기존에 사상사를 연구하는 방법은 미학적 방법과 심리적 방법의 두 가지가 있다. 우선, 미학적 방법은 유추(유사성)와 연관 있는 것으로서 발생의 기원, 연계 또는 혈통이나 영향을 고려하거나 시대정신, 세계관 또는 근본적 범주들, 그리고 사회문화적 세계의 조직을 탐구한다. 다음으로 심리학적 방법은 그런 내용들을 전부 심리 외적인 것이라 규정하여 부정한다. 이는 곧 일종의 사상에 대한 정신분석으로 발전한다.

미학적 방법과 심리적 방법과는 다르게 푸코는 담론 분석을 제시한다. 여기서 담론의 사실들은 다양한 의미 작용들의 자율적인 핵심核心들이 아니다. 이 사실들은 점차로 하나의 체계를 형성해 가는 사건들과 기능적 분절들로 취급된다. 따라서 한 언표言表의 의미는 자신 안에 이미 포함하고 있는 의도들에 의해 정의될 수 있는 것이 아니다. 다른 언표들과의 변별에 의해 그 언표를 분절화하는 '차이'에 의해 정의된다. 다른 언표들은 동시대이거나 시대의 직선적인 계열 안에서 그 언표와 대립하고 있다. 이럴 때 푸코는 담론에 관한 체계적 역사가 가능하다고 생각한다.

이런 점에서 보면 푸코 자신도 지식의 고고학 단계에서는 여전히 구조주의적인 언어를 구사하고 있다. 그렇다고 해서 그의 담론 분석을 구조주의라고 오인해서는 안 된다. 도리어 그의 담론에 대한 역사적 분석은 비판적이며 해체적일 수 있다. 전통적으로 주석註釋을 다는 행위처럼 이미 말해진 것과 말하려고 의도했던 것을 물으면서 그 언표의 심층적 의미를 찾는 것이 아니다. 담론 분석은 그 담론이 이미 말했던 것을 언표하면서 그것이 결코 말하지 않았던 것을 다시 말하는 것이다. 이것이야말로 해체적이고 비판적인 행위이다.

　이런 관점에서 보면 임상의학의 담론에 대한 역사적이고 비판적인 분석으로서의 고고학은 임상의학의 현실에 대한 비판이자 고발인 것이다. 예를 들어 푸코는 임상의학이라는 담론 구성체의 형성에 비非담론적인 사회 제도 차원의 조건이 있음을 폭로한다. 자유주의의 경제 이념 아래서 병원은 부유층의 이해를 충족시키는 가능성을 찾는다. 부유층은 의사들이 가난하고 위험한 환자들을 면밀하게 관찰하도록 지원한다. 가난한 사람들을 살리고 의학 발전에 기여한다는 선한 의도의 이면에는 언젠가 부유층 자신이 그 병에 걸리게 되면 이러한 발견을 토대로 의사가 자신의 생명을 건져 주리라는 기대감이 있는 것이다. 자유주의 세계의 계산된 교환 속에서 의사의 시선은 부유층의 대단히 옹색한 적금積金인 셈이다.

비판적이고 해체적인 고고학

　푸코가 『지식의 고고학』에서 스스로 내린 고고학의 규정들에서 비판적이고 해체적인 고고학의 의미가 잘 드러난다.

　첫째로, 담론 분석으로서의 고고학은 더 심층적이고 숨어 있는 담론을 찾는 해석학적 분과가 아니다. 그래서 이 고고학은 담론을 다른 것을 가리키는 기호로서의 문서가 아니라, 그 자체로 기념물로 간주한다.

　둘째로, 고고학은 담론들의 역사를 원만하게 진보하는 연속적인 이행 과정으로 탐구하는 학설론^{doxologie}도 아니다. 그것은 담론의 양상들을 발전이나 진화가 아닌 차이의 관점에서 변별하는 미분적 분석이다.

　셋째로, 고고학은 창작하는 주체의 권위나 작품의 존재 이유 및 그

　　　　　　　　　　장자의 눈으로 푸코를 읽다

작품의 통일성의 원칙과 관련을 맺지 않는다. 작가에 대한 심리 분석이나 작품 자체에 관한 형식주의 분석이 아니라는 뜻이다.

마지막으로 고고학은 담론의 원래적인 사유와 경험, 의도나 목표를 복원하려고 시도하지 않는다. 고고학은 그 담론을 가장 순수하고 비밀스러운 기원으로 환원하려고 시도하지 않는다. 대신에 고고학은 이미 쓴 것에 대한 조절된 변형으로서 일종의 다시 쓰기이다. 즉, 하나의 담론이라는 객체로서 말해진 것에 대한 체계적이며 비판적인 서술이다.

푸코의 자기 규정에 따르면 인간 과학의 형성에서 의학의 중요성은 단순히 방법론적인 것만이 아니다. 의학은 실증적 지식의 대상으로서 인간 존재에 관계한다는 점에서 존재론적이기도 하다. 이처럼 의학적 시선의 고고학은 역사적이고 비판적이며 그리고 존재론적인 특성을 보여 준다. 우선 역사적이고 비판적인 이유는 사람들이 특정 시기에 특정한 대상에 관해 언급한 역사적 담론 구성체를 '바깥의 사유'라는 측면에서 고려하는 데 있다. 다시 말해서 그 바깥, 즉 외재성으로부터 다시 쓰기를 시도한다는 점에서 고고학은 역사적이면서도 비판적인 탐구이다.

역사비판 존재론이라는 용어에서 역사적이라는 말은 탐구의 대상, 예컨대, 근현대의 의학적 시선 속에서 보편적인 규칙이나 구조를 탐구한다는 뜻이 아니라, 이를 역사적으로 형성된 담론 구성체의 형태로서 파악함을 의미한다. 그러나 그 담론 구성체의 역사를 서술하는 것은 중기를 대표하는 저작인 『감시와 처벌』에 따르면 "현재의 관점에서 과거의 역사를 서술하는 것"이 아니라 "현재의 역사를 서술하는 것"이다. 따라서 현재의 역사를 다시 서술하는 것이기 때문에 역사적이면서도 비판적이다.

더 구체적으로 말하자면 다시 서술한다는 것은 단순히 객관적으로 복원하는 서술이 아니다. 그 담론 구성체와 관련된 비非지식적 조건들인 권력 관계와 주체성의 현재적 조건들에 대한 비판이다. 이 비판은 단순한 해체가 아니라 니체의 초인의 개념처럼 동시에 새로운 조건 창출을 모색함을 뜻한다. 그런데 이 비非지식적 조건들은 단순히 인식 조건이나 과학성의 조건만이 아니라, 근본적으로 비非언어적 조건들이다. 그러므로 이러한 조건의 현존에 대한 탐구는, 인식 조건의 가능성을 탐구하는 인식론도 아니고 개별 분과들에 기반을 두고 형성된 과학들을 서술하는 과학사도 아니라 근현대성의 현존에 대한 해체 존재론이다.

이와 같이 고고학은 단순히 담론 구성체 분석을 통해 지식만이 아니라, 이와 연관된 권력 관계 및 주체의 현존 조건들도 탐구해야 했다. 그러나 푸코의 초기 연구에서는 권력과 주체가 주제적으로 명시화되지 않았다. 이 때문에 고고학적 시기 이후에 푸코는 이 담론, 즉 지식과 연관된 권력 관계를 탐구하는 계보학을 제시한다. 그러나 마지막 시기에 가서 고고학이나 계보학 모두 주체와 연관된다고 생각해서 주체에 대한 역사비판 존재론으로 명명한다. 그러므로 고고학은 일종의 '사상 체계들의 역사'로서 역사비판 존재론의 일기一期에 해당한다고 할 수 있다.

장자의 눈으로 푸코를 읽다

푸코의 '사상 체계들의 역사'는 역사 탐구를 통해 역사적인 특정 시대의 유일한 사상 체계, 즉 세계관과 같은 역사적 총체화를 추구하는 것이 아니다. 사상사思想史와 관련해서 이렇게 역사적 총체화를 추구하는 기존 방법에는 앞서 언급한 미학적 방법이 있다.

미학적 방법은 유사성을 근거로 발생의 기원과 혈통을 고려하거나 시대정신, 세계관처럼 사회문화적 세계의 근본적인 조직을 탐구한다. 총체적인 역사란 문명의 총체적 형태이다. 또는 한 사회의 정신적이거나 물질적인 원리이다. 또는 한 시대의 모든 현상들에 공통적인 의미작용이다. 또는 그 현상들을 정합적으로 꿰어 주는 법칙, 비유적으로 말하자면 한 시대의 얼굴을 재구성하려고 시도하는 역사이다. 이것은 역사의 절대 주체를 정립定立하려는 휴머니즘 및 철학적 인간학과 연관된다. 이러한 총체적인 역사의 예로는 헤겔의 시대정신, 베버의 이념형, 통상적으로 많이 논의되는 세계관 또는 총체적인 형태 등이 있다.

반면에 푸코가 『지식의 고고학』에서 제시하는 일반적인 역사는 이런 총체적인 역사를 해체하려고 시도한 마르크스와 니체의 작업을 이어받는다. 이것은 연대기적인 계열들, 단면들, 한계들, 요철들, 차이들, 특수성들, 잔류 현상들의 개별적인 형태들, 관계들의 가능한 유형들을 문제로 제기한다. 이 역사의 과제는 "이렇게 차이 나는 계열들 사이에서 어떤 형태의 관계를 서술하는 것이 정당한가?"와 "그 계열들은 어떤 수직적 체계를 형성할 가능성이 있는가?" 그리고 "그것들 서로간의 상호관계와 지배의 놀이는 무엇인가?" 등을 규정하는 것이다. 한마디로 일반적인 역사는 정신과 원리 또는 세계관 같은 어떤 독특한 중심으로 모든 현상들을 압축하는 것이 아니다. 다양한 형태나 계열이나 관계 등으로 분산分散하는 공간을 펼치는 것이다.

푸코가 이러한 '사상 체계들의 역사'를 제시하게 된 배경에는 콜레주드프랑스의 교수 선발 과정이 관련 있다. 1969년 교수 임용 후보자로서 그는 학칙대로 콜레주드프랑스의 전체 교수에게 보낼 자신의 「학술 업적Titres et travaux」이라는 소책자를 작성한다. 여기에 그는 자신의 학위 등의 이력과 아울러 책, 저널 기고문, 서문, 번역 등의 출판물 목록을 작성한다. 또한 『광기의 역사』로부터 『지식의 고고학』에 이르기까지 자신이 행한 연구들을 요약한다. 이와 동시에 자신이 앞으로 맡고 싶은 강좌 이름으로 '사상 체계들의 역사'를 선택하며 그 이유를 밝힌다. 이 글에서 그는 자신의 역사 탐구 논리를 명확하게 제시한다.(디디에 에리봉Didier Eribon, 『미셸 푸코1926~1984Michel Foucault 1926~1984』)

이 소책자에서 푸코는 자신의 역사가 다른 역사학자들과 어떻게 다른지를 해명한다. 동시에 자신의 역사 방법론이 고고학에서 계보학으로 이행하는 과정을 보여 준다. 이를 통해 그의 역사 탐구가 지식의 축에서 권력의 축으로 넘어가는 이행 과정이 드러난다. 다시 말해 푸코 사상이 전기에서 중기로 변화해 가는 양상이 잘 드러나면서도 두 축이 지닐 수 있는 연관성의 가능성도 희미하게 제시된다.

장자의 눈으로 푸코를 읽다

정신의학의 계보학

『광기의 역사』에서 푸코는 참된 인식επιστήμη(에피스테메)과 단순한
의견δόξα(독사)이라는 고대의 플라톤적인 이분법과, 과학과 이데올로
기라는 현대의 과학주의적 이분법에서 벗어나기 위해 '복잡한 제도
시스템에 투입된 지식'을 규정하려고 시도한다. 이 지식은 과학적 문
헌의 도서관에 존재하는 것이 아니라 공식 문서, 법령, 병원의 기록,
재판 진행 기록과 같은 고문서archive의 보관소에 (고고학적 유물처럼)
묻혀 있다. 그래서 그는 자신이 초기에 행한 지식 분석의 역사를 고고
학archeologie이라고 명명한다. 이러한 지식의 가시적인 형태는 이론적
이거나 과학적인 담론도 아니며 문학도 아니다. 그것은 권력과 제도

에 의해 규제된 일상적인 실천(관행)이다.

푸코는 이러한 지식 분석(고고학)의 전형적인 사례로 처음에는 광기와 정신의학을 제시해 보려는 의도가 있었다. 실제로 경험의 형태들을 역사 속에서 연구한다는 생각을 초창기부터 지니고 있었다. 그래서 정신의학의 장場과 정신병의 영역에, 하이데거와 루트비히 빈스방거Ludwig Binswanger로부터 영향을 받은 실존 분석의 방법을 도입하려고 시도한다. 그러나 이 시도는 두 가지 이유로 인해 그에게 불만족스러웠다. 그 이유들로는 경험의 개념이 이론적으로 충분히 정립되지 못한 점과 이 경험이 정신의학적인 실천과 맺는 관계가 애매하다는 점 등이 있었다. 또한 그는 방법론적으로도 인간 존재에 관한 일반 이론을 제시하는 철학적 인간학과 사회적이고 경제적인 맥락에 의존하는 사회사의 딜레마에 직면하게 된다. 그래서 그 대안으로 경험의 형태들의 역사성 자체를 사유해 보려고 시도한다. 이는 니체로부터 영향을 받은 것이다. 이를 그는 "경험 형태들의 역사"라고 부른다.(『푸코의 마르크스』)

경험 형태들의 역사의 첫 번째 버전이 고고학이다. 그런데 그것의 첫 대상은 17세기와 18세기의 정신병리학이 아니라 임상의학이 된다. 「학술 업적」이라는 보고서에 따르면 그 이유는 그 시기의 정신의학이 아직 초보적인 단계에 머물러 있는 반면에, 동시대의 실증 의학은 명백하게 과학성의 문턱에 도달했기 때문이다. 실증 의학에 대한 고고학적 분석의 결과가 『임상의학의 탄생―의학적 시선의 고고학』으로 나타난다. 물론 정신의학의 실존론적 분석으로부터 기인한 『광기의 역사』에서 여전히 모호한 철학적 인간학의 형태를 보인 반면에, 그 이후에 출현한 『임상의학의 탄생―의학적 시선의 고고학』과 『말과 사물―인문 과학의 고고학』에서는 구조주의적 언어를 사용함으로써 의도적으로 실천적인 제도와 사회적인 실존을 배제한다. 이로 인해 그는 순수한 구조주의에 경도되는 것처럼 보인다.

그 소책자에 따르면 푸코는 이런 난점에서 벗어나기 위해 『지식의 고고학』에서 과학적 인식과 대중의 의견 사이에 새로운 특정한 영역의 실존으로서 '지식'을 제시한다. 이 지식은 "이론적인 텍스트나 경험의 도구를 통해서 가시화되는 것이 아니라 실천과 제도의 전체 연관성을 통해서 가시화된다." 그러므로 지식의 고고학적인 분석은 그 대상으로 담론적인 실천뿐만 아니라 비담론적인 실천도 포함한다. 모호한 철학적 인간학이라는 휴머니즘과 경제적이고 사회적 맥락을 강조하는 사회사社會史의 딜레마에서 벗어나기 위해 그는 앞에서 언급한 사상 체계들의 역사를 등장시킨다. 사상 체계들의 역사는 경험의 형태들의 형성과 발달 및 변형이 차지하는 영역이다.(「윤리의 계보학에 관하여On the Genealogy of Ethics」) 이런 이유로 사상 체계들의 역사는 경험의 형태들이 겪은 역사성의 구현 장소이다.

초기 푸코의 역사는 실존 분석적인 역사와 담론의 내적 고고학에 집중하지만, 점차로 『지식의 고고학』에서 밝힌 비담론적 실천도 역사에서 고려해야 할 중요한 요소가 된다. 이를 본격적으로 다루기 위해 지식의 내적 고고학으로부터 이러한 지식을 산출한 권력 관계의 장을 다루는 계보학으로 옮겨 가게 된다. 다시 한 번 말하지만, 물론 권력과 계보학이라는 말 자체에서 니체의 영향력이 분명하게 나타난다.

교수 임용을 위해 제출한 보고서인 「학술 업적」의 강의 계획에 의하면 1969년 당시에 구체적인 문제의 관심 분야로 유전遺傳의 문제를 들고 있다. 1970년대 후반 무렵에 이 문제는 다시 생명권력(삶권력)이라는 이름으로 다시 등장한다. 그런데 1971년부터 감옥에 대한 문제로 관심이 바뀐다. 디디에 에리봉의 푸코 전기인『미셸 푸코 1926~1984』에 따르면, 그 까닭은 1968년 학생운동을 계기로 그가 정치 활동에 큰 관심을 갖게 되어 단순히 고문서를 뒤적이는 일만이 아니라 형벌 제도를 바꾸는 것과 같은 구체적인 사회 운동에 적극적으로 참여했기 때문이다.

이러한 참여의 성과는『감시와 처벌―감옥의 탄생』에서 명백하게 드러난다. 그러나 초기와 중기를 연결하려면 초기부터 관심을 지닌 정신의학의 장에 대한 탐구에도 계보학을 도입해야 했다. 실제로 그가 콜레주드프랑스에서 행한 1970~1974년 강좌들의 제목은 〈지식에의 의지〉, 〈형벌 이론과 제도〉, 〈처벌 사회〉, 〈정신의학의 권력〉이다. 이는 그의 연구 초점이 지식에서 권력으로, 더 정확히 말하면 지식의 축을 중심으로 하는 담론 분석에서 권력의 축을 중심으로 하는 권력 지식 복합체의 분석으로 이행했음을 의미한다. 이는 그의 비판적인 역사 존재론이 지식의 고고학에서 권력의 계보학으로 전환되었음을 뜻한다.

콜레주드프랑스의 첫 번째 연례 강좌(1970~1971) 요약집인『지식에의 의지』에서 푸코는 정신병리학이나 임상의학 그리고 자연사自然史

장자의 눈으로 푸코를 읽다

와 같은 분과들을 다루는 경험적 연구들에서 담론적인 실천의 수준만을 따로 떼어낼 수 있다고 공언한다. 그리고 이러한 담론적인 실천을 분석하는 방법이 고고학이다. 그러나 담론적인 실천은 순전히 담론만의 산출 방식이 아니다. 담론적인 실천은 자신에게 부과되고, 동시에 자신을 지지하는 기술적인 집합체, 제도, 행동의 도식, 전달과 분산의 유형, 교육 형태 속에서 비로소 구체화된다. 어떤 담론적인 실천의 변형은 자신 안에서 일어나는 대상, 개념, 데이터를 다루는 변화 및 자신 옆에서 일어나는 다른 담론적인 실천들의 변화 그리고 자신 밖에서 일어나는 생산 양식, 사회관계, 정치적 제도 안의 변화가 얽힌 복잡한 앙상블과 연관된다.

이처럼 '지식에의 의지'의 관점에서 보면 이해관계가 지식에 앞선다. 이해관계에 의해 움직이는 지식 모델은 정치적인 투쟁과 연관된다. 이러한 양상이 잘 드러나는 사례가 사법부이다. 그래서 그는 19세기의 형벌 일반에 대한 연구와 더불어 왕정복고 시대에 최초로 발달한, 형벌과 관련된 정신의학에 관한 연구를 진행한다. 이와 관련된 유용한 자료는 의학적이고 법률적인 전문가들의 텍스트이다.

푸코는 이듬해 강좌인 〈형벌 이론과 제도〉에서 이러한 역사 방법을 "지식의 특정한 유형의 형성을, 이를 낳고 지지하는 사법적이고 정치적인 매트릭스로부터 추적하는 것"이라고 요약한다. 동시에 권력과 지식은 서로 분리되지 않는다는 점을 강조한다. 이러한 분석 수준의 특징은 한쪽에는 인식이나 과학이 있고 다른 쪽에는 사회나 국가가 있는 것이 아니다. 그것은 '권력 지식'의 기본적인 형태들이 존재한다는 점이다.

푸코는 권력 지식의 기본적인 형태 분석의 일환으로 1973~1974년 강좌 제목대로 정신의학의 권력을 집중적으로 탐구한다. 의학과 정신의학을 탐구하면서, 진리와 거짓의 내용을 문제로 삼지 않고, 권력 지식의 기능 안에서의 인식과 현대 사회의 정치·경제적인 구조 사이의 관계를 문제로 삼는다. 이러한 역사적이고 정치적인 관심에서 우선 병원 공간의 기능부터 검토한다.

〈정신의학의 권력〉에 따르면 18세기 병원 공간은 질병의 진리를 발견하기 위해 질병을 생산해야 한다는 이중적이고 애매한 기능을 담당한다. 즉 병원은 한편으로 식물학적인 분류 방법에 따라 질병의 진리를 관찰하고 입증하는 장소이면서 다른 한편으로 연금술(화학)적으로 병리적인 실체를 정교화하기 위해 정화purification하고 시험éprouve하는 장소인 것이다. 이런 식으로 병원 공간은 질병의 진리에 근거를 둔 합리적인 치료의 장이 되기 위해서 진리를 알려면 질병을 발전시켜야 한다는 딜레마에 처하게 된다.

19세기 중반 파스퇴르의 미생물학적인 발견 이후에 이러한 딜레마는 간단하게 해결된다. 파스퇴르적인 생물학이 질병의 요인l'agent을 결정하고 이를 개별 유기체(유해 미생물 또는 세균)로 고정시킨다. 이렇게 함으로써 병원은 관찰하고 진단하며 임상적이고 실험적으로 탐색하는 장소일 뿐만 아니라, 미생물의 침입에 대하여 즉각적으로 개입하고 반격하는 장소가 된다.

이번에는 병원 대신에 실험실에서 질병이 생산된다. 실험실에서 질

장자의 눈으로 푸코를 읽다

병은 위험으로 존재하는 것이 아니라 통제하고 검증할 수 있는 현상으로 존재한다. 이제 병원의 중요한 기능 중의 하나인 실험은 실험실의 기술적 구조와 의사의 진단서 안에 존재하는 증거로 변질된다. 더불어 병원 공간도 질병에 대한 결정적인 사건의 의미를 갖는 장소가 아니라, 단지 이를 축소하고 이전하고 확대하고 확인하는 장소로 전락한다.

마찬가지로 이러한 생물학의 혁명에 의해 의사들도 관례대로 질병을 생산하고 실험하는 오래된 기존 역할을 빼앗기고 만다. 심지어 질병 발견의 원천인 병원 의사의 손이 감염의 원인이라고까지 파스퇴르는 규정한다. "그때까지 병원이라는 공간과 의사의 지식은 질병의 '결정적인critique' 진리를 생산하는 역할을 맡았다. 이제 의사의 몸과 사람으로 붐비는 병원은 질병의 실재를 생산하는 것으로 드러났다." 그런데 살균을 통해서 의사와 병원은 새로운 면죄부를 받고 이로부터 새로운 권력과 새로운 지위를 얻게 된다.

18세기 이전까지 광기는 본질적으로 오류나 환상 또는 환각의 세계에 속하는 것으로 여겨져서 극단화된 형태의 광기를 제외하고는 체계적인 감금이 이루어지지 않는다. 고전주의 시기(17~18세기) 초반까지만 해도 광기와 관련해서 병원은 그 진리가 드러나는 특권적인 장소가 절대로 아니었다. 왜냐하면 일차적인 치료의 장소인 자연이 진리의 가시적인 형태이므로, 그 자연 안에 이러한 환각을 치유할 힘이 있는 것으로 간주되었기 때문이다. 그 당시 의사들이 내린 처방은 여행하기, 쉬기, 걷기, 인공적인 허황된 도시와의 단절, 은퇴 등이다. 이런 이유로 19세기 초에 장 에스키롤Jean Esquirol(1772~1840)이 정신병원을 구상하고 건립할 때 정원에 대한 전망을 염두에 두고 안마당을 넓히기를 추천한 것이다.

또 다른 치료 장소는 전도된 자연으로서의 극장이다. 환자는 자신의 광기에 관한 코미디를 보면서 자신의 오류를 확인하게 된다. 이 방식도 19세기까지 여전히 사라지지 않는다. 그러나 19세기 초반에 감금이 실행될 때 광기는 더 이상 이런 식으로 진리-오류-의식의 축에 놓이지 않고 감정-의지-자유의 축에 놓인다. 즉 광기는 오류가 아니라 비규범적이고 비정상적인 행동인 것이다. 이러한 비정상적인 행동을 정상적인 행동으로 회복하려는 시도가 일어난다.

이런 와중에 대규모 정신병원인 보호시설l'asile의 역할은 이중적인 것이 되어야 했다. 물론 18세기 말의 병원처럼 정신질환의 진리를 발견하고 실험하는 이중적인 기능도 있다. 하지만 환자와 의사의 의지 대결l'affrontement의 장소(에스키롤)가 되어야 했다. 다시 말해서 이 공간 안에서 환자의 고통스러운 의지와 왜곡된 감정이 의사의 건전한 의지와 정상적인 감정과 대결하게 된다. 이 가운데에서 그 환자의 질병이 공개적으로 드러나게 된다. 이러한 완화된 투쟁 속에서 건강한 의지가 승리하고 고통스러운 의지는 항복하게 된다.

이런 식으로 19세기 정신병원의 이상한 이중적 기능이 정립된다. 즉 정신병원은 개방된 자연을 닮은 진단과 분류의 장소이자 대결을 위한 폐쇄된 장소인 것이다. 그 정신병원에서 의사의 기능도 이중적이어서 자신의 지식을 통해 질병의 진리를 말할 수 있는 자이면서 동시에 환자에게 행사하는 권력을 통해 질병을 다스리는 자이기도 한 것이다. 이런 관점에서 고안된 고립, 심문, 샤워와 같은 치료 처벌과 엄격한 규율, 의무 노동과 종속 관계 등 19세기 정신병원의 치료술과 절차들을 도입함으로써 의사가 '광기의 주인'으로 등장한다.

19세기에 이미 과학에 편입된 임상의학, 즉 파스퇴르적인 병원에서는 이미 진리 생산이라는 과거 기능이 사라진다. 인식의 구조에서도 진리의 생산자인 과거의 의사 역할이 사라진다. 이와는 반대로, 아직 과학이 되지 못한 정신의학, 즉 에스키롤이나 샤르코의 정신병원에서는 여전히 진리 생산의 기능이 강화되고 이 과정에서 의사의 과잉 권력이 생겨난다. 히스테리를 기적적으로 치료한 샤르코가 이러한 유형의 상징적인 인물이다. 이러한 의사 권력의 증대가 이루어지려면 의학이 인식의 특권에 의해 정당화되어야 한다. 마찬가지로 보호시설이 정신과 의사에게 준 권력이 정당화되려면 의학으로 통합될 수 있는 현상들의 생산이 요구된다.

이러한 의료적인 권력 지식의 요구에 의해 최면 및 암시의 테크닉과 더불어 유기적인 질병과 정신적인 질병 사이의 진단적 차이가 1860~1890년대 정신의학의 이론과 실천에서 중심 문제가 된다. 이런 계기로 정신병원의 이중적 기능들인 진리를 실험하고 생산하는 기능과 현상을 확인하고 인식하는 기능이 서로 겹쳐진다.

예를 들어 샤르코의 히스테리 환자들이 이러한 의학적 권력 지식의 효과로 인해 유기적인 질병의 관점에서 해독하고 인식하는 증상론을 재생산하는 기적이 일어난다. 이로 인해 의사는 과학적으로 인정될 수 있는 담론으로 기술記述할 수 있는 자료를 환자로부터 얻게 된다. 대표적인 사례로, 이러한 기능 전반을 가능하게 하는 권력 관계가 히스테리 환자들이 제공한 증상론 속에서 병적인 암시성으로 드러난다. 하지만 그 이후부터 권력 관계는 망각된 채, 모든 것은 인식 주체와 인식 대상 사이의 온갖 권력으로부터 정화된 인식의 명료함 안에서 전개된다.

그런데 19세기 말 정신과 의사의 권력을 폭력으로 간주해야 한다는 문제제기가 일어난다. 이와 더불어 정신의학의 이러한 과학적 평온함이 깨지고 정신의학의 커다란 개혁이 시도된다. 이 위기는 단지 인식의 영역에서 일어난 문제제기인 것만이 아니라, 역사적이고 정치적인 위기이기도 하다. 이미 위에서 언급한 가혹한 행위와 관련된 정신의학적인 실천뿐만 아니라, 정신의학적인 사상의 개혁이 이러한 권력 관계를 중심으로 발생한다. 푸코는 이런 점에서 병원이 된 공간에서 질병의 진리를 생산하는 의사를 비판적으로 의심하는 역할로 반反정신의학을 규정한다. 이런 관점에서 보면 현대의 정신의학 전반에 걸쳐 반정신의학이 이미 관통하고 있었다는 점이 명백히 드러난다.

다만 이때 인식론적인 역사 관점과 정치적인 역사 관점을 가지고 이러한 반정신의학 운동과 탈脫정신의학을 구분해야 한다. 인식론적인 역사 관점에서 보면 탈정신의학 운동은 두 가지 형태로 나타난다. 한 형태는 기존의 정신의학이 진리를 생산하는 역할을 부정하는 것이다. 다른 한 형태는 진리의 생산과 의학적 권력을 상호 적응시키려고 시도하는 것이다. 그러나 이 두 가지 형태의 탈정신의학은 의학적 권력을 보존한다는 점에서 이 권력을 문제 삼고 정신병원이라는 공간 안에서 그 제도와 싸우는 반정신의학과는 다르다.

실제로 샤르코의 충격 직후에 일어난 탈정신의학 운동은 일종의 파스퇴르화된 정신의학이다. 정신외과(신경외과)와 약리pharmacologique적인 정신의학이 이의 대표적인 형태이다. 이것은 의사의 권력을 문제로 삼는 대신에, 샤르코의 무분별함으로 인해 남용된 의학적 권력의 본래적인 효과를 회복하려고 한다. 이를 위해 이 권력을 더 정확한 인식으로 옮겨 놓으려고 한다. 진단과 치료, 즉 질병 본성에 대한 인식과 이 증상들의 제압을 서로 연결시키려고 한다. 이제 정신병원은 의학적 권력을 엄격하게 유지하면서도 광기 그 자체를 대면할 필요가 없는 조용한 장소가 된다. 이것이 살균된 무無증상의 탈정신의학이다.

이와는 정반대로 또 다른 형태의 탈정신의학은 의사와 환자 사이의 권력 관계가 광기에 대한 진리 생산에 적합하도록 이러한 권력 관계를 통제하려고 시도한다. 이러한 사례로 사적인 상담의 규칙, 의사와 환자의 자유로운 접촉의 규칙, 모든 그러한 관계의 효과를 담론 자체의 수준으로 제한하는 규칙, 담론 자유의 규칙을 들 수 있다. 그 대표적인 형태는 정신분석학이다. 정신분석학은 정신의학이 지닌 과잉 권력의 역설적인 효과를 제거하기 위해 정신병원이라는 공간 밖으로 나가는 것이 아니다. 진리 생산이 그 권력에 정확히 적합하도록 배치된 공간 안에서 진리를 생산하는 의학적 권력을 재구성하려고 한다. 이러한 적합성을 인식의 형태로 사유하는 방식이 치료의 본질적인 과정인 전이le transfert 개념이다. 환자는 돈을 지불하는 대가로 의사에 대한 전이를 현실적으로 보증을 받는다. 이렇게 함으로써 진리 생산이 의사의 권력을 전복할 수 있는 반反권력이 될 가능성이 예방된다.

또한 정치적인 역사의 관점에서 보면 반정신의학은 기존의 정신의학적인 권력 관계를 전복顚覆하고자 한다. 19세기 초에 세워진 거대한 정신병원은 환자의 감금을 요구하는 공공 질서의 요구와 광인의 착란 예방, 즉 치료의 필요 사이의 조화에 의해 정당화된다. 이 제도와 관련한 권력 관계의 분배와 메커니즘이 반정신의학으로부터 항상 공격 대상이 된다. 반정신의학은 진단과 치료를 위해 정화된 장소로 감금하는 정신의학의 행태에서 제도적 관계에 고유한 권력 관계를 본다.

이런 이유로 반정신의학은 이러한 권력 관계를 그 근본적인 중심 문제로 지적한다. 왜냐하면 권력 관계가 정신의학적 실천의 역사적인 조건으로서의 선험a priori이기 때문이다. 우선 권력 관계는 광기에 대한 비非광기의 절대적인 권리를 함축하고 있다. 그래서 이러한 권리가 갖게 된 권력은 광기를 과학적 의학의 가능한 인식 대상으로 구성하고 이를 질병으로 형성한다. 그와 동시에, 이 질병에 걸린 '주체'를 광인으로 낙인찍고 그의 광기와 관련된 모든 지식과 권력을 그로부터 박탈한다. '고전적인' 정신의학의 특징은 권력 관계가 인식을 낳고 이번에는 인식이 이 권력의 권리를 찾아주는 순환 구조이다.

반정신의학은 바로 이러한 권력과 인식의 순환을 폭로하면서 17세기에 시작해서 19세기에 완성된 광기의 의료화에 대해 광기의 탈脫의료화를 제시한다. 이런 점에서 반정신의학은 광기의 과잉 의료화에서 기인한 정신분석 및 정신약리학과 같은 탈정신의학과는 본질적으로 다르다.

반정신의학의 이러한 문제제기와 더불어 과학적인 인식이 되어 버린 권력 지식의 특정한 형태(정신의학)로부터 광기를 자유롭게 하는 가능성의 문제가 단번에 대두된다. 즉 이러한 인식 관계와는 다른 형태로 광기의 진리를 생산하는 가능성의 문제가 열린다. 그러나 이는 유토피아에서나 가능한 허구적인 문제이다. 실제로 그 문제는 탈정신의학의 수행 속에서 규정상 인식 주체인 의사의 역할과 관련하여 일상생활에서 구체적으로 제기되고 있다.

이와 같이 근대의 정신의학 역사를 다루면서 그 문제점을 폭로하는 것이 푸코가 제시한 정신의학의 계보학이다. 정신의학의 계보학은 이성과 합리성이라는 현대의 구체적이지만 일반적인 문제를 제기한다. 이런 이유로 푸코에 따르면 현대의 지식인은 자신의 구체적인 특수한 삶의 영역에서 자신도 그 안에 존재하는 진리의 통치 체제régime와 싸워야 하는 전문가들이다. 예를 들어 원자핵 물리학자나 정신의학자 등이 있다. 왜냐하면 지식인이 활동하고 있는 지식과 담론도 권력 효과에서 자유로울 수 없기 때문이다. 그런데 푸코는 사망하기 전년도인 1983년에 행한「스테판 리긴스와의 인터뷰Michel Foucault, an Interview with Stephen Riggins」에서 정신의학에 대항하는 반정신의학을 주장하려는 것이 아니라, 정신의학의 민낯을 고문서를 통해 드러낼 뿐이라고 말한다. 그래서 별도로 행동 방향이나 규칙을 제시하지 않고, 변화시키려는 노력은 독자 스스로 주체적으로 하기를 바란다고 한다.

역사비판이자 주체화의 존재론인 계보학

◇ ◇ ◇

푸코는 앞에서 언급한 정신의학이나 감옥과 관련하여 계보학적인 역사를 쓰면서 동시에 계보학적 방법론을 정교하게 제시한다. 그가 이러한 작업을 구체화한 논문이 1971년에 발표한 「니체, 계보학, 역사」이다. 이에 의하면 계보학적 역사는 전통적인 역사와 다르다. 전통적인 역사는 절대적 기원^{Ursprung}의 신성함을 강조하는 데 반해, 계보학적 역사는 '다른 시작'도 가능한 우연한 유래^{Herkunft}를 의미한다.

계보학과 고고학에 대한 비교를 다시 반복해 본다. 고고학이 주로 진리와 지식의 차원에서 담론 구성체의 체계와 그 담론의 내적인 변형 과정을 다루는 데 반해, 계보학은 담론이 어떻게 권력에 의해 효과

장자의 눈으로 푸코를 읽다

적으로 형성되고 있는가를 취급한다. 계보학은 담론의 형성을 권력/지식 관계의 영역 안에서 파악하려고 한다. 이를 위해 계보학은 역사적 기념물에서 홀대받고 무시당해 온 것을 탐구한다. 계보학은 역사의 시작을 '하찮고 복잡하고 우연한 것'으로 생각하기 때문에 '순수하고 근원적인 기원'에 대한 추구를 거부한다.

또다시 반복하자면 푸코의 비판은 우선 보편적 인식과 가치의 형식적 구조를 찾고자 하는 칸트의 초월론 철학과 후설의 현상학을 거부하고 역사비판적 태도를 취한다. 이 비판은 그 목적 지향에 있어서는 계보학적이며 그 방법에 있어서는 고고학적이다. 고고학은 담론들을 다양한 역사적 사건들로서 취급하고 계보학은 현재의 우리가 존재하는 모습으로 우리를 만들어 온 우연성으로부터 다른 방식으로 존재할 가능성을 구별해 내려고 한다. 비판은 형이상학을 과학으로서 근거지으려고 하는 것이 아니라 자유라는 과업을 실현하고자 한다.

이런 이유로 푸코는 「자기의 테크놀로지Technologies of the Self」에서 계보학을 다른 방식으로 존재할 가능성을 찾기 위해 오히려 현재의 물음으로부터 분석을 시작하는 것으로 규정한다. 이를 「계몽이란 무엇인가」에서는 다음과 같이 표현한다. "나는 우리 자신의 비판적 존재론에 고유한 철학적 에토스를, 우리가 넘어설 수 있는 한계에 대한 역사비판적 실험이자 자유로운 한에서 우리 자신에 대한 우리 자신의 작업으로 특징지을 것이다." 이런 점에서 고고학과 계보학 모두 단순한 역사 서술 방식도 아니고, 데카르트나 칸트식의 고독한 선험적인 주체 정립도 아니다. 현대 사람들의 에토스를 바꾸는 실험인 실존의 미학으로써 새로운 주체를 세우려는 역사비판 존재론인 것이다.

이로써 푸코의 계보학은 단순히 인식론적인 방법론이 아니라 새로운 주체화를 위한 비판적인 존재론임이 드러난다. 그의 계보학은 과학철학도 아니고 칸트적인 초월론 철학도 아니고 헤겔식의 목적론적 역사 변증법도 아니다. 그는 스스로 자신의 철학을 역사비판 존재론이라고 규정한다. 그러므로 계보학이란 니체에 뿌리를 두고 있음을 보여 준 역사비판 존재론의 다른 이름일 뿐이다. 이러한 계보학은 정신의학의 정치적이고 법률적인 차원을 검토하면서 권력의 계보학 형태로 나타나 결정적으로 『감시와 처벌』에서 그 본격적인 형태에 도달한다. 이후 그가 이처럼 권력의 축에서 다룬 정신의학과 감옥의 계보학은 윤리의 축에서 다룬 『성욕의 역사』 2권인 『쾌락의 활용 *L'usage des plaisirs*』에서부터 윤리적 주체의 계보학으로 전환된다.

장자의 눈으로 푸코를 읽다

5장

양생술은

자기 테크놀로지이다

푸코는 구조주의적인 언어로 '인간의 죽음'을 선언한다. 하지만 구조주의적 언어를 사용하면서도 여전히 새로운 주체의 가능성을 포기하지 않는다. 자신의 후기 주제인 '자기 돌봄적인 수양le soucie de soi'을 통해 자기를 예술작품으로 다듬어 가는 실존의 미학을 제시한다.

푸코는 자기 수양(장자의 양생술)을 통해 코기토나 초월론적인 통각과 같은 동일성의 주체를 전제하지 않으려고 한다. 동시에 들뢰즈의 말처럼 비非동일적인 주체의 가능성을 제시하려고 한다. 이와 더불어 '생각하는 의식적 주체'로부터 '충동하는 주체'로의 변형 가능성이 대두된다.

주체는 충동하는 주체로서 이성 못지않게 광기를 포함하고 있다. 광기는 주체의 질병이 아니라 주체에 내재한다. 따라서 이성으로 광기를 치료할 수 없다. 거꾸로 광기가 이성이라는 질병을 치료할 가능성은 있지 않은가? 푸코는 니체의 디오니소스를 현대의 가장 정교한 아폴론적인 언어 방식을 통해 부활시킨 것으로 간주될 수 있다. 여기서 주체적인 낭만주의를 고전주의로 가장한 푸코의 모습이 떠오른다.

푸코의 주체 계보학을 낭만주의와 고전주의 이분법, 즉 '계몽의 협박'에 굴복하지 않고 바라볼 수는 없는가? 그것은 하이데거의 안티 휴머니즘을, 다시 비판적이고 실천적이면서도 겸손한 주체의 변형으로 전개한 것으로 볼 수는 없는가? 안티 휴머니즘은 인간 중심적인 휴머니즘에 익숙한 서구인들에게는 비굴하게 보일 수 있다. 그러나 푸코가 후기에 시도한 자기 돌봄적인 수양이라면 겸손하면서도 단순히 존재의 도구가 아닌 인간 주체화의 가능성이 있지 않을까?

이에 대해 푸코는 「스테판 리긴스와의 인터뷰」에서 다음과 같이 말한다. "내 문제는 나의 고유한 변형이다." 그는 다시 반문한다. "자신의 고유한 지식에 의한 자기 변형은 미학적 체험에 가깝다. 화가가 그림에 의해 자기를 변화시키지 않는다면 왜 그가 그림을 그리는 것일까?" 마찬가지로 푸코에게 철학적인 작업이란 지금 우리가 말하고 있는 객관적이고 과학적인 진리, 즉 진리에의 의지를 추구하는 것이 아니라, 자기 돌봄적인 수양을 통해 실상[道, the Real]을 인식함으로써 우리 자신을 변화시키는 것이다.

푸코가 던진 '실존의 미학'으로서의 주체의 변형이라는 주제는 니체의 자기 수양으로서의 실험 정신과 장자의 양생술과 동일한 철학적인 기풍을 지니고 있다. 우리는 니체를 매개로 해서 장자의 양생술과 푸코의 자기 테크놀로지를 연결해서 이해할 수 있다. 니체가 제시한 관점의 전환과 가치의 전도, 이로부터 생겨난 운명애와 위대한 건강은 주체의 변형으로서의 위대한 스타일로 구현된다. 이는 장자의 안명安命 및 진인眞人이 되기 위한 양생술과 동일한 스타일을 보여 준다. 또한 푸코는 니체를 이어받아 자기 수양인 실존 미학으로서의 자기 테크놀로지를 주창한다. 이렇게 니체를 통해 푸코와 장자는 연결된다. 다시 말해서 니체, 장자, 푸코는 동일한 철학적인 기풍에 속한다.

정신의학의 계보학으로부터
윤리적 주체의 계보학을 향해서

1982년 푸코가 행한 세미나인 「자기의 테크놀로지Technologies of the Self」에 따르면 25년 이상 계속해 온 연구 목표는 서구 문화에서 인간이 자기 자신에 관한 지식을 개발하는 여러 방식들(경제학, 생물학, 정신의학, 의학, 형법학)에 관한 역사를 그려 보는 것이다. 요점은 이런 지식들을 액면가로 받아들이는 것이 아니라, 인간이 자신을 이해하는 데 사용하는 특정한 테크놀로지와 관련된 특정한 '진리 게임'으로 이 학문들을 분석하는 것이다.

이러한 맥락에서 보면 이 테크놀로지는 크게 네 개의 범주, 즉 생산

장자의 눈으로 푸코를 읽다

의 테크놀로지, 기호 체계의 테크놀로지, 권력의 테크놀로지, 자기의 테크놀로지로 나뉜다. 이 각각의 범주는 '실천 이성의 복합체'를 가리키며 동시에 서로 연관되어 작용한다. 이들 가운데서 생산과 기호 체계의 테크놀로지는 기존의 과학들과 언어학이 주로 탐구했다. 반면에 권력(타인에 대한 지배)과 자기의 테크놀로지는 푸코 자신의 본래 관심사이다. 원래 그의 희망은 "지배와 관련된 것 및 자기와 관련된 것 전부와 연관해서 지식의 조직체에 관한 역사"를 쓰는 것이었지만, 그동안 지배와 권력의 테크놀로지에 지나치게 몰두했다고 고백한다.

하지만 푸코의 진정한 관심사는 자기 자신과 타인 사이에서 작동하고 있는 상호작용이다. 예를 들어, 그는 광기를 공식적인 과학들의 관점으로부터 다룬 것이 아니다. 광기에 관한 지식의 조직체라는 특이한 담론에 의해 정신병원 안과 밖에서 개인들에 대하여 어떤 방식의 관리가 가능해졌는지를 보여 주려고 시도한다. 실제로 그가 '통치성'이라고 부른 용어는 타인에 작동하고 있는 지배 테크놀로지와 자기 테크놀로지의 이러한 우연한 만남을 가리킨다. 이 세미나에서 푸코의 관심사가 중기의 권력 축에서 후기의 윤리 축으로 넘어가는 과정이 잘 드러나고 있다.

데카르트의 '생각하는 자아cogito'는 근대적인 주체의 원형이자 모델이다. '생각하는 자아'는 의식적인 주체로서 결국 유아론唯我論에 빠진다. 유아론의 결정적인 한계는 인간의 경험적인 의식에 나타나지 않는, 칸트적인 의미에서 인식 불가능성으로서의 '사물 자체'이다. 사물 자체가 유아론의 한계이다. 독일 관념론은 이 한계를 절대성이라는 개념을 가지고 극복해 보려고 시도한다. 이러한 시도는 헤겔이 제시한 개념과 현존의 통일이자 구체적 보편으로서의 절대 이념에서 그 정점에 도달한다. 이 절대성에서 벗어나 개별적인 실존을 강조하면서도 의식적 주체의 유아론에 빠지지 않으려는 시도가 헤겔 이후의 니체와 키르케고르적인 '삶의 철학'이다.

이런 사상사의 흐름 속에서 프로이트가 발견한 무의식은 의식적인 주체를 결정적으로 해체하는 계기가 된다. 하이데거는 이러한 주체 해체를 '세계 내에 존재'하는 현존재Dasein를 통해 반反데카르트적인 안티反 휴머니즘으로 정식화한다. 그 이후 구조주의와 탈구조주의로서의 포스트모던 철학이 '인간의 죽음'(푸코)을 선언한다. 푸코는 이러한 구조주의적 언어를 사용하면서도 여전히 새로운 주체의 가능성을 포기하지 않는다. 그는 자신의 후기 주제인 '자기 돌봄적인 수양le soucie de soi'을 통해 자기를 예술작품으로 다듬어 가는 실존의 미학을 제시한다.

푸코는 이러한 자기 수양(장자의 양생술)을 통해 코기토나 초월론적인 통각과 같은 동일성의 주체를 전제하지 않으려고 한다. 동시에 들뢰즈의 말처럼 비非동일적인 주체의 가능성을 제시하려고 한다. 이와 더불어 '생각하는 의식적 주체'(모든 경험의 통일성을 보장하는 동일적인 근거로서의 주체)로부터 '충동하는 주체'(비동일적인 주체)로의 변형 가능성이 대두된다. 지젝의 『신체 없는 기관Organs Without Bodies』에 따르면 이러한 주체는 이성적인 것으로서 광기에 위협을 받는 실체가 아니다. 주체는 충동하는 주체로서 이성 못지않게 광기를 포함하고 있다.

광기는 주체의 질병이 아니라 주체에 내재한다. 따라서 이성으로 광기를 치료할 수 없다. 거꾸로 광기가 이성이라는 질병을 치료할 가능성은 있지 않은가? 푸코는 니체의 디오니소스를 현대의 가장 정교한 아폴론적인 언어 방식을 통해 부활시킨 것으로 간주될 수 있다. 주체적인 낭만주의를 고전주의로 가장한 푸코의 모습이 떠오른다.

이러한 비판은 주로 지젝이 들뢰즈와 가타리의 안티 오이디푸스론에 대해 던진 것이다. 그는 『안티 오이디푸스』가 관념론적인idealist '경험비판주의empiriocriticism'가 아니면 비합리적인irrationalist '삶의 철학Lebensphilosophie'이라고 규정한다.(『신체 없는 기관』) 반대로 그는 인간 주체의 탈脫중심화에 기여한 프로이트의 정신분석학을 언어 구조 분석과 연결해서 새로운 인문과학을 제시하려고 한 라캉의 견해를 지지한다. 다시 말해서 주체에 관한 정신분석학적 통찰을 데카르트의 코기토와 연결해서 새로운 주체의 존재론을 제시하려고 한다. 언어(상징계)의 중요성을 강조하면서 푸코나 들뢰즈식의 낭만주의적 주체를 다시 고전주의에 편입시키려고 시도한다.

하지만 나중에 지젝 자신도 이러한 자신의 초기 시도를 상징적 질서의 우위에 둔 관념론적인 것이라고 비판한다. 동시에 그는 실재계the Real 속에 있는 괴물과 같은 과잉에 대한 응답으로 상징적 질서의 출현을 보는 견해가 진정한 유물론적인 해법이라고 주장한다.(『무너지기 쉬운 절대성The Fragile Absolute』) 후기 지젝의 시도도 푸코와 마찬가지로 다시 낭만주의를 고전주의로 위장하려는 것은 아닌가? 지젝의 비판과는 다르게 푸코의 주체 계보학을 낭만주의와 고전주의 이분법, 즉

'계몽의 협박'에 굴복하지 않고 바라볼 수는 없는가? 그것은 하이데거의 안티 휴머니즘을, 다시 비판적이고 실천적이면서도 겸손한 주체의 변형으로 전개한 것으로 볼 수는 없는가? 안티 휴머니즘은 인간 중심적인 휴머니즘에 익숙한 서구인들에게는 비굴하게 보일 수 있다. 그러나 푸코가 후기에 시도한 자기 돌봄적인 수양이라면 겸손하면서도 단순히 존재의 도구가 아닌 인간 주체화의 가능성이 있지 않을까?

이에 대해 푸코는 「스테판 리긴스와의 인터뷰」에서 다음과 같이 말한다. "내 문제는 나의 고유한 변형이다." 그는 다시 반문한다. "자신의 고유한 지식에 의한 자기 변형은 미학적 체험에 가깝다. 화가가 그림에 의해 자기를 변화시키지 않는다면 왜 그가 그림을 그리는 것일까?" 마찬가지로 푸코에게 철학적인 작업이란 지금 우리가 말하고 있는 객관적이고 과학적인 진리, 즉 진리에의 의지를 추구하는 것이 아니라, 자기 돌봄적인 수양을 통해 실상〔道, the Real〕을 인식함으로써 우리 자신을 변화시키는 것이다.

우리 사회에서 벌어지고 있는 진리의 정치경제학 및 투쟁하는 계보학적 역사가 모두 이런 주체성의 변화에 기여한다는 점에서 계보학적 문제제기는 언제나 구체적이지만 동시에 일반적이다. 계보학적 주체는 친親계몽인가 아니면 반反계몽인가의 잘못된 양자택일을 강요하는 '계몽의 협박'에 의해 규정될 수 없다. 따라서 낭만주의에 늘 따라다니는 비합리적인 보수성에서 벗어나 합리성과 비非합리성이라는 프레임과는 달리 자신과 사회가 진보적으로 변화할 수 있는 가능성을 제시한다.

장자의 눈으로 푸코를 읽다

푸코의 철학은 하버마스가 비판하듯이 청년 보수주의가 아니다. 6장에서 밝히겠지만 하버마스는 포스트모던 철학이나 해체론이 근대성을 전반적으로 비판하며 근대성의 해방력을 내버린다는 점에서 이를 젊은 보수주의라고 비판한다. 하지만 도리어 하버마스가 주체의 변형이라는 근본 주제를 놓치고 계몽의 협박에 빠진 것은 아닌가? 푸코가 던진 '실존의 미학'으로서의 주체의 변형이라는 주제는 니체의 자기 수양으로서의 실험 정신과 장자의 양생술과 동일한 철학적인 기풍을 지니고 있다. 우리는 니체를 매개로 해서 장자의 양생술과 푸코의 자기 테크놀로지를 연결해서 이해할 수 있다.

니체의 운명애와 수양으로서의 실험

◇ ◇ ◇

『우상의 황혼*Götzen_Dämmerung*』에 의하면 니체에게 삶이란 수양하고 단련하는 일종의 사관학교이다. 이런 주체의 변형이라는 자기 테크놀로지라는 관점에서 보면 아이러니하게도 육체적 고통을 겪는 환자가 지성이 흐려지지 않는다면 명확한 인식을 획득한다는 긍정적인 결과가 야기된다. 무서운 병고에 시달린 대가로 그는 기존과는 새로운 빛속에서 냉철하게 세계를 바라보게 된다. 그는 여태까지 편안하고 따뜻했던 세계와 가장 고귀하고 가장 사랑스러웠던 환상을 경멸로 상기하며 고통이라는 전제군주에 대항하며 도리어 삶을 긍정한다.(『아침놀 Morgenröte』)

장자의 눈으로 푸코를 읽다

마찬가지로 『바그너의 경우*Der Fall Wagner*』에 따르면 "질병 자체는 삶의 자극제가 될 수 있습니다. 단, 사람들이 이 자극제를 이겨낼 정도로 충분히 건강해야 합니다!" 이러한 인식의 변화는 마치 뱀이 허물을 벗는 것과 같다. 『아침놀』에 의하면 "허물을 벗을 수 없는 뱀은 파멸한다. 의견을 바꾸는 것을 방해받는 정신들도 이와 마찬가지이다." 그렇다면 니체에게 철학이란 무엇인가? 철학은 근본적으로 개인이 건강해지는 방법에 관한 본능이다. 그런데 "모든 치료는 서서히 그리고 미세하게 행해진다." 왜냐하면 만성적인 육체의 질환과 마찬가지로 만성적인 영혼의 질병은 무수한 사소한 소홀함이 쌓여서 일어나기 때문이다. 그래서 이러한 사소한 습관의 변화가 결국 영혼의 치유로 이어진다.

니체는 『우상의 황혼』에서 전통 철학과 종교에게서 질병을 본다. 이것들은 본능이나 충동에 대적하는 삶이며 그래서 일종의 질병인 것이다. 이런 측면에서 보자면 이성을 폭군으로 만든 소크라테스도 일종의 오해이며, 신을 삶의 적대자로 만든 기독교 도덕도 일종의 몰이해인 것이다. 다시 말해 소크라테스도 진짜 의사나 구원자가 아닌 것처럼, 기독교 교회도 마찬가지로 아닌 것이다. 한마디로 유럽 철학이나 종교는 병든 상태이다.

그런데 니체에 의하면 질병으로 인해 삶이 허약해지는 것이 아니다. 도리어 질병은 삶의 허약성의 결과인 것이다. 다시 말해서 "그가 병들었다는 것, 그가 질병을 견뎌 내지 못했다는 것은 이미 퇴락해 버린 삶의 결과이며, 권력의 소진이 유전된 결과이다." 이런 이유로 염세주의나 허무주의는 이미 나약해진 삶의 표현인 것이다. 그래서 니체는 단언한다. 전염성을 지녔음에도 불구하고 "염세주의 자체는 단한 사람의 데카당(퇴폐주의자)도 더 만들어 내지 않는다." 이런 이유로 니체는 질병에 걸린 무의미한 삶과 전통 사상이나 관습을 두려워하지 않는다. 그는 오히려 현실 앞에서 비겁한 태도를 지닌 채로 이상理想으로 도망친 플라톤을 신랄하게 비판한다.

니체의 『이 사람을 보라Ecce Homo』에 따르면 전통 철학과 종교는 병적인 원한 감정에 사로잡혀 있다. '자기 테크놀로지'로서의 '실존의 미학'을 결여하기 때문에 생겨난 원한은 일종의 병든 상태이다. "병들어 있다는 것이나 약하다는 것을 어떤 이유에 의거해서든 누군가가 진정으로 정녕 반대해야 한다면, 이것은 그에게 진정한 치유 본능, 즉 인간 안에 있는 저항과 공격 본능이 쇠퇴해 간다는 것을 의미한다." 이런 식의 병든 자는 러시아적인 '무저항의 숙명론'을 유일한 처방으로 가지고 있다. 이러한 숙명주의는 일종의 우상에 굴복하고 오류에 순응하는 태도이다. 서양 근대의 도덕적 양심을 대표하는 칸트를 니체는 백치白痴라고 부른다. 왜냐하면 칸트가 제시한 의무론은 "데카당스로 향하게 하는, 백치로 향하게 하는 처방전"일 뿐이다. 그 이유는 칸트가 제시한 보편타당한 선善 그 자체란 삶의 몰락과 소진을 표현하는 망상이기 때문이다. 반면에 불교가 추구하는 '원한으로부터의 해방'이 회복에 이르는 첫걸음이다.

그런데 『우상의 황혼』에 의하면 불교적인 동정同情, 즉 자비의 문제점은 "이 세상의 고통을 증대시킨다"는 점이다. 인류의 의사는 이 동

장자의 눈으로 푸코를 읽다

정심을 조심해야 한다. 결정적인 순간에 동정심은 그 의사를 마비시키고 그의 지식과 손을 구속할 것이기 때문이다.(『아침놀』) 결국 무저항의 숙명론 및 불교와는 다른 치유책이 니체가 제시한 '운명애運命愛'이며 '자비 극복'이다. 운명애는 자신에 대한 것이며 자비 극복은 타인에 관한 것이다.

숙명론과 자비를 극복하려면 '관점의 전환'이 필요하다. 장자로 말하면 '우물 안 개구리'나 '일곡의 선비'에서 벗어나는 것이다. 관점의 전환은 우선 주체의 해체부터 시작된다. 『유고(1885년 7월~1887년 가을)』에 의하면 "주체는 정말 하나의 허구에 불과하다: 이기주의가 비난받을 때 말해지는 자아란 전혀 존재하지 않는다." 주체를 허구로 인식하게 되면 사물들 사이의 인과관계 및 원자라는 원인도 사라지게 된다. 원자의 세계는 항상 주체를 전제로 한다. 왜냐하면 "우리는 주체를 모형으로 삼아 사물성을 고안해 내고, 이것을 감각의 혼란에 넣어 해석"하기 때문이다.

이와 같이 법칙과 원자가 사라지는 동시에 사물 자체도 사라지면서 현상과의 대립도 유지되지 않는다. 사물 자체란 주체 그 자체에 대한 구상이기 때문이다. 이 대립이 사라지게 되면 현상이라는 개념도 없어진다. 다시 말해서 작용을 가하는 주체와 작용을 받는 객체라는 개념을 포기하면 실체라는 개념도 없어진다. 그러면 그 실체의 다양한 변형태들인 물질, 정신, 질료의 영원성과 불변성도 가설로 전제할 필요가 없게 된다. 이런 실체의 관점을 버리면 세계는 일종의 거짓이 된다. 그러면 도덕 자체도 이 세계의 일부이므로 거짓이 된다.

이와 같이 주체의 해체와 실체의 해체와 더불어 기성의 도덕과 관련해서 가치의 전환이 일어나기 시작한다. 이를 더욱 완성하기 위해 니체는 실험적인 노력을 통해, 신체적인 질병을 직접 겪으면서 자기의 테크놀로지를 익힌다. 『이 사람을 보라』에 따르면 "포착하고 파악하는 저러한 세공술, 뉘앙스에 대한 저러한 감지력, '구석을 찔러 보는' 저러한 심리학, 그밖에 내게 고유한 것 전부를 그때 배웠다." 심지어 그는 이러한 특성들을 질병에 걸린 시간의 '선물'이라고까지 표현한다. 이러한 관점 전환을 얻게 된 것은 자신의 오랜 연습과 진정한 경험의 덕택임을 그 스스로 강조한다. "이제 나는 지금 마음대로 관점을 전환할 수 있으며 그러한 도구를 가지고 있다. 이 점이 왜 오로지 나에게만 '가치의 전환'이 도대체 가능할 수 있는지에 관한 제일의 이유이다."

니체는 이러한 관점 전환으로 가치 뒤집기(전도)를 하게 된다. 이를 통해 니체는 자신의 오랜 질병으로부터 생겨난 원한Ressentiment 감정에서 해방되고, 원한의 진상을 규명하게 된다. 원한 감정을 극복하고 자신의 운명에 대한 무저항의 숙명론과 타인에 대한 불교적인 자비를 넘어선 니체의 위대한 공식이 생겨난다. 그 공식의 이름은 앞서 말했듯이 운명애amor fati이다. 니체는 운명애에 대해 『즐거운 학문』에서 다음과 같이 말한다. "아니다. 삶은 나를 실망시키지 않는다! 해가 거듭될수록 나는 오히려 나의 삶이 더욱 진실해지고, 더욱 원할 만한 가치가 있고, 더욱 비밀스러워진다는 것을 알게 된다. 위대한 해방자가 나를 압도한 그날부터 그렇다. 그러한 사상은 삶이 인식하는 자의 실험일 수는 있어도, 의무^{Pflicht}도 아니고 불운^{Verhängniss}도 아니며 사기 ^{Betrügerei}도 아니라고 한다!"

운명애란 결국 삶에 대한 긍정이다. 니체의 운명적인 삶의 과제는 진리로서의 존재, 통일성, 목적이 허구가 되는 동시에 이로부터 생겨난 허무주의의 도전에 맞서는 것이다. 그는 허무주의의 질병에 맞서 삶에 대한 긍정의 윤리학을 내세운다. 긍정 윤리학의 궁극적인 태도는 삶의 무한한 고통을 수동적으로 받아들이기만 하는 것이 아니라 도리어 포용하면서 감사하고 축복으로 여기는 것이다.(버나드 레진스터$^{\text{Bernard Reginster}}$, 『삶의 긍정$^{\text{The Affirmation of Life}}$』) 이러한 태도가 위대한 건강이다. 위대한 건강은 자신의 고통에 대해서는 운명애의 자세를 취하고, 타인의 고통에 대해서는 연민의 극복을 추구한다.(안토이네 파나이오티$^{\text{Antoine Panaïoti}}$, 『니체와 불교 철학$^{\text{Nietzsche and Buddhist Philosophy}}$』)

앞서 『바그너의 경우』에서 인용한 것처럼 니체는 자신의 가장 큰 체험을 질병의 치유라고 말한다. 바그너와 쇼펜하우어도 자신이 걸린 질병들이라고 본다. 이런 질병들은 유용한 오류이다. 이러한 오류에 굴복하는 이유는 정신의 비겁함 때문이다. 그래서 니체는 『유고(1888년 초~1889년 1월 초)』(『권력에의 의지$^{\text{Der Wille zur Macht}}$』의 비판본)에서 "인식의 모든 성과는 용기에서" 나온다고 본다. 용기를 가지고 '실험 철학'을 감행한다는 것은 관점의 전환과 가치 전도를 수행하는 것을 의미한다. 실험 철학은 부정에 멈추는 것이 아니라, 제외나 예외 없이 "있는 그대로의 세계에 대한 디오니소스적인 긍정$^{\text{die dionysischen Jasagen}}$"에 도달하기를 의지한다. 니체에 의하면 "한 철학자가 도달할 수 있는

최고의 상태는 실존에 대하여 디오니소스적으로 서는 것이다." 이것
에 대한 니체의 공식이 앞서 언급한 운명애인 것이다. 삶의 디오니소
스적인 긍정은 지금까지 부정되었던 실존의 측면들을 필연적인 것으
로 파악할 뿐만 아니라 그 자체로 소망할 만한 것으로도 파악하는 것
이며, 더 나아가 여태까지 오로지 긍정되었던 실존의 측면들을 "낮게
평가하는 것"(해체하기)도 포함한다.

『선악을 넘어서Jenseits von Gut und Bose』에 따르면 운명애를 느끼고 연
민과 동정을 극복하는 태도는 모두 냉철한 '거리 두기의 파토스Pathos
der Distanz'에 뿌리를 두고 있다. 니체식으로 말하면 진실은 언제나 가
혹한 법이다. 하지만 이 거리 두기의 파토스가 있기에 '인간'이라는 유
형의 고양高揚이 가능한 것이다. 다시 말해서 초超도덕적인 의미를 도
덕적인 공식으로 표현한, '인간의 지속적인 자기 극복Selbst_Überwindung'
이 존재하게 된다.

거리 두기의 파토스로 인해 다양한 관점으로 동일한 사태를 바라보
는 것이 가능해진다. 관점주의는 우물 안 개구리처럼 특정한 관점을
절대화하는 오류를 범하거나 어떤 사태의 진실을 궁극적으로 알 수
없다는 극단적인 상대주의적 회의주의에 빠지는 것이 아니라, 하나
의 사태를 다양한 관점으로 봄으로써 그 사태 전체를 다채롭게 파악
할 수 있다.(야니스 콩스탕티니데스Yannis Constantinidès, 『유럽의 붓다, 니체
Nietzsche L'eveille』)

삶의 부정에서 삶의 긍정으로 관점을 바꾸고, 실체 이원론에 빠진
독단주의적인 기존의 철학과 종교 및 도덕의 가치를 전도함으로써 새

롭게 탄생한 '이름 없는 자[無名人]'들은 새로운 목적에 맞게 새로운 수단인 '위대한 건강'을 필요로 한다. 이처럼 니체의 관점의 전환과 가치의 전도는 노자와 장자의 '무명無名' 및 비트겐슈타인과 선불교의 '침묵'과 동일한 정신을 지니고 있으며, 니체의 자기 테크놀로지로서의 위대한 건강은 장자의 양생술과 동일한 에토스를 지니고 있다.

『선악을 넘어서』에 따르면 위대한 건강이란 "기존의 어떤 건강보다 더 강력하고 더 영리하며 더 힘차고 더 대담하며 더 유쾌한 새로운 건강"을 의미한다. 그가 말하는 위대한 건강은 고통과 질병을 회피하는 것이 아니라 이를 기꺼이 받아들이고 여기로부터 생명력을 증대시키는 것을 말한다.(콩스탕티니네스, 『유럽의 붓다, 니체』)

니체의 유명한 유고는 『권력에의 의지』이다. 하지만 조작의 우려 때문에 이에 대한 비판본으로 『유고(1887년 가을~1888년 3월)』와 『유고(1888년초~1889년 1월초)』가 있다. 이에 따르면 니체에게 삶은 어떤 것의 수단이 아니라 "권력의 증대 형식들에 관한 표현"이다. 상승하는 삶에의 의지는 권력에의 의지를 말한다. 삶은 권력에의 의지의 개별 사례인 것이다.

이와는 다른 측면에서 니체에게 근대 역학은 권력에의 의지의 결과에 대한 기호론일 뿐이다. 그래서 니체는 힘을 연구하는 물리학의 기계론적 역학이 전제하는 존재의 제일 원인으로서 물질, 원자, 압력, 충돌을 해석에 의한 허구적인 것으로 간주하며, 근대 과학의 기계론적인 힘의 개념을 넘어서고자 한다. 그는 더 나아가 권력에의 의지 외에는 생리적인 힘, 역학적인 힘, 심리적인 힘도 존재하지 않는다고 단

언한다. 왜냐하면 더 많음을 추구하는 모든 추동하는 힘Kraft은 권력에
의 의지일 뿐이기 때문이다.

니체는 이런 이유에서 '존재의 가장 내적인 본성' 또는 '존재하는 것
자체'를 권력에의 의지라고 규정한다. 또한 권력에의 의지는 가장 기
본적인 감정 형식이기 때문에 이로부터 파생되는 다양한 감정들로 세
계를 해석하는 인식론의 원리가 되어 진리의 세계와 가상의 세계 둘
다를 비판하는 근거가 된다.

반면에 생성적인 삶을 가상이라고 부정하는 진리, 현실, 존재는 최
고 가치도 아니며 최고의 권력도 아니다. 그러므로 진리에의 의지, 현
실에의 의지, 존재에의 의지는 거짓된 특성들을 고정시켜 영속적인
것으로 만들고, 이런 특성들을 은폐시키면서도 참되게 존재하는 것으
로 재해석한다. 그래서 이런 의지들보다 가상에의 의지, 환상에의 의
지, 착각에의 의지, 생성과 변화(창조)에의 의지가 더 심층적이며 더
근원적인 것이다.

마찬가지로 쾌락에의 의지가 고통에의 의지보다 더 근원적인 감정
이다. 고통받는 자의 구원은 고통이 위대한 황홀의 형식이 되는 길 위
에 있다. 이러한 구원은 극도의 고통을 제거하지 않은 채로 실존을 긍
정하는 최고의 상태인 '비극적이고 디오니소스적인' 상태에서 이루어
진다.

여기서 말하는 비극은 쇼펜하우어가 잘못 제시한 그리스인들의 염
세주의와는 거리가 멀다. 비극은 오히려 염세주의에 대한 대립자로
서 공포와 동정을 넘어 파괴를 포함하는 생성과 창조의 영원한 기쁨

장자의 눈으로 푸코를 읽다

을 즐기기 위한 것이다. 디오니소스적인 것은 바로 이 비극으로 가는 다리이다. 디오니소스는 지상에서의 삶을 부정하는 십자가에 달린 자(예수 그리스도)와는 정반대이다. 디오니소스는 삶에 대한 긍정, 더 나아가 삶의 가장 낯설고 가장 가혹한 문제들에 대한 긍정, 한마디로 부정 속에서 긍정의 환희를 느끼는 삶에의 의지이다. 요약하자면 '십자가에 달린 신'은 삶에 대한 저주이지만 반대로 디오니소스는 '삶에 대한 약속'이다. 즉 그는 "영원히 다시 태어나고 파괴로부터 다시 되돌아온다."

이렇게 삶의 긍정자로서의 디오니소스는 '영원 회귀'의 교사이다. 영원 회귀는 외견상의 인과성, 합목적성, 필연성의 가상을 제거한 생성 세계의 실존 방식이다. 영원 회귀는 모든 것에 관한 영원한 긍정 자체이다. 그런데 영원 회귀는 삶을 긍정하는 디오니소스에게는 일종의 과제이다. 단단한 망치로 삶에 적대적인 우상들을 파괴해야 하기 때문이다. 따라서 "디오니소스적인 과제를 위해서는 망치의 단단함과 파괴할 때의 기쁨 자체가 그 결정적인 전제 조건이 된다."

그 단단함이라는 망치로 삶에의 의지를 약화시키고 생명력을 감소시키는 도덕적인 형식주의와 이론적인 형식주의를 파괴해야 한다. 동시에 이와는 다른 형식, 즉 위대한 스타일(독일어 Stil, 영어 style, 한국어 양식이나 기풍)로 인간의 삶을 만들어야 한다. 『즐거운 학문*Die fröhliche Wissenschaft*』에 따르면 "한 가지가 필요하다. 자신의 성격에 '양식Stil을 부여하는 것', 그것은 위대하고 희귀한 예술이다." 다시 말해서 니체는 인간의 실존 자체에 실험적인 스타일(오이겐 핑크Eugen Fink, 『니체의 철학Nietzsche's Philosophy』)로서의 위대한 스타일을 부여하려고 한 것이다.

『유고(1887년 가을~1888년 3월)』에 따르면 나폴레옹은 고상한 인간과 두려운 인간이 필연적으로 함께 섞일 수 있음을 보여 주는 역사적인 사례이다. 괴테와 더불어 나폴레옹은 18세기에 대항하는 투쟁을 잘 보여 준다. 그에게서 "건강과 최고의 활동성으로의 총체성, 즉 행위에 있어서의 직선, 위대한 스타일der große Stil이 다시 나타난다." 행동의 위대한 스타일은 지배 충동으로서의 삶 자체의 본능을 긍정한다.

물론 니체는 '의지는 없다'고 하고 '권력에의 의지'는 있다고 하는 일견 모순된 주장을 한다. 하지만 이를 심층적으로 분석해 보면, 권력에의 의지는 실체로서의 주체가 없는 의지이다. 이 점은 관점의 전환의 시작점인 주체의 해체에서 알 수 있다. 다시 말하면 "권력에의 의지는 '의욕 없는' 의지, 곧 무언가를 하려는 '나'가 존재하지 않는 의지이다. 권력에의 의지에 대한 사상 속에서 니체는 '나는 의욕한다'라고 말하는 의지, 곧 개인적 의지에 대한 관념을 명백히 넘어서고 있다."
(귄터 볼파르트Guter Wohlfahrt, 『놀이하는 아이, 예술의 신-니체』)

니체가 제시한 관점의 전환과 가치의 전도, 이로부터 생겨난 운명애와 위대한 건강은 주체의 변형으로서의 위대한 스타일로 구현된다. 이는 장자의 안명安命 및 진인眞人이 되기 위한 양생술과 동일한 스타일을 보여 준다. 또한 푸코는 니체를 이어받아 자기 수양인 실존 미학으로서의 자기 테크놀로지를 주창한다. 이렇게 니체를 통해 푸코와 장자는 연결된다. 다시 말해서 니체, 장자, 푸코는 동일한 철학적인 기풍에 속한다.

장자의 눈으로 푸코를 읽다

양생이란 장수도 좋아하고 요절도 좋아하는 것이다

◇ ◇ ◇

장자의 양생술養生術은 본래적으로 보면 양생의 도술道術이다. 다시 말해서 단순히 양생의 기술(육체적인 건강)이 아닌 양생의 도(위대한 건강)를 터득하는 자기의 테크놀로지인 것이다.

『활쏘기의 선*Zen in der Kunst des Bogenschiessens*』의 저자인 오이겐 헤리겔Eugen Herrigel은 신칸트학파의 거장들인 빌헬름 빈델반트Wilhelm Windelband, 하인리히 리케르트Heinrich Rickert를 사사한 서양의 합리적인 학자이다. 그런 저자가 1920년대 일본으로 유학 가서 궁도의 명인 아와 겐조阿波研造의 지도로 무심하게 활을 쏘는 법을 배우며 선불교의 도를 깨쳤다. 그 책은 이러한 깨달음의 과정을 서술한 책이다. 합리적인 그는 직관적인 선불교에 논쟁적으로 접근하지만, 궁술弓術을 통해 궁도弓道를 터득하며 선불교를 이해하게 된다. 이 책은 1948년 독일에서 출간된 후 10여 개 이상의 언어로 번역되어 서양인들에게 선불교에 대한 관심과 매력을 알린 계기가 된다. 이처럼 동양철학에서 술術은 단순히 유용성과 효율성을 추구하며 사물을 조작하고 지배하는 서양적인 테크닉이 아니다. 주체의 변형을 위해 도道를 터득하는 기술이라는 점에서 도술道術이라고 하는 것이다. 이를 푸코는 자기의 테크놀로지라고 부른 것이다. 따라서 장자의 양생술은 푸코의 자기의 테크놀로지라고 볼 수 있다. 그 양생술이 문학적으로 아름답게 표현된 작품이 「양생주」의 '포정해우庖丁解牛'의 이야기에 나온다. 여기서 포정은 비록 소 잡는 백정의 신분이지만 양생의 도술을 터득한 달인으로 그려진다.

포정庖丁이 문혜군文惠君을 위해서 소를 잡는다. 손으로 쇠뿔을 잡고, 어깨에 소를 기대게 하고, 발로 소를 밟고, 무릎을 세워 소를 누른다. (이에 맞춰 칼 소리가) 휙휙 하고 울리며, 칼을 움직여 나가면 쐐쐐 소리가 나는데 모두 음률에 맞지 않음이 없었다. 상림桑林(상나라 탕왕의 음악)의 무용음악에 부합되었으며, 경수經首(황제가 짓고 요임금이 증보한 함지의 한 악장)의 박자에 꼭 맞았다.

문혜군이 말했다. "아! 훌륭하구나. 기술이 어찌 이런 경지에 이를 수 있는가!"

포정이 칼을 내려놓고 대답했다.

장자의 눈으로 푸코를 읽다

"제가 좋아하는 것은 도道인데, 이것은 기술에서 더 나아간 것입니다. 처음 제가 소를 해부하던 때에는 눈에 비치는 것이라고는 완전히 소의 모습이었습니다. 그런데 3년이 지난 뒤에는 소의 감각적인 모습이 보이지 않게 되었습니다. 지금은 제가 정신을 통해 소를 대하고, 눈으로 보지 않습니다. 감각기관의 지각 능력이 활동을 멈추고, 대신 신묘한 작용이 움직이면 자연의 결을 따라 커다란 틈새를 칩니다. 커다란 공간에서 칼을 움직이되 본시 그러한 바를 따를 뿐인지라, 경락經絡(힘줄)과 긍경肯綮(뼈와 살에 붙어 엉켜 있는 부분)이 조금도 방해하지 않는데 하물며 큰 뼈이겠습니까?"

"솜씨 좋은 백정은 일 년에 한 번 칼을 바꾸는데 살코기를 베기 때문이고, 보통의 백정은 한 달에 한 번씩 칼을 바꾸는데 뼈를 치기 때문입니다. 지금 제가 쓰고 있는 칼은 19년이 되었고, 그동안 잡은 소가 수천 마리인데도 칼날이 마치 숫돌에서 막 새로 갈아낸 듯합니다. 뼈마디에는 틈이 있고 칼날 끝에는 두께가 없습니다. 두께가 없는 것을 가지고 틈이 있는 사이로 들어가기 때문에 넓고 넓어서 칼날을 놀리는 데 반드시 남는 공간이 있게 마련입니다. 이 때문에 19년이 되었는데도 칼날이 마치 숫돌에서 막 새로 갈아낸 듯합니다. 비록 그러하지만 매양 뼈와 근육이 엉켜 모여 있는 곳에 이를 때마다, 저는 그것을 처리하기 어려움을 알고, 두려워하면서 경계하여, 시선을 한 곳에 집중하고, 손놀림을 더디게 합니다. 칼을 매우 미세하게 움직여서, 스스륵 하고 고기가 이미 뼈에서 해체되어 마치 흙이 땅에 떨어지듯 떨어집니다. 그러면 칼을 붙잡고 우두커니 서서 사방을 돌아보며 머뭇거리다가 제정신으로 돌아오면 칼을 닦아서 간직합니다."

문혜군이 말했다. "훌륭하다. 내가 포정의 말을 듣고 양생養生의 도道를 터득했다."(「양생주」)

장자의 '양생의 도'는 이기적으로 자신의 한 몸을 보전하고 무병장수를 꿈꾸는 웰빙의 철학이 아니다. 웰빙과 외모에 집착하는 세상 사람들의 태도는 여전히 자신의 몸을 허구가 아닌 영원불변의 실체로 보는 관점에 기인한다. 그래서 이 몸을 지배하는 기술에 집착한다. 이를 장자는 무병장수를 위해 기공과 요가를 하는 '도사 같은 선비'라고 비판했던 것이다. 물론 스스로를 서양의 붓다라 일컫는 니체는 이런 상식인의 태도를 신랄하게 비판한다.

이와 같이 장자의 양생 철학은 자아라는 실체에서 벗어나야 하므로 오히려 자아의 죽음 앞에서도 편안해야 한다. 장자는 '내가 자아를 잊는다〔吾喪我〕'와, '좌망坐忘' 등을 말하면서 자아에 집착하는 태도를 강력하게 비판하고 있다. 자아에 집착하는 자는 육신의 죽음을 두려워하고 슬퍼할 것이다. 그러나 장자의 양생은 곧 "때를 편안하게 여기며 천리에 순응하는〔安時而處順〕" 태도이다. 다시 말하면 슬픔과 기쁨 등의 감정으로부터 '거리 두기의 파토스'(니체)로써 "하늘을 저버리는 죄〔遁天之刑〕"에서 벗어나, "천제의 심판 저울로부터 해방〔懸解〕"됨을 의미한다. 한마디로 장자의 철학의 양생의 도는 '안명安命', 즉 '운명에 대한 사랑'(니체)인 것이다. 「양생주」에 나오는 다음의 이야기도 죽음 앞에서의 안명 사상을 잘 보여 준다.

장자의 눈으로 푸코를 읽다

노담老聃(노자라고 알려짐)이 죽었는데 진일秦失이 조문하러 가서 세 번 호곡하고는 나와 버렸다.

노담의 제자가 말했다. "선생님의 친구가 아니십니까?"

진일이 대답했다. "그렇다."

제자가 말했다. "그렇다면 조문을 이렇게 해도 됩니까?"

진일이 말했다.

"그렇다. 처음에 나는 그를 훌륭한 사람이라고 생각했는데 지금 보니 아니다. 조금 전에 내가 들어가 조문했는데, 늙은이는 마치 자기 자식을 잃은 듯 울며, 어린 아이들은 마치 자기 어미를 잃은 듯 울었다. 저 노담이 사람들을 모이게 한 데에는 반드시 위로하는 말을 바라지 않는다고 하면서도 위로하는 말을 하게 하고, 곡하기를 바라지 않는다고 하면서도 곡하게 함이 있었을 것이다. 이것은 천리天理를 저버리고 인정에 어긋나 하늘로부터 받은 바를 잃어버린 것이다. 옛날에는 이것을 일러 천리를 저버리는 죄라고 했다. 때마침 이 세상에 태어난 것은 태어날 때였기 때문이고, 때마침 세상을 떠난 것은 갈 때였기 때문이니, 태어나는 때를 편안히 맞이하고 죽는 때를 편안히 따르면 슬픔이나 즐거움 따위의 감정이 그 사람의 마음에 들어갈 수 없다. 옛날에는 이것을 일러 '천제의 심판 저울에서 해방되는 것'이라고 했다. 그 가리키는 뜻은 땔나무가 다 타버려도 불은 다른 나무로 옮겨가기 때문에 결코 꺼질 줄을 모른다는 것이다."(「양생주」)

또한 장자가 「지락」에서 자신이 처의 죽음 앞에서 춤추고 노래한 대목은 죽음에 대한 관점의 전환을 통해 운명애로서의 안명安命의 태도를 잘 보여 주는 이야기이다.

장자莊子의 아내가 죽어서 혜자惠子(혜시)가 조문하러 갔더니 장자는 다리를 뻗고 철퍼덕 앉아 동이를 두드리며 노래를 부르고 있었다.

혜자가 이렇게 말했다.

"아내와 함께 살면서 자식까지 키우고 함께 늙도록 연륜年輪을 쌓다가 바로 그 아내가 죽었는데도 곡을 하지 않는 것은 그래도 괜찮으나 게다가 한술 더 떠서 동이를 두드리며 노래까지 하다니 너무 심하지 않은가."

장자가 이렇게 말했다.

"그렇지 않다. 이 사람이 처음 죽었을 때에 난들 어찌 슬프지 않았겠는가마는 그 삶의 처음을 살펴보았더니 본래 삶이 없었고, 삶이 없었을 뿐만 아니라 본래 형체도 없었고, 형체가 없었을 뿐만 아니라 본래 기氣조차 없었다. 황홀한 가운데에 섞여서 변화하여 기가 나타나고 기가 변화하여 형체가 이루어지고 형체가 변하여 삶이 이루어졌다. 그러다가 지금 또 변화해서 죽음으로 간 것이다. 이것은 서로 봄·여름·가을·겨울이 되어서 사계절이 운행되는 것과 같다. 저 사람이 천지의 큰 집에서 편안히 쉬고 있는데 내가 시끄럽게 떠들면서 사람들의 습속을 따라 울어대는 것은 스스로 천명을 알지 못하기 때문이라고 여겼기에 그만두었다."(「지락」)

장자는 삶과 죽음에 대한 상식적인 관점을 전환하려면 자신을 비우는 수양의 중요성을 강조한다. 자기의 테크놀로지의 핵심은 결국 유명有名의 세계에 의해 정립된 자아를 버리는 것이다. 이것이 지젝과 라

장자의 눈으로 푸코를 읽다

캉이 말한 '주체의 궁핍화'이다. 푸코가 '인간의 죽음'을 선언한 이유도 동일한 것이다. 기존의 자아를 죽여야 새롭게 주체의 변형이 일어난다. 이런 자기 비움의 중요성을 「산목」에서 다음과 같이 이야기하고 있다.

저(시남자市南子, 저잣거리 남쪽에 사는 초나라 사람 웅의료熊宜僚)는 임금께서 얽매인 것을 풀어 버리고 근심하는 것을 제거해서 홀로 도道와 함께 아득한 대막의 나라(大莫之國)에서 노니시기를 바랍니다.

두 척의 배를 나란히 띄워 하수를 건너갈 때 빈 배가 와서 부딪치면 비록 속 좁은 사람이라 하더라도 노여워하지 않습니다. 그렇지만 그 위에 사람이 있으면 고성으로 배를 밀어라 당겨라 하고 소리를 지릅니다. 이때 한 번 소리쳐서 듣지 못하고 두 번 소리쳐도 듣지 못하여 결국에 세 번 소리 지르게 되면 반드시 욕설이 따르게 될 것입니다. 지난번에는 노여워하지 않았다가 이번에는 노여워하는 까닭은 지난번에는 빈 배였고 이번에는 사람이 타고 있었기 때문입니다. 이처럼 사람이 자신을 비워서 세상에 노닐면 누가 해칠 수 있겠습니까?(「신목」)

자신을 비운다는 것은 서로를 손상시키는 경쟁과 투쟁의 패러다임을 버리고 만물을 살리는 '양생술'의 출발점인 것이다. 마치 니체의 관점 전환의 출발점이 주체의 해체인 것처럼 말이다. 결국 자아를 비운다는 것을 사회적 관점에서 보면 상징계로부터 야기된 권력욕, 재산욕, 스펙욕 등을 벗어던지는 것이다. 마치 「양생주」에서 권력에 얽매어 한 발을 잃어버린 장군이 다시 이를 운명으로 편안하게 받아들여 권력의 울타리에서 벗어나 자유롭게 사는 것처럼 말이다. 그럴 때 우리 앞에 새로운 세상으로서 광막의 들판인 무하유의 고향이 펼쳐진다. 여기서 마치 꿩이 갇혀서 얻어먹기 싫어하여 우리 안을 벗어나 자유롭고 신나게 사는 것처럼, 위대한 스타일로 구속되지 않고 자유롭게 노니는 소요유逍遙遊의 위대한 건강의 삶이 펼쳐진다.

장자의 자기의 테크놀로지로서의 양생술은 결국 참다운 인간(眞人)을 지향하는 것이다. 이러한 주체성의 변형, 즉 인간됨에 관해 세 단계로 「소요유」에 제시되어 있다고 이미 논의한 바 있다. 진인이란 결국 끝없는 경지에 소요하며 노닐 줄 아는 자유로운 인간이다. 이런 참된 인간이 온전한 인간(至人), 신나는 인간(神人), 성스러운 인간(聖人)이다. 온전한 인간은 자아가 없는 빈 배이고, 신나는 인간은 권력욕에 사로잡히지 않아 공적이 없는 쓸모없는 나무이며, 성인은 이름을 잊는 무명無名의 통나무이다. 「대종사」에서 이러한 진인의 면모가 잘 드러난다. 이에 따르면 참된 인간이 되어야 참다운 앎도 있다.

무엇을 일러 참다운 인간(眞人)이라 하는가?

1) 옛날의 진인은 적다고 해서 거절하지 않으며, 공功을 이루어도 뽐내지 아니하며, 인위적으로 일을 도모하지 않았다. 그 같은 사람은 실패하여도 후회하지 아니하며, 일이 합당하게 이루어져도 우쭐거리지 않는다. 그 같은 사람은 높은 데 올라가도 두려워 떨지 아니하고, 물속에 들어가도 젖지 아니하며, 불 속에 들어가도 뜨겁지 아니하다. 이것은 지식이 도道의

장자의 눈으로 푸코를 읽다

경지에 오름이 이와 같은 것이다.

2) 옛날의 진인은 잠잘 때에는 꿈을 꾸지 않았고, 깨어 있을 때에는 근심이 없었으며, 먹을 때에는 달게 여기지 아니하였으며, 숨은 길고 길었다. 진인의 숨은 발뒤꿈치까지 미치는데, 보통 사람의 숨은 목구멍까지 미칠 뿐이다.

3) 옛날의 진인眞人은 삶을 기뻐할 줄 모르고 죽음을 싫어할 줄도 몰라서, 태어남을 기뻐하지도 아니하며 죽음을 거부하지도 아니하여 홀가분하게 떠나며, 홀가분하게 태어날 따름이다. 자신의 생이 시작된 곳을 잊지 않지만, 그렇다고 해서 끝나는 곳을 알려고 하지 않는다. 그래서 생명을 받아서는 그대로 기뻐하고, 생명을 잃게 되어서는 대자연으로 돌아간다. 이것을 일컬어 심지心知(분석적인 지식)로 도道를 손상시키지 아니하고, 인위적인 행위로 무리하게 자연의 운행을 조장하지 않는다고 한다. 이런 사람을 일러 진인이라고 한다. 그 같은 사람은 마음이 한 곳에 머물러 있으며, 모습은 고요하며, 이마는 넓고 평평하니, 서늘함은 가을과 같고 따스함은 봄과 같아서, 기쁨과 노여움의 감정이 사계절과 통하여 사물과 적절하게 어울려서 그 끝을 알지 못한다.

4) 옛날의 진인眞人은, 그 모습이 높이 솟은 산처럼 당당하면서도 무너지지 아니했다. 부족한 것 같지만 남에게서 받지 않았다. 몸가짐이 법도에 꼭 맞아 태도가 단정하면서도 고집하지 않았다. 넓고 크게 마음을 비운 듯하면서도 꾸미지 않았다. 환하게 밝은 모습으로 마치 기쁜 일이 있는 듯했지만, 임박해서 움직여 마지못한 듯했다. 가득하게 자기 안색을 나타내는 일도 있지만 몸가짐이 법도에 맞아 자신의 참다운 덕德에 머물렀다. 넓은

도량으로 세속과 함께하는 듯하지만 오연히 제약받지 않았다. 아무 말도 하지 않아서 감추는 것을 좋아하는 듯하지만 무심히 모든 말을 다 잊어버렸다.(「대종사」)

장자는 여기서 참다운 인간의 모습과 태도를 네 가지로 그리고 있다. 1) 공적을 자랑하지 않는 진인은 '신나는 인간'에 해당하고, 2)와 3) 자신을 비우고 운명을 편안하게 여기는 진인은 '온전한 인간'에 해당하며, 4) 이름을 잊어버린 진인은 '성스러운 인간'에 해당한다. 세속과 함께하면서도 자유로운 경지는 결국 혼자만 자유로운 것이 아닌 모든 사람의 자유를 꿈꾸는 것과 같은 것이다. 주체의 변형으로서의 양생술은 고립된 의미의 개인주의적인 것이 아니다. 광막의 들판과 무하유의 고향을 그리는 사회적인 변혁으로 연결된다. 이런 점에서 참다운 인간의 특징인 무명無名이란 기존의 자아를 버리고 사회 제도에 문제를 제기하는 주체의 계보학이자 역사비판 존재론인 것이다.

장자의 눈으로 푸코를 읽다

동일하게 남아 있도록 요구하지 말라

◇ ◇ ◇

푸코는 『지식의 고고학』에서 자신의 글쓰기의 에토스를 다음과 같이 적고 있다. "의심의 여지 없이 나와 같은 많은 사람이 더 이상 얼굴을 갖지 않기 위해서 글쓰기를 하고 있다. 내가 누구인지 묻지 말라. 그리고 내게 동일하게 남아 있도록 요구하지 말라."

이 말을 통해서 우리는 푸코의 글쓰기가 가면놀이임을 짐작할 수 있다. 가면을 쓴다는 것은 자신이 아닌 다른 사람이 되어 보려는 것이다. 이는 지금의 자신을 부정해야 가능하다. 자신을 부정한다는 것은 자신의 죽음을 뜻한다. 이때 글쓰기는 자신을 표현하는 행위가 아니다. 글쓰기는 자신을 죽이는 행위가 된다. 이것은 바르트적인 의미에서 '저자의 죽음'이 아니다. 다시 말하자면 주체는 단지 구조의 효과라는 구조주의적인 의미는 아니다. 구조주의처럼 내재적 요구에 머물러서는 안 된다.

글쓰기는 외재적 요구, 즉 '바깥의 사유'의 요구에 귀를 기울여야 한다. 바깥의 사유의 요구란 위반에 대한 요구이며 한계 체험에 대한 요구인 것이다. 다시 말해서 기존의 유명有名의 상징계의 프레임을 버리는 실험을 하라는 뜻이다. 그러한 까닭에 글쓰기는 '자동성'의 발로가 아니다. 일종의 자살自殺로서의 글쓰기는 '나인 나'가 되려는 니체적 실존의 미학을 실천하는 실험 수단이 된다. 실험은 한계 체험을 위해 존재한다. 한계 체험은 한마디로 '나는 내가 아님으로써 내가 된다'는 것을 의미한다. 이것이 바로 자유로운 내가 되는 길이다. 그러므로 푸코를 어떠한 사람이라고 기성의 언어로 규정짓는 것은 그를 제대로 이해하지 못하고 있음을 드러낼 뿐이다.

푸코에게 글쓰기는 글을 쓰는 주체가 끊임없이 사라지는 공간을 여는 행위이다. 이 공간이 열리면서 글을 쓰는 주체는 자신의 한계에 부딪히게 된다. 한계에 마주선 주체는 자신으로부터 찢겨나가는 고통을 감수하지 않으면 안 된다. 이 고통은 주체 자신의 희생과 죽음의 놀이와 연관을 맺고 있다. 푸코의 「저자란 무엇인가Qu'est-ce qu'un auteur?」라는 글에서는 자살 실험으로서의 글쓰기의 에토스가 다음과 같이 그려진다.

이제 글쓰기는 희생, 더욱이 삶의 희생과 연관을 갖게 된다. 다시 말해

장자의 눈으로 푸코를 읽다

서 글쓰기는 책 속에서 재현될 필요가 없는 자발적인 소멸에 관련된다. 왜냐하면 그것이 글 쓰는 자의 존재 자체에서 이루어지기 때문이다. 불멸성을 가져다줄 의무를 지녔던 작품이 이제 글 쓰는 자를 죽이고 살해하는 권리를 갖게 된다. 플로베르, 프루스트, 카프카를 보자. 그러나 한 가지 다른 점이 있다. 글쓰기의 죽음에 대한 이러한 관계는 또한 글 쓰는 주체의 개별적인 성격의 소멸에서도 드러난다. 주체는 자신과 자신이 쓴 것 사이에 설정한 온갖 장애물에 의해서 그는 자신의 특정한 개별성의 모든 기호를 혼란에 빠트린다. 글 쓰는 자의 표시는 더 이상 그의 부재의 개별성이 아니다. 그는 글쓰기의 놀이 속에서 죽음의 역할을 맡지 않으면 안 된다.

자살로서의 글쓰기는 글쓰는 자의 불멸성을 확보하는 수단이 아니라 자신을 바치는 죽음의 희생제다. 저자의 죽음은 곧 기호 체계를 흔들어 놓는다. 이것은 기존의 유명有名의 세계인 상징계를 찢는 실험이기도 하다. 이런 점에서 자살로서의 글쓰기가 바깥으로부터의 체험이라고 불리기도 한다.

바깥으로부터의 체험은 사유에 대한 사유(반성)가 아니라 언어에 대한 언어에서 그 출발점이 마련된다. 사유에 대한 사유는 데카르트의 '나는 생각한다'로부터 시작하여 자아 존재의 확실성에 도달함으로써 투명한 의식의 공간을 열어 놓았다. 이러한 주체가 바로 유아론적이고 초월론적인 주체인 것이다. 이는 곧 근대의 휴머니즘의 기초가 된다.

반면에 언어에 대한 언어는 '나는 말한다'의 말하는 주체가 사라지는 바깥으로 나아간다. 푸코의 『바깥의 사유La Pensée du dehors』에 따르면 "확실히 이런 이유로 유럽의 반성적 사유는 언어의 존재를 그토록 오랫동안 생각하기를 망설였다. 마치 언어의 적나라한 경험이 '나는 존재한다'의 자명성에 가져다줄 위험을 미리 보기나 한 듯이." 언어의 존재에 대한 사유는 모던적 주체의 자기 동일성과 확실성을 흔들어 놓는다. 이 흔들림은 '신의 죽음', '인간의 죽음', '저자의 죽음'의 선언에서 분명히 나타난다. 이런 이유로 "'나는 말한다'가 현대의 모든 픽션을 시험대에 올려놓는다."

'나는 말한다'는 주체가 분산되고 사라지는 공허le vide로서 등장한다. '나는 말한다'의 형식적 위상은 고유한 문제를 제기하지 않지만 그 언표의 의미는 외견상의 명확함에도 불구하고 무한정한 물음의 영역을 연다. 하지만 이 언표는 기존 언어(이 언표의 목적어가 되는 언어)의 부재 속에서만 자신의 지배권을 확립한다. "내가 그것에 대해서 말하는 담론은 '내가 말한다'고 내가 말하는 순간에 언표되는 적나라함보다 앞서 존재하지 않는다. 그리고 내가 침묵하는 순간 사라진다."

이러한 기존 담론의 타동성transitivité으로 인해 언어의 온갖 가능성이 고갈된다. 이 말라 버린 언어의 사막이 '나는 말한다'의 주위를 둘러싸고 있다. 이 '나는 말한다'의 고독한 지배권 속에서만 언어가 터를 닦는다면 그 언표가 전달을 겨냥한 사람도, 그것이 표현하는 진리도, 그것이 사용하는 재현적인 가치나 체계도 언어를 한정하지 못한다. 근대 언어의 재현과 표현의 한계에서 벗어나게 된다. "요컨대, 그것은 의미의 담론과 전달이 아니라 날것 그대로의 상태로 언어의 펼쳐짐이

장자의 눈으로 푸코를 읽다

고 순수 외재성의 전개이다." 이 순수 외재성의 펼쳐짐의 공간에서 말하는 주체는 담론의 책임자가 아니다. 단지 언어가 무한히 흘러나오는 공허의 비존재inexistence일 뿐이다. 이 벌거벗은 공간 속에서 말하는 주체는 파편화되고 분산되고 흩어지고 사라진다.

이러한 언어에 대한 사유를 통해 푸코는 현대 문학에 대한 통상적 믿음인 자기 지시성(자기 자신을 가리키는 반복이라는 현대문학의 기본 특징)을 비판한다. 자기 지시성이란 일종의 내재적인 자율성을 의미한다. 이런 관점에서 보면 문학이라고 일컬어지는 것을 탄생시킨 사건은 단지 표면적 수준에서만 '내재화의 질서'에 지나지 않는다. 이제 중심 문제가 되는 것은 '바깥으로의 이행'이다. 이러한 바깥으로의 이행을 통해서 문학적 말하기parole는 표상(재현)의 왕국에서 탈출하게 된다. 또한 자신으로부터 출발해서 위상 공간적 그물망을 형성한다. 이런 그물망으로 본 문학은 다시 자신을 강렬하게 표현하는 지점에 도달하기까지 자신에 근접하는 언어가 아니다. 이 점을 푸코는 「저자란 무엇인가」에서 또 강조한다. "오늘날의 글쓰기는 표현의 테마에서 벗어나고 있다."

계속해서 『바깥의 사유』에 따르면, 이와는 반대로 "문학은 자신을 자기 자신으로부터 가장 멀리 떼어 놓는 언어이다." 이와 같이 '자기 밖에 놓기'는 기호가 자신으로 복귀하는 과정이 아니라 분산하는 과정을 현시한다. 문학의 '주체=주제'(sujet의 이중적 의미)는 '나는 말한다'의 벌거벗음 안에서 언표하는 경우에 언어가 발견하는 공간으로서의 공허(장자로 말하면 무명無名)이다. 이런 텅 빔 속에서 무한한 언어의 작용이 흘러나온다. '나는 말한다'는 기호를 바깥으로 탈출하는 것을 가능하게 해준다. 동시에 말하는 주체의 분산을 가능하게 해주는 '중성적인 공간'으로서 기능한다. 이것이 현대 유럽 문학의 특징이다.

이러한 기존의 언어를 폐기하고 새로운 가능성을 여는 공간이 출현함으로써 언어 존재의 현현과 자아의 동일성 의식의 양립 불가능성이 노출된다. 언어가 바뀌면 기존 언어에 근거를 둔 자아도 변해야 한다는 뜻이다. 이런 점이 드러난 현상들로는 언어의 형식화, 글쓰기의 영도, 신화 연구, 정신분석학의 연구, 유럽 이성의 탄생지인 로고스에 대한 탐구 등이 있다.

그 현상들로 인해 유럽의 사유는 하나의 심연 앞에 서게 된다. "언어의 존재는 주체의 사라짐을 통해서만 스스로 나타난다." 푸코는 이 역설적 심연에 접근하기 위해 유럽의 주변에서만 모호하게 존재해 온 사유의 한 형식을 제시한다.

모든 주관성의 밖에 존재하면서 마치 바깥으로부터 그것의 한계를 정하고 그것의 목표를 언표하고 그것의 분산을 빛나게 하고 이겨내기 어려운 부재만을 수용하는 사유가 있다. 그리고 동시에 근거 짓기나 정당화를 포착하기 위해서만 아니라 자신이 펼쳐지는 공간과 자신의 터로 이용되는 공허를 재발견하고 자신이 구성되고 사람들이 시선을 그리로 던지는 순간부터 직접적 확실성이 탈락되는 거리를 다시 알아내기 위해서 모든 실증성의 문턱에 서 있는 사유가 있다. 이 사유는 우리의 철학적 반성의 내재성과의 관계와 우리 지식의 실증성과의 관계에 의해서 우리가 바깥

장자의 눈으로 푸코를 읽다

으로부터의 사유라고 부를 수 있는 것을 형성한다.

푸코는 이 바깥으로부터의 사유의 길과 부정 신학(신을 긍정적인 낱말로 규정할 수 없다는 신비주의 신학)의 길을 구분한다. 전자의 시작을 후자에서 찾는 접근 방식의 문제점을 지적한다. 그에 의하면 부정 신학의 길도 자신의 자아 밖으로 나아가고자 하지만 존재Etre이자 말씀Parole인 사유의 황홀한 내재성에서 자신을 되찾고 감싸고 모으려는 시도이다. 비록 모든 언어를 넘어서 있는 언어요, 모든 존재자를 넘어서 있는 무를 체험한다 할지라도 부정 신학의 사유는 로고스의 중심점에 이끌린다. 이러한 경우 자아의 소멸은 대자아(신성)와 합일하는 수단이 되고 만다. 이런 점이 신비주의이고 낭만주의적인 사유의 한계이다.

반면에 푸코에게 자아의 소멸은 유럽적 로고스의 중심점을 파괴하는 것을 겨냥한다. 이 로고스가 분열하고 해체되는 최초의 틈새로 그는 사드 백작의 중얼거림을 들고 있다. 유럽 의식이 역사와 세계의 법칙을 내재화하는 칸트와 헤겔의 시대에 사드는 세계의 법칙 없는 법칙으로서 욕망의 적나라함을 말한다. 그리고 독일의 시인 프리드리히 횔덜린Friedrich Hölderlin은 사라져 가는 언어의 틈새 속에서 여러 신들의 빛나는 부재를 표명한다. 푸코는 이 두 사람이 바깥으로부터의 경험을 암호의 형태로 유럽의 사유에 새겨 놓았다고 주장한다.

이 경험은 유럽의 형이상학이 문법뿐만 아니라 담론을 수행함으로써 말의 권리를 장악해 버린 존재자들과도 연관되어 있음을 폭로한 니체에게서 현현한다. 또한 『이지튀르*Igitur*』로부터 책Livre의 자율적이고 무작위적인 연극성에 이르기까지, 언어를 말하는 자가 사라지는 운동으로 나타나는 스테판 말라르메Stephane Mallarmé에서도 출현한다. 또한 사유가 의식의 내재성에서 벗어나 물질적 에너지, 살의 고뇌, 주체 자신의 고행과 분열이 되어버린 앙토냉 아르토Antonin Artaud(1896~1948)에서도 나타난다. 그리고 사유가 모순과 무의식의 담론이 되는 대신에 깨어진 주체성과 한계와 위반의 담론이 되어 버린 조르주 바타유에서도 일어난다. 게다가 이중인격, 시뮬라르크의 외재성, 자아의 연극적이고 비정상적인 복제의 체험을 지닌 피에르 클로소프스키Pierre Klossowski(1905~2001)에서도 발생한다. 이 체험을 통해서 언어는 그 비밀스러운 내재성의 외양 속에서 바깥의 불꽃을 보여 준다. 이 불꽃은 모리스 블랑쇼Maurice Blanchot(1907~2003)가 벌이는 텍스트의 강력한 존재의 힘을 통한 자기 부재의 놀이 속에서 더욱 광채를 발한다.

이런 바깥의 사유에 충실한 언어를 발견하려면 기존 상징계를 대표하는 반성적인 담론과 픽션의 어휘를 변형시켜야 한다. 이는 반성적인 담론이 바깥의 경험을 의식의 내재성의 영역으로 이끄는 위험을 지니고 있기 때문이다. 또한 픽션의 어휘는 상상된 바깥의 형식으로 내재성의 오래된 직물을 짜는 판에 박은 의미 작용을 쏟아 내기 때문이다.

우선 반성의 언어는 자신의 내면에 대한 확증이 아니라 자기 자신을 거부하는 외적인 극한을 향해야 한다. 언어가 자신의 가장자리에

장자의 눈으로 푸코를 읽다

도달할 때 발견하는 것은 자신에 모순되는 실증성이 아니라 '자신을 지우게 될 공간'이다. 언어는 이 공허 속으로 침투하면서 웅성거림 속으로, 또한 자신이 말한 직접적인 것의 부정 속으로, 게다가 낱말이 무한정 펼쳐지는 침묵 속으로 풀어헤쳐짐을 받아들여야 한다.

이러한 스스로 사라지는 언어가 바로 블랑쇼의 언어이다. 장자로 말하면 이름의 무화無化인 것이다. 이것은 부정된 것을 의식의 불안한 내재성으로 다시 모으는 변증법적 부정이 아니다. 담론을 끊임없이 자기 바깥으로 내보내는 행위이며 매순간 담론이 말하려는 것과 언표 능력까지도 담론에서 뺏는 행위이다. 이것은 자기 자신과 공허만을 원리로 삼는다는 점에서 순수 기원인 것처럼 보인다. 하지만 저 공허를 열어 준 것이 바로 과거의 언어이다. 그러므로 반복이기도 한 시작을 위해 자유로움을 향해 자신의 배후 멀리 담론을 지금 있는 곳에 내버려두는 것이다. 여기에는 반성, 모순, 화해, 정신의 통일성을 향한 긴장된 노력, 마침내 조명되는 진리가 아니라 망각, 소멸하는 부인, 반복, 바깥의 무한정한 침식, 항상 이미 시작된 언어의 흐름과 고뇌가 존재한다. 이런 점에서 푸코는 헤겔과 같은 통일을 추구하는 변증법이 아니라 니체와 하이데거와 같은 해체를 추구하는 존재론을 지향한다고 할 수 있다.

계속해서 『바깥의 사유』에 따르면 이러한 언어의 변형에 상응하여 픽션의 언어도 이미지를 생산하고 빛나게 하는 능력이 되어서는 안 된다. 도리어 이미지를 풀어 주고, 그것에게서 무거운 짐을 덜어 주고, 상상할 수 없는 것의 밝음 속에서 흩어질 때까지 조금씩 밝혀 주는, 내적 투명성과 이미지를 융합시키는 힘이 되어야만 한다. 그러므로 보이지 않는 것을 보여 주는 대신에 보이는 것의 보이지 않음이 어느 정도로 보이지 않는가를 보여 주어야 한다. 이러한 이유로 부정적인 것이 반성에 관계하듯이 공간이 픽션에 관계한다.

『바깥의 사유』에 따르면 블랑쇼의 작품에서 "담론은 결론도 없고, 이미지도 없고, 진리도, 극장도 없고, 입증도 없고, 가면도 없고, 긍정도 없이 모든 중심으로부터 자유롭고, 조국의 구속에서도 벗어나 있다. 이 담론은 그것을 향하여 그것 밖에서 자신이 말하는 바깥으로서 자신의 고유한 공간을 구성한다." 이 담론에서는 관심의 초점이 낱말들 사이에서 순환되는 공허와 끊임없이 담론을 해체하는 중얼거림에 주어진다. 또한 모든 언어의 비非담론에 관한 담론과 담론이 나타내는, 보이지 않는 공간의 픽션에 주어진다.

언어의 변형을 통한 내재성에서 자아 바깥으로 운동하는 과정 중에 동반자의 뒷모습이 떠오른다. 이는 거리를 유지하는 이중적 자아의 한쪽이다. 이 과정에서 주체는 단순한 자기 동일성을 빼앗기고 일치하지 않는 쌍둥이 형상들로 분리되고 나ʲ라고 말할 직접적 권리를 상실한다. 마찬가지로 장자에게서도 무명無名과 무아無我는 이런 식으로 연결된다.

『바깥의 사유』에 따르면 이제 하나의 형상보다 못한 완고하고 무형의 익명성이 등장한다. 그런데 사실 이 익명성은 특권적인 이야기 상대자나 다른 말하는 주체가 아니라 "언어가 가서 부딪히는 이름 없는 한계"이다. 이 동반자와 화자의 접근과 멀어짐의 놀이 속에서 그들을

장자의 눈으로 푸코를 읽다

분리시키는 좁은 선을 따라 돌진하는 이야기는 "모든 발화와 모든 글쓰기의 바깥"이며, "순간적인 빛남과 번쩍이는 사라짐을 드러내는 터 없는 터를 연다."

이러한 '터 없는 터'에서 전개되는 언어는 예언도 아니고 역사도 아니고 진리의 영원하고 가시적인 신체를 드러나게 하는 권능도 아니고 인간도 아니다. 그것은 형태 없는 웅성거림이요, 심층이 없는 망각이요, 기다림의 투명한 공허이다. 언어는 "바깥에 있는, 언제나 해체되어 있는 형식"이다. 이 해체의 진동 속에서 언어는 기원과 죽음을 서로 통하게 한다.

푸코는 이처럼 언어를 기원과 죽음에 연결시킴으로써 반성적이지도 않고 픽션적이지도 않은 언어의 가능성을 제시한다. 이는 언어가 진리의 장소에서 말하는 자의 사라짐과 미래의 나타남에 대한 약속으로 바뀌었음을 의미한다. 언어의 존재는 존재의 열림과 사라짐의, 망각과 되풀이의 형식이다. 이러한 푸코의 논의는 마치 하이데거를 듣는 듯하다. 이 형식 없음의 형식을 통해서 글 쓰는 자는 이미 시작된 시작을 되풀이한다. 이 되풀이 속에서 익명의 중얼거림이 들려온다. "누가 말하건 무슨 상관인가?" 이 중얼거림과 더불어 글 쓰는 자의 존재가 변형되는 바깥의 공간이 열린다. 이것이 푸코의 글쓰기의 에토스이다. 이러한 기풍을 지닌 그에게 동일성을 요구하는 것은 그에 대한 폭력이다.

얼굴을 갖지 않기 위한 글쓰기

이러한 바깥의 사유와 체험을 바탕으로 하여 푸코는 『푸코의 마르크스』에서 글쓰기를 결과가 아닌 '실천'으로 규정한다. 실천으로서의 글쓰기는 '표현'이라는 테마에서 벗어나게 된다. 이런 까닭에 글쓰기는 위에서 언급한 것처럼 내재성의 형식으로 파악되지 않고 자신이 펼쳐지는 외재성과 동일시된다.

이 말을 푸코는 『바깥의 사유』에서 두 가지로 해석한다. 우선 이것은 글쓰기가 시니피에의 내용보다는 시니피앙의 성격에 의해 질서지어진 기호들의 놀이를 의미한다. 이 기호의 내재성에 초점을 맞춘 사람들이 바로 형식주의자와 구조주의자인 것이다. 푸코가 보기에 이들

장자의 눈으로 푸코를 읽다

은 모던적 주체의 내재성을 극복하려고 했지만 다시 기호의 감옥에 갇히고 말았다. 다시 말해서 그들은 글쓰기가 받아들인 규칙인 랑그에 머물고 만다. 반면에 푸코는 전개된 외재성으로서의 글쓰기가 자신의 규칙을 위반하고 전도시킨다는 것을 의미한다고 언급한다.

이런 점에서 「저자란 무엇인가」에 따르면 "글쓰기는 필연적으로 자신의 규칙을 넘어서 바깥으로 나아가는 놀이로서 전개된다." 이제 랑그와 명제, 문법과 논리는 글쓰기를 위한 주도적이고 유일한 분석 대상이 되지 못한다. 그러한 이유로 위반과 전복으로서의 글쓰기는 "내재성의 형식으로 포착되지 않는다. 그것은 자신의 고유한, 전개된 외재성에 동일시된다." 이러한 글쓰기를 위해 사유는 바깥에서 와서 그리로 돌아서서 그 바깥과 대면해야 한다고 푸코의 사상적 친구인 들뢰즈는 『대담 1972~1990』에서 말한다.

들뢰즈에 따르면 바깥의 선과의 대결은 『모비딕』에서 에이허브 선장이 모비딕을 쫓다가 죽는 것과 같은 것이다. 바깥의 선을 굴곡 짓는 작업이 단순히 자신을 보호하고 은폐하는 방법이 아니라 그것은 선과 대면하고 선에 올라타는 유일한 방법이다. 이를 푸코는 『쾌락의 활용』에서 "자아로부터 자유로워지는 것"이라고 말한다.

이런 이유로 푸코는 자신이 아닌 타자에 관심을 갖고 타자에 대해서 글을 쓴다. 여기서 타자란 나눔의 논리에 의해 배제되어 바깥으로 밀려난 것들을 의미한다. 예컨대 광기, 질병, 범법, 과학의 지위를 얻지 못한 앎, 성 등이다. 이런 이유로 그는 "자기 자신이 아닌 다른 존재가 되기 위해서 글쓰기를 한다."고 선언한다. 이처럼 다른 존재가 되기 위해 한계를 체험하는 글쓰기는 바깥으로부터 사유하고 체험하면서 기존의 주체와 언어를 변형시킨다.

이처럼 푸코는 자아로부터 자유로워지기 위해 글쓰기를 가면놀이의 장으로 삼는다. 『바깥의 사유』에 따르면 여기에서 글 쓰는 자의 자아는 익명의 사람[on]으로 사라진다. 이를 통해서 회색의 중성적인 공간이 열리게 된다. 이 중성성에 의해서 "언어는 진리, 시간, 영원, 인간이 아닌 언제나 해체되는 바깥의 형식이 된다." 언어는 글 쓰는 자를 구속하는 감옥이 아니라 한계를 시험해 보는 마당이 된다. 이러한 마당에서 글쓰기는 얼굴을 가지려는 시도가 아닌 얼굴을 바꿔 보려는 가면놀이이며 더 나아가서 얼굴을 갖지 않으려는 자살 행위이다.

이 자살은 '인간의 죽음'이며 글 쓰는 자의 죽음이다. 하지만 이 말들로 인해 푸코를 구조주의자로 오인해서는 안 된다. 구조주의자들은 이 말들을 그대로 받아들여 주체의 죽음을 선언하고 공시적 구조 분석에 치우치고 만다. 다시 말해서 이들은 구조만 보다가 주체를 완전히 지워 버리고 말았다. 아직 이들의 주체관은 구조 아니면 주체라는 이분법에 매어 있다. 이들은 모던적 주체, 푸코의 표현을 빌리면 초월론적·현상학적 주체만을 알고 다른 주체의 가능성에 대해서 사유해 보지 않은 것이다.

이와는 다르게 푸코는 결코 주체 일반의 죽음을 말한 적이 없다. 그리고 그의 '인간의 죽음'과 '저자의 죽음'은 인간과 저자의 기능 분석과 연관되어 있는 선언일 뿐이다. 예컨대 푸코는 인간이 죽었다는 주제로부터 시작해서 어떤 방식과 어떤 규칙에 의해 인간의 개념이 형

장자의 눈으로 푸코를 읽다

성되었고 기능해 왔는가를 분석한다. 오히려 그는 구조주의자들과는 달리 항상 주체의 문제를 자신의 실험적 사유의 중심 문제로 삼는다.

앞의 만남들에서 이미 논의했듯이 「주체와 권력」에서 푸코는 서양 문화에서 인간을 주체화하는 여러 양식의 역사를 쓰려고 한다는 점을 명확히 한다. 인간을 주체로 변형하는 대상화의 세 가지 양식이 있다. 1) '말하는 주체'의 대상화, 2) '구분을 실행하는 주체'의 대상화, 3) 인간 자신을 주체로 만드는 양식이 그것이다. 그러므로 푸코 연구의 일반 주제는 '주체'인 것이다.

이러한 까닭에 푸코는 주체 일반을 거부한 구조주의자가 아니라 장자처럼 참된 인간을 지향하기 위해 기존의 자아를 버리는 위반을 실천한 것이다. 즉 그는 주체에 대한 초월론적인 이론을 거부한 것이다. 그가 희망한 것은 수세기 동안 부과되어 온 개별성의 유형을 거부함으로써 '주체성의 새로운 형식들'을 실험하는 것이다. 글쓰기가 바로 이러한 실험이다. 글쓰기를 통해 그는 다른 존재가 되길 원했다. 하지만 이는 니체의 '나인 나'가 되려는 실존의 미학을 실천하기 위한 것이다.

「실존의 미학An Aesthetics of Existence」에 따르면, 이는 삶을 예술 작품처럼 만드는 것을 말한다. 푸코는 「계몽이란 무엇인가?」에서 일례로 보들레르적인 멋 부리기를 든다. 이러한 멋 부리기는 자신을 다듬는 훈련이다. 이 훈련에 의해 현실에 대한 극단적인 관심은 현실을 존중하면서도 그것을 위반하는 '자유의 실천'에 연계된다. 이 자유의 실천이 푸코의 글쓰기의 에토스이다. 에토스는 '주체의 존재 양식'이며 다른 사람들에게 보이는 '행동의 양식'이다. 에토스는 '자유의 구체적인 형식'이다. 다시 말해서 자유의 실천이 에토스에서 형식으로 구체화된다. 이를 위해서는 '자아에 대한 자아의 작업'이 필요하다.(「자유의 실천으로서의 자기 배려의 윤리L'éthique du souci de soi comme pratique de la liberté」)

이러한 자유의 실천은 하버마스처럼 의사소통의 투명성을 통해서 진리 놀이들을 권력 구조로부터 해방시키는 것과는 거리가 멀다. 푸코에 의하면 하버마스는 권력 관계가 그 자체로는 벗어나야 하는 나쁜 것이 아니라는 점을 보지 못하고 있다. 이 점에 대해 그는 「자유의 실천으로서의 자기 배려의 윤리」에서 다음과 같이 지적한다.

만약 우리가 권력 관계를 개인들이 행위하고 다른 사람의 행위를 규정하려고 시도하는 전술로서 이해한다면 권력 관계가 없는 사회가 있을 수는 없다. 문제는 권력 관계를 완전히 투명한 의사소통의 유토피아로 해소하려고 시도하는 것이 아니라 자신에게 법의 규칙, 운영의 기술과 도덕, 에토스, 자아의 실천을 부여하려고 시도하는 것이다. 이것들은 권력의 놀이 속에서 지배의 최소한의 가능성과 더불어 놀이하도록 해준다.

따라서 자유의 실천은 지배를 최소화하는 놀이이다. 개인의 자유의 정초定礎는 윤리적 몰두와 권리 존중을 위한 정치 투쟁, 통치의 남용 기술에 대한 비판적 반성과 윤리 연구의 분절점에 의해 가능해진다.

이러한 관점에서 자유의 실천으로서의 글쓰기는 정치적 성격을 띤다. 실제로 푸코의 사유 실험에서 이미 충분하게 설명했듯이 철학과 정치 그리고 역사는 떼려야 뗄 수 없는 관계를 맺고 있다. 그는 자신의 철학을 역사비판적 존재론으로 부른다. 이 비판은 모든 지배 현상에 도전한다. 다시 말해서 정치적, 경제적, 성적 제도 등 각각의 층위에서 사회 제도의 변형을 시도한다.

푸코는 「자유의 실천으로서의 자기 배려의 윤리」에서 이 비판적 기능을 "그대는 그대의 주인이 됨으로써 그대를 자유 위에 근거하게 하시오."라는 변형된 소크라테스의 명법에서 도출한다. 이 자유에 근거를 두는 삶이 푸코가 추구하는 주체성의 새로운 양식들이다. 이 주체성이 바로 니체적인 '나인 나'이다. 하지만 이 주체성을 목적=끝^{fin}으로서의 완성된 실체로 간주해서는 안 된다. 이 주체성은 앞에서 언급한 '동일성 없는 주체'(들뢰즈)이다.

이 말은 주체성이 항상 생성되어야 함을 뜻한다. 그래서 주체는 특정한 얼굴을 갖지 않는 무명無名의 사람인 것이다. 주체는 생성되기 위해 늘 자신을 죽이지 않으면 안 된다. 이는 권력 관계를 강화시키지 않으면서 능력을 증대하는 역설을 해소하는 전략으로 간주될 수 있다. 다시 말해 지배를 최소화하기 위한 자유의 과업을 해내기 위해선 지금까지 부과되어 온 주체성의 유형을 해소하지 않으면 안 된다는 것이다. 이러한 이유로 푸코는 얼굴을 갖지 않기 위한 글쓰기를 시도한다. 글쓰기는 자유를 실천하는 것이다. 즉 글쓰기는 지배를 최소화하려는 정치 투쟁이다.

이러한 면모는 푸코의 다음과 같은 말에서 잘 드러난다. "나는 글쓰기를 좋아하지 않는다. 나에게 글쓰기가 재미있는 경우는 도구, 전략, 정찰 등의 명분으로 오직 투쟁의 현실과 결합되는 경우에 한해서이다. 나는 내 책이 메스나 폭약 아니면 지뢰를 파묻는 갱도 같은 것이 되어서 조명탄의 불꽃처럼 한 번 사용된 후에는 흔적도 없이 사라졌으면 좋겠다." 그는 자신의 책이 "생산자의 소유를 벗어나 누구나 필요에 따라 언제든지 들고 다니면서 쓰일 수 있는 연장통"이 되기를 원했다.(한상진 외, 『미셸 푸코론』에서 재인용) 이를 위해서 푸코는 얼굴을 갖지 않기 위한 글쓰기를 했던 것이다.

장자의 눈으로 푸코를 읽다

자기의 테크놀로지와 새로운 실존 미학을 향하여

◇ ◇ ◇

이미 밝혔듯이 이 책의 핵심은 푸코의 사상을 구조주의로 대표되는 인식론이나 과학사의 관점이 아니라 현대의 해체 존재론이라는 관점에서 읽어보려는 데 있다. 푸코는 언어의 감옥에서 탈출하기 위해 언어의 소유권을 주장하는 저자의 개념도 포기한다. 언어와 저자에 대한 집착에서 벗어나는 것이 유명한 '저자의 죽음'과 '얼굴을 갖지 않는 글쓰기'의 진정한 의도이다.

푸코가 그 당시 구조주의의 언어로 작업한 것은 사실이지만 그는 구조의 역사적 변화에도 관심을 가진다. 그리고 그 구조에 의해 만들어지는 주체를 넘어서 그 구조 자체를 변경하는 주체의 가능성을 실험한다. 이런 시도들을 함으로써 푸코는 구조주의적 언어로 구조주의를 넘어서게 된다. 이 점은 그의 구호인 '바깥의 사유'에서 잘 드러난다. 여기서 바깥은 나중에 드러나듯이 안쪽과는 대조적인 바깥으로서의 플라톤적인 이상Ideal을 의미하는 것이 아니라, 이러한 안과 밖이라는 이분법과는 무관한 한계선 또는 극한의 선을 은유하는 말이다.

 푸코에 의하면 자신의 "철학적 에토스는 한계 체험으로 특징지을 수 있다. (그렇다고 해서) 우리가 거부의 제스처를 말하는 것이 아니다. 우리는 바깥과 안쪽이라는 양자택일을 넘어가야 한다. 즉 우리는 경계선에 서야 한다." 이런 에토스를 포스트모던이라고 부른다면 푸코는 포스트모던 철학자일 수 있지만, 그 자신이 '포스트모던'이라는 꼬리표를 좋아하지 않았다는 사실도 알아둘 필요가 있다. 하이데거는 이러한 에토스를 질병을 제거한다는 의미에서의 극복Überwündung이 아니라 질병과 함께 지내며 이를 이겨낸다는 의미에서 견뎌냄Verwündung이라고 부른다.

 실제로 근대 또는 현대라는 시대성은 푸코의 사상에서 대단히 중요한 역할을 한다. 예를 들어, 그의 책 『임상의학의 탄생』은 현(근)대의 의학적 시선 속에서 의학 담론의 보편적인 규칙이나 구조를 탐구한다는 뜻이 아니라, 이를 역사적으로 형성된 담론 구성체의 형태로서 파악함을 의미한다. 그러나 그 담론 구성체의 역사를 서술하는 것은 해석학처럼 "현재의 관점에서 과거의 역사를 서술하는 것"이 아니라 "현재의 역사를 서술하는 것"이다.

 푸코가 현재의 역사를 서술한다는 것은 장자의 제물론과 마찬가지로 객관적인 사실의 기록이 아니라 관점의 전환이자 가치의 전도로서의 비판 작업이다. 예를 들어 평소에 정상은 좋은 것이고 비정상은 나쁘거나 부족하다는 생각이 푸코의 역사나 장자의 제물론에서는 여지없이 바뀌고 만다. 이미 언급했던 장자의 이야기에 따르면 지리소라는 극심한 장애인이 정상이 아니어서 쓸모가 없기 때문에 전쟁터에 나가 죽을 수 있는 군역과 성벽 건축과 같은 국가적 거대 토목사업에 불려가는 부역을 면제받아 행복하게 살아가는 것이다. 역으로 정상인들이 국가에 쓸모 있기에 착취와 억압 속에서 살아가거나 심지어 목숨들을 잃게 된다는 것이다. 이러한 정상화란 현대적 의미로 풀어보면 국가와 자본에 유용한 부품으로 만드는 규율로 훈육하는 과정에 해당한다. 몸의 정상화보다 더 무서운 것이 마음의 정상화이다. 육체를 정상화하는 전통 사회의 권력보다 마음마저 정상화하는 현대 사회의 권력이 훨씬 더 두렵다. 푸코의 『감시와 처벌』의 규율 사회론이 이 점을 잘 보여 준다.

과학주의에서 말하는 과학성이라는 것도 이 정상화가 말하는 정상성이라는 범주의 전형적인 사례이다. 오늘날 우리가 과학적 진리나 과학적 객관성이라는 말을 사용할 때 이 점을 염두에 두어야 한다. 따라서 구조주의나 인식론주의와 같은 과학주의에 물든 철학적 라벨을 푸코의 사상에 붙이는 것이 얼마나 푸코의 사상적 방향에 역행하는 일인지가 드러난다. 푸코는 과학주의나 구조주의 같은 형식주의와 더불어 데카르트적인 고립적 자아 의식에 기반을 둔 모호한 주체 철학도 거부한다.

들뢰즈의 『푸코』에 따르면 푸코의 '자기 자신으로부터 스스로 벗어 나기'는 '가슴을 찢는 한마디'인 것이다. 사상은 자신의 고유한 역사인 과거를 사유하지만 그것은 오직 자신이 사유하고 있는 현재 방식으로부터 스스로를 해방시키기 위하여 그리하여 결국에는 다르게 사유를 하는 미래를 준비하기 위한 것이다. 이런 관점에서 보면 후기 푸코가 주로 이야기한 현재의 존재론, 우리의 존재론, 실존의 미학, 자기의 테크놀로지, 자기 돌봄적 수양 등의 용어들은 새로운 주체화와 관련되어 있다. 다시 말해 윤리적인 주체의 존재론이 출현한 것이다. 그 특유의 방식대로 기존의 흔적을 지우고 새롭게 출현한 이 관점에서 자신의 전체 연구 과정을 다시 개괄한 것이다.

이미 밝혔듯이 「자기의 테크놀로지」에 따르면 생산과 기호 체계의 테크놀로지는 기존의 과학들과 언어학을 주로 탐구한 데 반해, 권력과 자기의 테크놀로지는 푸코 자신의 관심사이다. 그럼에도 불구하고 그동안 지배와 권력의 테크놀로지에 지나치게 몰두하여 자기의 테크놀로지를 등한시한 것이다. 이를 만회하기 위해 그는 자기를 예술작품으로 다듬어 가는 실존의 미학을 제시한다. 이는 곧 '자유의 실천으로서의 자아에 대한 배려'인 것이다. 역사비판의 과제는 인간의 한계에 대한 연구와 자유를 향한 견딜 수 없는 갈망을 형상화하는 노력을 요구한다. 이것이 푸코가 제시한 지식인의 새로운 기능 및 윤리이다.

장자의 눈으로 푸코를 읽다

6장

진리의 정치경제학을 통해

이소노미아의 소요유로

푸코의 철학이나 장자의 철학은 통상적으로 개인의 건강과 안녕만을 추구하는 양생술이나 자유분방하게 자신만의 스타일만을 고집하는 극단적인 개인주의로 규정되어, 비정치적이고 비실천적인 사상으로 낙인찍혀 있다. 또는 현실 도피적이거나 대단히 비현실적인 낭만주의로 여겨져, 예술적인 구원이나 청춘의 저항에 머무는 '아름다운 영혼'의 철학으로 부정적으로 평가된다.

조릉雕陵의 장자 이야기에서 알 수 있듯이, 장자 그 자신도 '아름다운 영혼'을 지닌 낭만적인 반항자를 신랄하게 비판하고 있다. 일상인들은 유명有名 세계의 욕망에 사로잡혀 그 욕망을 채우는 데 급급하여 다른 욕망의 사냥꾼에게 먹잇감이 된 줄도 모른 채 위태로운 삶을 산다. 반면에 이러한 현실에 불만을 품고 자유분방의 정신으로 사회적 질서를 위반하며 사는 아름다운 영혼들이 있다. 하지만 이들도 사회적 모욕이나 처벌의 위험에 늘 놓여 있는 위기의 인간임은 마찬가지이다. 외물外物에 정신을 잃지 않고 세상의 평가에 대해 초연超然하기는 하나 여전히 기존 질서의 반항에 머물고 말아 여전히 자유롭지 않은 경지인 것이다.

장자에게 일상적 현실주의자와 반항적 낭만주의자는 진정한 자유로운 주체성이 확립되지 않은 위기의 인간들인 것이다. 이들처럼 외물에 사로잡히지 않으려면, 먼저 자신을 버려야 한다. 주체 변형의 시작은 자기 비움이며 자기 찢기이다. 이것이 푸코가 말한 자살로서의 글쓰기이자 얼굴을 갖지 않으려는 글쓰기의 기풍이다.

　　장자가 말한 참다운 인간이 되려면 먼저 자신을 버리고 이름을 없애야 한다. 그러나 홀로 기존의 이데올로기로부터 벗어났지만 사회적 책임을 갖지 않는 지식인도 아직 참다운 인간은 아니다. 혼자 자유롭다는 것은 아직 모든 사람이 자유롭지 않기 때문에 진정한 자유가 아니다. 장자도 이 점을 지적한다. 진정한 자유인은 세속과 더불어 살며 자유로운 자이다. 다시 말해서 자신 혼자만 자유롭지 않고 모든 사람이 자유로운 세상이 되어야 한다. 이는 푸코가 진리의 정치경제학으로 벼리려는 세상이다.

　　그런데 지젝이나 헤겔과 같은 현실 사회를 이성 국가나 자유의 체제로 전환하려고 하는 철학자들에게 푸코나 장자의 사상은 지극히 부정에만 사로잡혀 긍정적이고 적극적인 대안을 제시하지 못하기에 저항과 반항에 그치고 마는 것으로 보인다.

　　그러나 한계라고 규정되는 측면이 도리어 장자와 푸코 사상의 정치적 잠재력의 원천이 될 수 있다. 성급한 대안으로 다시 기존 체제를 강화하기보다는 기존 체제와 완전히 다른 공간을 제시하는 상상력이 현실에서는 더욱 변혁적인 힘을 발휘하는 것은 아닌가? 광막한 들판이라는 무하유의 고향에서 자유롭게 노니는 소요유와 얼굴 없는 글쓰기를 통해 국지적이고 특수한 영역에서 그 자명한 진리를 문제로 제기하는 진리의 정치경제학이야말로 청년 낭만주의나 보수주의가 아니고 근본적인 변화의 출발점을 위한 다른 가능성을 보여 주는 것이 아닌가?

개인주의도 아니고 도피주의도 아니고
낭만주의도 아닌

푸코의 철학이나 장자의 철학은 통상적으로 개인의 건강과 안녕만을 추구하는 양생술이나 자유분방하게 자신만의 스타일만을 고집하는 극단적인 개인주의로 규정되어, 비정치적이고 비실천적인 사상으로 낙인찍혀 있다. 또는 현실 도피적이거나 대단히 비현실적인 낭만주의로 여겨져, 예술적인 구원이나 청춘의 저항에 머무는 '아름다운 영혼'의 철학으로 부정적으로 평가된다.

'아름다운 영혼'이란 독일의 낭만주의 운동의 전형적인 인물형을 말한다. 요한 볼프강 폰 괴테Johann Wolfgang von Goethe의 소설 『빌헬름 마

장자의 눈으로 푸코를 읽다

이스터의 수업시대*Wilhelm Meisters Lehrjahre*』제6권의 '아름다운 영혼'의 고백에 따르면 "어떠한 것에서도 제게는 계명의 형태로는 나타나지 않는 것입니다. 저를 이끌어 저로 하여금 언제나 정도를 걷도록 하는 것은 충동입니다. 저는 자유롭게 스스로 생각하는 것에 따르며, 거의 아무런 구속도 회한도 없습니다." 이와 같이 '아름다운 영혼'이란 경건한 양심에 근거한 도덕적 의무와 자발적인 충동을 화해시키기 위해 실러와 괴테가 추구한 인물형이다.

그러나 헤겔의 『정신현상학*Phänomenologie des Geistes*』에 의하면 양심은 행위하기는 하나 제한적인 정신이지만, 아름다운 영혼은 제한이 없는 정신이기는 하나 행위로부터 도피한다. "마음의 순수함을 보존하기 위해서라면 자신(아름다운 영혼)은 현실과의 접촉을 피하고 극단적 추상으로 치닫는 자신을 떨쳐버리고 세계의 질서에 편승함으로써 사유를 존재로 전환하거나 절대적 구별을 받아들여야 하겠지만, 여기서 자신은 이를 도저히 해낼 수 없다는 무력감에 젖어 있다." 아름다운 영혼은 이렇게 극단적 순수함으로 인해 자신의 부정인 현실을 감내할 내적인 힘이 결여되어 안개처럼 사라져 버리는 존재자이다. 이처럼 헤겔 이후로 '아름다운 영혼'은 충동을 제한 없이 마음껏 표출하며 자신의 순수성만을 고집한 채, 무책임한 반항만을 일삼는 낭만주의자들을 부정적으로 가리키는 말이 된다.

슬라보예 지젝*Slavoj Žižek* 같은 경우도 헤겔의 입장에 서서 들뢰즈나 네그리 류의 철학자들을 '아름다운 영혼'이라고 비판한다. 일례로 아름다운 영혼의 운명과 마찬가지로 네그리와 같은 절대 민주주의의 스피노자주의와 다중의 한계는 분명하다. 이와는 다르게 혁명 정치학은 여전히 주권 국가, 구심점, 자유의 체제, 즉 헤겔적인 것에 토대를 두어야 한다. 이와 같이 지젝이나 헤겔처럼, 현실 사회를 이성 국가나 자유의 체제로 전환하려고 하는 철학자들에게 푸코나 장자의 사상은 지극히 부정에만 사로잡혀 긍정적이고 적극적인 대안을 제시하지 못하기에 저항과 반항에 그치고 마는 것으로 보인다.

그러나 한계라고 규정되는 측면이 도리어 이들 사상의 정치적 잠재력의 원천이 될 수 있다. 성급한 대안으로 다시 기존 체제를 강화하기보다는 기존 체제와 완전히 다른 공간을 제시하는 상상력이 현실에서는 더욱 변혁적인 힘을 발휘하는 것은 아닌가? 광막한 들판이라는 무하유의 고향에서 자유롭게 노니는 소요유와 얼굴 없는 글쓰기를 통해 국지적이고 특수한 영역에서 그 자명한 진리를 문제로 제기하는 진리의 정치경제학이야말로 청년 낭만주의나 보수주의가 아니고 근본적인 변화의 출발점을 위한 다른 가능성을 보여 주는 것이 아닌가?

미혹된 인간은 위기의 인간이다. 왜냐하면 욕망을 채우는 데만 몰두하므로 자신이 위험에 처한 줄을 알지 못하기 때문이다. 외물에 빠져 본래의 자신을 잃어버렸기 때문이다. 이런 상태에서 벗어나기는 했어도 여전히 새로운 가치를 창조하는 초인이 되지 못하면 자유롭다고 착각하는 낭만적인 반항자처럼 현명한 처신 없이 사회적 질서를 어기기만 할 뿐, 이를 바꾸려 하지 않아 사회적인 모욕이나 처벌만 받게 된다.

이미 살펴본 조릉雕陵의 장자 이야기에서 알 수 있듯이, 장자 그 자

장자의 눈으로 푸코를 읽다

신도 '아름다운 영혼'을 지닌 낭만적인 반항자를 신랄하게 비판하고 있다. 이 이야기는 위기의 인간형들을 그리고 있다. 일상인들은 유명 有名 세계의 욕망에 사로잡혀 그 욕망을 채우는 데 급급하고 다른 욕망의 사냥꾼에 의해 사냥감이 된 줄도 모른 채 위태로운 삶을 산다. 이러한 현실적인 사람들은 권력을 얻고 재물을 모아도 외적인 사물에 빠져 자신을 잃어버린 자들이다. 반면에 이러한 현실에 불만을 품고 자유분방의 정신으로 현명한 처신 없이 사회적 질서를 위반하며 사는 아름다운 영혼들이 있다. 하지만 이들도 사회적 모욕이나 처벌의 위험에 늘 놓여 있는 위기의 인간임은 마찬가지이다. 외물外物에 정신을 잃지 않고 세상의 평가에 대해 초연하기는 하나 여전히 기존 질서의 반항에 머물고 말아 여전히 자유롭지 않은 경지인 것이다.

장자에게 일상적 현실주의자와 반항적 낭만주의자는 진정 자유로운 주체성이 확립되지 않은, 존재의 변형이 일어나지 않은 위기의 인간들인 것이다. 이 두 가지 인간형은 「소요유」에 제시된 주체성의 변형의 네 단계 중 앞의 두 단계에 해당한다. 지젝식으로 말하면 기존의 상징계에 의해 규정된 주체성을 버리지 못한 단계인 것이다. 외물에 사로잡히지 않으려면, 다시 말해서 상징계로부터 기인한 사회적인 욕망에 규정되지 않으려면 먼저 자신을 버려야 한다. 주체 변형의 시작은 자기 비움이며 자기 찢기이다. 이것이 푸코가 말한 자살로서의 글쓰기이자 얼굴을 갖지 않으려는 글쓰기의 기풍이다.

장자가 말한 참다운 인간이 되려면 먼저 자신을 버리고 이름을 없애야 한다. 무아無我와 무명無名으로 종속된 주체성[신민臣民 의식]과 외물

및 세속의 평가에서는 벗어났지만 여전히 세속으로 돌아오지 않는 자가 세 번째 유형이다. 마치 플라톤의 동굴의 비유에서 동굴 밖으로 나가 밝은 지혜를 획득했지만 다시 어두운 동굴 안으로 돌아오지 않은 자와 유사하다. 홀로 기존의 이데올로기로부터 벗어났지만 사회적 책임을 갖지 않는 지식인을 상징한다. 혼자 자유롭다는 것은 아직 모든 사람이 자유롭지 않기 때문에 진정한 자유가 아니다. 장자도 이 점을 지적한다. 진정한 자유인은 세속과 더불어 살며 자유로운 자이다. 다시 말해서 자신 혼자만 자유롭지 않고 모든 사람이 자유로운 세상이 되어야 한다.

이런 까닭에 마지막 단계의 참다운 인간에 대해 장자는 이렇게 쓰고 있다. "지인至人은 자기가 없고 신인神人은 공적이 없고 성인聖人은 명예가 없다"고 한다. 온전한 인간은 종속된 주체성인 자아가 없이 자유로우며, 신나는 인간은 자기가 한 일의 공적에 집착하지 않은 채로 자유롭게 사회적 책임을 다하며, 성스러운 인간은 기존의 상징계를 이름 없는 세계로 전환시켜 모든 이가 자유로운 세상에서 살아간다.

장자는 '도사 같은 선비'들의 개인적인 양생술을 비판하고 '조릉의 장자'와 같은 '아름다운 영혼'의 순수한 낭만주의도 부인한다. 또한 비참한 현실에 대한 정치 의식이나 배제되고 버림받고 억압받는 사람들에 대한 사회적 책임감도 결여한 채로 홀로 지혜롭고 자유로운 도피주의자나 은둔주의자도 결코 진인眞人이 아니라고 단언한다.

장자는 결코 당대의 참혹한 현실에 눈을 감은 개인주의자나 도피주의자가 아니다. 후쿠나가 미쓰지福永光司의 『장자, 난세의 철학』에는 장

장자의 눈으로 푸코를 읽다

자의 고국인 송나라의 권력 투쟁의 잔혹한 비극사가 다음과 같이 묘사되어 있다. "예를 들면 조카인 7대 왕 여공에게 살해된 6대 왕 양공, 대신 화부독에게 살해된 15대 왕 상공, 대신 남궁만에게 살해된 17대 왕 성공의 태자, 어머니인 왕희에게 살해된 23대 왕 소공, 장군 당산에게 살해된 25대 왕 공공 등도 그 예이다." 송나라만 아니라, 노, 제, 위, 진, 초 같은 나라들의 역사도 마찬가지로 비극적이다. 이처럼 권력은 인간을 미치게 한다. 장자는 인간 마음이 권력욕이나 재물욕 등으로 들끓는 현상을 좌치座馳라고 표현한다. 이러한 권력투쟁의 소용돌이 속에서 민초들의 삶은 어떠할지 말할 필요도 없을 것이다. 「인간세」에 다음과 같은 대목이 나온다.

위나라 임금이 나이가 젊어 혈기왕성하고, 행동이 독단적이어서 나라를 가볍게 사용하고, 자기의 잘못은 보지 못합니다. 백성들의 죽음을 가볍게 여겨 나라 안에 죽은 사람들이 연못에 넘칠 정도로 가득하여 마치 못가 수풀을 불태워 버린 것 같아서 백성들이 갈 곳이 없다고 합니다.(「인간세」)

후쿠나가 미쓰지에 의하면 전국시대보다 그나마 대의명분이 아직 살아 있고 전쟁의 규모나 방식이 소박했던 춘추시대 242년 동안에도 망한 나라는 52개국, 시해당한 군주는 36명이었다. 전국시대에 이르러 생산 수단의 진보, 상공업의 발달, 교통로의 개발 등은 전쟁 규모를 급격히 확대시키고, 부의 축적, 정치 조직의 정비, 군비의 확충 등은 국가 권력 혹은 군주의 권한을 비약적으로 강화시켰다. 이와는 정반대로 민중은 무거운 세금, 힘든 노역, 그리고 엄한 형벌에 의해 학대당하고 인간 생명은 새털보다 가볍게 취급되었다. 민중 사이에서는 오체 불구로 병역을 면할 수 있는 행복을 구가하는 소리가 높아졌다. 장자의 유명한 지리소 이야기는 이런 배경에서 이해될 수 있다.

이런 현실의 참혹함과 민중들의 비참한 삶과 마찬가지로 장자의 삶도 극빈極貧하였다. 그는 이런 가난을 부끄러워하며 주눅 들어 마지못해 살아가지 않는다. 도리어 이런 고통스러운 삶이 군주의 탐욕 정치가 불러일으킨 문제점임을 예리하게 지적한다. 또한 '조정朝廷의 선비'와는 달리 군주의 착취 정치에 도구로 쓰이는 것을 명확히 거부하며 가난을 선택한다. 「산목」에 다음과 같은 이야기가 있다.

장자莊子가 여기저기 기운 자리가 많은 헐렁한 베옷을 입고 삼으로 된 끈으로 이리저리 묶은 신발을 신고 위魏나라 혜왕 앞을 지나가고 있었다.

위나라 왕이 이렇게 말했다.

"선생께서는 어찌하여 이처럼 고달프게 사십니까?"

장자가 대답했다.

"가난한 것이지 고달픈 것이 아닙니다. 선비에게 도와 덕을 시행하지 못하는 것은 고달픈 일입니다. 그러나 옷이 해지고 신발이 터진 것은 가난한 것이지 고달픈 것이 아닙니다. 이것이 이른바 제 때를 만나지 못한 것입니다.

왕께서는 뛰어다니는 원숭이를 보지 못하셨습니까? 원숭이가 녹나무나 가래나무를 얻었을 때 가지를 붙잡고 그 사이에서 군왕 노릇을 하면 비록 예羿나 봉몽蓬蒙처럼 활 잘 쏘는 사람이라 하더라도 곁눈질하지 못합니다.

그러나 원숭이가 산뽕나무, 대추나무, 탱자나무, 호깨나무 따위의 가시나무를 얻었을 때에는 바짝 긴장하고 움직이며 곁으로 흘겨보아서 진동할 때마다 두려워합니다. 이것은 원숭이의 근골이 더 급해지거나 부드럽지 못한 것이 아니라, 머물러 있는 형세가 편치 못하기 때문에 자기 능력을 발휘하기에 부족하기 때문입니다.

지금 어두운 군주와 어지러운 재상의 사이에 머물면서 고달픔이 없기를 바란다면 어찌 얻을 수 있겠습니까. 이것은 비간比干이 심장을 가르는 형벌로 죽게 된 일에서도 분명히 증명할 수 있습니다."(「산목」)

어두운 군주와 어지러운 재상이 지배하는 혼란한 시대는 제대로 된 선비가 도와 덕을 펼칠 적절한 때가 아니다. 현재의 형세가 편치 못해 자기 능력을 발휘하지 못하고 있는 것이다. 그래서 벼슬길에 나아가지 않고 가난을 선택한 것이다. 가난은 부끄러운 것도 아니며 고달픈 일도 아니다. 때를 제대로 만나지 못해 선비의 포부를 펼치지 못하는 것이 고달픈 일인 것이다. 이런 장자의 면모에서 현실의 모순에 대한 명확한 통찰력과 아울러 부패하고 착취하는 기존 정치 체제에 기여하지 않겠다는 수준 높은 정치 의식을 볼 수 있다. 민초를 위한다는 명분으로 민초를 괴롭히는 통치에 참여하는 위선적인 선비와는 커다란 차이가 있다.

장자는 정치 의식이 부재하거나 은둔적인 도피주의자가 결코 아니다. 전호근은 『장자강의』에서 장자를 심지어 공자의 제자 계열로 분류하는데, 이러한 해석에서 역으로 장자의 정치에 대한 강렬한 열망을 엿볼 수 있다. 장자는 민초를 괴롭히는 정치를 거부한 것이지 모든 정치를 버린 탈脫정치주의가 아니다.

신영복의 『강의—나의 동양철학 독법』에 따르면 노자와 달리 장자 철학은 관념적인 해방을 추구하기에 사회성과 실천성이 결여된 것으로 간주된다. 그러나 노자의 정치학이 민초의 정치학이라면 노자 사상을 더욱 날카롭게 벼린 장자도 동일하게 민초의 정치학이라고 해야 한다. 일례로 강신주의 『장자—차이를 횡단하는 즐거운 모험』에 따르면 장자의 정치적 입장은 명백하게 민초의 위치에 선다. 강신주는 노자를 국가주의 철학으로 규정한 반면에, 장자를 민중적인 무정부주의 정치학으로 해석한다.

그러나 이처럼 노자와 장자의 사상들을 상이하게 보는 해석들은 말엽의 차이만 부각하고 근본의 동일성을 보지 않는 문제점을 노출한다. 비록 노자 이후로 도가가 여러 학파들로 전개되고 그중에는 양주 학파처럼 극단적인 개인주의나 법가와 유사한 통치술을 주장하는 학파들도 있기는 하다. 예를 들어 진고응陳鼓應의 『노장신론老莊新論』에 따르면 "노담이 쓴 『노자』가 세상에 나온 후, 그의 사상은 널리 전파되었다. 도가의 영역만 놓고 보더라도, 다음과 같은 4대 학파의 형성에 영향을 끼쳤다. 첫째 도가 주류파, 둘째 직하 도가, 셋째 초나라 황로, 넷째 도가 별파, 즉 『역전』 학파. 이 외에도 노자는 기타의 각 학파, 특히 유가, 병가 및 법가에 대해 철학의 기초 이론 분야에서 큰 단서를

장자의 눈으로 푸코를 읽다

제공하였다." 하지만 도가의 핵심은 장자가 발전시킨 노자 사상에 있다. 노자와 장자를 후대에 발전한 도가의 다양한 학파들을 기준으로 해서 이 둘의 사상을 상이하게 취급해서는 안 된다. 노자가 후대에 국가주의의 형태를 띠더라도 노자는 장자와 마찬가지로 민초의 정치학이다.

자치로서의 무치주의와 이소노미아로서의 아나키즘

◇ ◇ ◇

유명한 일본인 철학자인 가라타니 고진柄谷行人의 『철학의 기원』은 고대 그리스의 철학과 민주주의의 기원을 탐구한 책이다. 그가 주창한 새로운 무정부주의의 형태인 어소시에이셔니즘associationism의 모델로 고대 그리스 이오니아 지방의 자연철학과 정치체제를 제시하고 있다. 그에 의하면 그리스적인 민주주의의 특징으로 꼽는 거의 모든 것이 이오니아에서 시작된 것이다. 누구나 습득할 수 있는 표음문자(알파벳)의 발명, 그리스인의 공통 문화인 호메로스의 작품, 관료적인 결정이 아닌 개인들의 결정에 맡긴 경제제도, 코스모폴리탄적인 계약공동체, 수학적 논증의 발견, 혈연에 기초를 둔 협소한 노모스nomos(규범)를 비판하는 보편적인 자연철학의 발생 등이 그것이다.

그 대표적인 사례는 현대 과학의 기초가 된 원자론을 창시한 데모크리토스Demokritos의 자연철학과 정치 사상이다. 그는 소아시아에 있는 그리스 식민지인 이오니아 지역의 마지막 자연철학자였다. 그가 이오니아 폴리스들의 바람직한 정치 체제로서 코스모폴리턴적인 이소노미아isonomia(평등한 규범)에 관련해서 다음과 같이 말한다.

"현자는 어느 땅이든 다 밟을 수 있다. 온 세계kosmos가 선한 혼의 조국이니까."(245)

"국가의 중요한 일들과 전쟁들은 의견의 일치homonoie에 따라 수행될 수 있으며, 그렇지 않으면 불가능하다."(622)

"자유가 예속보다 더 선호할 만한 것인 만큼, 민주제에서의 가난이 이른바 전제군주들 곁에서의 행복보다 더 선호할 만하다."(257)(『소크라테스 이전 철학자들의 단편 선집』)

데모크리토스는 지역주의나 민족주의를 배격하여 세계 전체가 하나의 폴리스라는 코스모폴리탄주의를 주장하며, 또한 중요한 국가의 일은 만인의 의견 일치로 결정되어야 함을 명확히 밝히고, 예속보다는 자유를 위해 군주제의 부유함보다는 민주제의 가난을 선호한다고 선언한다. 이렇게 보면 이소노미아의 정치란 혈연이나 지역 중심의 인위적인 노모스가 아닌 보편적인 자연이라는 척도로 세계시민적인 평등과 모든 이의 참여와 자유를 보장하는 민주제인 것이다.

고대 그리스의 이오니아 지역의 민주제 논의를 이해하려면 플라톤의 정치 체제(국가)의 분류부터 고찰해야 한다. 플라톤은 『정치가』에서 기존의 정치 체제를 여섯 가지로 분류한다. 일인 지배, 소수 지배, 다수 지배에 따라 군주정체monarchia, 과두정체oligarchia, 민주정체dēmokratia로 나뉜다. 군주제는 법을 준수하는 왕도정체basileia와 법을 무시하는 참주정체tyrannis(전체주의)로 나뉜다. 과두제는 법치적인 귀족정체aristokratia와 무법적인 금권정체plutokratia(돈의 지배)로 구분된다. 민주정체는 법 질서가 유지되는 민주정체와 무법 천지의 민주정체(우민정치, 포퓰리즘)로 갈라진다.

그런데 플라톤에 따르면 일인의 지배가 최선이자 최악이며, 소수의 지배는 차선이자 차악이다. 다수의 지배는 가장 덜 나쁘고 가장 덜 좋다. 이런 이유로 그는 민주제를 낮게 평가한다. 그래서 일곱 번째 형태의 최선의 정체를 제시한다. 그것이 그 유명한 철인왕philosopher king 정체다. 좋음의 이데아를 인식한 철학자, 즉 변증법가만이 최선의 왕이며, 가장 훌륭한 정치가이다. 이러한 철인왕 정체는 맹자가 말한 왕도 정치와 유사하다. 다만 훌륭한 정치 지도자가 배워야 할 교육 프로그램이 다른 정도이다. 수학을 중심으로 한 플라톤 아카데미의 커리큘럼과 시와 역사를 중심으로 한 공자 학당의 커리큘럼 사이에는 차이가 있지만, 보편적인 선을 인식하고 이로써 욕망을 제어하고 시민의 공익을 위한 정치를 추구한다는 점에서는 근본적으로 동일하다.

이오니아 지역의 폴리스들은 불행히도 페르시아라는 거대 제국에 병합되어 그 자치성을 상실하고 그 특유의 이소노미아의 정치도 사라

　　　　　　　　　　　　　장자의 눈으로 푸코를 읽다

졌다. 헤로도토스Herodotos는 비록 제국의 시대에 살았지만 역시 이오니아 출신으로서 그 에토스를 공유하고 있었다. 그의 『역사ἱστορίαι』는 자연physis을 기본으로 인위적인 노모스, 즉 구체적인 각 나라의 관습과 법률을 평가하는 입장에서 기록된 것이다. 그는 자연에 기초를 둔 세계시민적인 입장에서 그리스 중심주의에 대해 대단히 비판적이었다. 이를 예증하는 이야기가 『역사』에 소개되어 있다.

페르시아의 일곱 장로가 앞으로의 정치 체제에 관한 논쟁을 벌일 때, 메가비조스는 과두제를 제창했고, 다레이오스(다리우스)는 군주제를 주장했던 반면에, 오타네스는 민주제를 제안했다. 비록 다레이오스의 주장으로 결론이 나, 그가 페르시아의 왕으로 추대되어 페르시아는 군주제의 제국으로 전개된다. 그러나 중요한 점은 그리스는 민주적이고 페르시아는 전제적이라는 이분법적인 편견에 대해 헤로도토스는 이 논쟁을 소개함으로써 이의를 제기하고 있는 것이다.

독재자는 조상 전래의 풍습을 파괴하고 여자를 범하고 재판 없이 인명을 빼앗는다. 그에 반해 대중에 의한 통치는 우선 첫째로 이소노미아라는 참으로 아름다운 명목을 갖추고 있고, 둘째로 독재자가 행하는 것과 같은 짓은 절대로 하지 않는다. 직무의 관장은 추첨에 의해 뽑히고, 관리는 책임감을 가지고 직무를 맡고, 모든 국책은 공론에 의해 결정된다. 그러므로 나는 여기서 독재제를 단념하고 대중의 주권을 확립해야 한다는 의견을 제출한다. 만사가 다수자와 관계하고 있기 때문이다. (『역사』)

가라타니 고진에 의하면 페르시아와 같은 제국적인 관료 국가나 아테네나 스파르타 같은 폴리스적인 노예제 사회에서 노동은 경시된다. 이를 대표하는 철학자가 어떤 부류의 사람은 노예에 적합한 본성을 가지고 태어났음을 주장하는 아리스토텔레스이다. 그는 이집트의 사제 계급처럼 여유(스콜라)가 주어져야 학문이 발전한다고 말한다. 그래서 그에게는 관조적觀照的인 삶(노예 주인의 입장)이 가장 최고의 삶의 형태로 여겨진다. 한편 유교의 사대부는 제국이나 왕국의 관료를 지향하는 노예주들이므로 사제 계급과는 달리 정치적 실천적 삶을 추구한다. 하지만 관조적인 삶이나 실천적인 삶이나 모두 노예제에 바탕을 두고 있다는 점에서 지배자의 철학인 것이다.

반면에 헤시오도스가 보여 준 것처럼 이오니아에는 특별히 한가한 사람들, 즉 사제나 귀족이 없었기에 탈레스와 같은 철학자도 기술자에서 정치가까지 다양한 활동을 하는 실천적 삶이 중요시된다. 일례로 점성술과 초월적인 신 관념이 부정된다.

또한 이오니아의 폴리스들과 달리 그리스 본토의 폴리스들은 맹약 공동체로 기존의 씨족신을 대신해 새로운 올림피아드 신을 받들게 되지만, 사회구조는 여전히 씨족 사회의 연장일 뿐이다. 예를 들어 민주주의로 유명한 아테네도 여전히 혈연을 중시해서 외국인을 절대로 국민으로 인정하지 않고 차별하였다.

반면에 이오니아의 폴리스는 기존의 씨족 공동체를 떠나온 개인들의 새로운 맹약이므로 그 기본 정신이 코스모폴리탄(세계시민)적이다. 따라서 탈레스를 시작으로 한 밀레토스(이오니아의 대표적인 폴리스)의

장자의 눈으로 푸코를 읽다

자연철학은 신흥 제국인 페르시아의 침략의 위협과 폴리스 내부적으로 빈부의 차가 커지고 지배와 피지배의 관계가 생겨남으로 인해 이소노미아가 붕괴되는 위기에 대한 응답이다.

이오니아의 자연철학은 신 없이 세계를 설명하려고 시도하여 씨족적 공동체의 한계에서 벗어나며, 자연이라는 보편적인 기준에 따라 계급사회에 바탕을 둔 기존의 노모스를 비판한다. 다시 말해 그것은 (그 자연철학은) 지배와 피지배 관계가 없는 사회인, 이소노미아를 재건하려는 사회철학이기도 하다.

앞에서 살펴봤듯이, 어떤 철학자의 실천철학의 에토스와 파토스는 그가 살고 있는 시대의 정치 체제와 밀접히 연관이 있다. 개인의 참여가 보장된 정치 체제에서는 적극적으로 공적 개입과 공론의 중요성을 강조하던 철학도 개인이 무력해진 거대한 제국의 아래에서는 정치 참여와 거리를 둔 개인주의 윤리로 전개되기도 한다.

일례로, 폴리스의 공적인 것에 참여를 강조하는 이오니아 자연철학의 에토스는 그리스 본토로부터 자유로운 소아시아의 이오니아 지역의 자치적인 폴리스를 배경하고 있다. 반면에 알레산드로스 제국과 로마 제국 아래에서는 개인주의 윤리 사상이 등장한다. 대표적으로는 디오게네스로 유명한, 정치 및 기존 관습과 냉소적 거리 두기를 했던 퀴니코스학파가 있으며, 외적인 일로부터 전혀 영향을 받지 않는 부동심apatheia을 표방한 스토아학파 및 평정한 무심ataraxia을 강조한 에피쿠로스학파가 있다.

마찬가지로 제국을 꿈꾸며 부국강병을 추구하는 춘추전국의 시대적 추세 속에서 장자의 '무하유지향'과 '무치無治주의'는 비관적이며 소극적인 개인주의적 도피주의로 비칠 수 있다. 하지만 이는 장자 철학의 기본 정신인 기존의 착취 체제에 대한 저항과 비판의 에토스를 무시한 해석이다. 그래서 결국 그 해석은 만물이 평등하고 만인이 자유로우며 그 무엇도 손상시키지 않는 정치를 향한 변화와 변혁의 파토스를 간과하고 만다. 장자 철학의 한계처럼 보이는 것은 그의 철학의 한계가 아니라 그의 시대의 한계이다. 헤겔의 말처럼, "철학은 사상으로 포착된 그의 시대"이기 때문이다.

장자의 무치주의와 이오니아의 이소노미아의 정치가 일견 매우 다르게 보이는 데는 이유가 있다. 제국을 지향하는 치열한 전쟁으로 인해 개인의 자유와 지역 공동체의 자치가 무력해지는 과정을 경험했던 장자의 시대와 폐쇄적인 그리스 본토를 떠나 개방된 의식과 시민 자치가 이루어진 정치 공동체 속에서 살았던 이오니아 철학자들의 시대의 차이로부터 그 겉보기의 다름이 비롯된 것이다. 본질적으로는 무위자연의 도와 퓌시스(자연)는 같다. 그래서 협소한 인위적인 노모스를 비판하며 세계시민적인 이소노미아의 정치와 만물제동萬物齊同의 자유로운 무치無治의 정치를 지향한다는 점에서, 이오니아 자연철학과 장자의 철학은 동일한 기풍을 지니고 있다.

장자의 눈으로 푸코를 읽다

해방의 댄스 대 자유의 체제

◇ ◇ ◇

그리스 이소노미아의 정치나 장자의 무치주의의 현재적 형태인 무정부주의, 즉 아나키즘은 지배자 없는 시민들의 자치自治를 추구한다. 이러한 무정부주의가 새롭게 조명되고 있는 현실적 이유를 이해하려면 현대 정치 체제의 유형과 흥망성쇠를 고려해야 한다.

현대 아나키즘의 대표적인 주창자인 노엄 촘스키^{Noam Chomsky}는 1970년 「미래와 국가」라는 강연에서 선진국이 취할 수 있는 네 가지 국가 형태를 제시한다. 자유주의, 복지국가자본주의(사회민주주의), 국가사회주의, 리버테리언(아나키즘적인) 사회주의가 그것이다.

우선 국가사회주의는 1980년대 말에 현실 사회주의 국가들이 몰락

함으로써 대안으로서의 매력이 상실되었다. 그다음으로 국가사회주의와 체제 경쟁을 벌인 자유주의는 더욱 공세를 강화했다. 이러한 면을 잘 보여 주는 현상이 경제적 세계화이다. 이러한 자유주의가 신자유주의이다. 신자유주의는 생산력과 경쟁력을 높인다는 명목으로 세계화라는 이름 아래에서 세금 축소, 민영화, 탈규제화, 복지 축소, 노동 시장의 유연화로 대표되는 구조조정 프로젝트를 전 세계에 강요했다. 그 결과로 2008년 미국 월가로부터 시작된 세계적 금융 위기와 심각한 양극화로 인한 사회적 불안정이 극에 달함으로써 신자유주의의 문제점이 명확히 드러났다. 이런 사실로 말미암아 『자유주의 이후*After Liberalism*』에서 이매뉴얼 월러스틴Immanuel Wallerstein이 주장한 "동구권 몰락이라는 사건이 오히려 자유주의가 붕괴되고 '자유주의 이후'의 세계로 확실히 들어선 것"이라는 해석이 매력적으로 다가온다.

다음으로 신자유주의에 대한 대안으로서 다시 경제 민주화라는 이름으로 복지국가 또는 사회민주주의가 부활하고 있다. 그러나 원래 복지국가나 사회민주주의가 1970년대에 한계에 봉착한 까닭에 신자유주의가 이를 비판하면서 등장했던 역사적 사실을 잊어서는 안 된다. 다시 말해서 많은 사람들에게 이상적인 사회로 보였던 사회민주주의적 복지국가도 선진 자본주의의 장기적 불황과 만성적 고실업에 직면하여 좌우파 양쪽에서 공격을 받았기 때문이다. 복지국가의 실패는 사회민주주의의 실패일 뿐만 아니라, 이와 타협했던 케인즈의 복지국가자본주의의 실패이자, 포드주의에 이론적, 실제적 기반을 둔 자유주의적 개혁주의(존 롤스)의 실패이기도 하다. 이 자유주의적 개

장자의 눈으로 푸코를 읽다

혁주의에 대한 자유주의적 대안이 바로 밀턴 프리드먼을 대표로 하는 통화주의와 하이에크의 신자유주의이다. 신자유주의는 이렇게 복지국가의 비효율성과 빈약한 토대를 폭로하면서 역사적으로 등장했다. 이런 까닭에 다시 복지국가자본주의나 사회민주주의로 돌아가자는 주장은 허약하게 들릴 뿐이다. 그래서 그것들이 미래의 정당한 대안인지에 관해서는 여전히 의문이 가시지 않는다.

마지막으로 노엄 촘스키는 이런 상황을 미리 예견하기라도 한 것처럼 리버테리언(무정부주의적) 사회주의를 대안으로 제시한다. 여기에는 아나키즘(무정부주의)과 평의회 코뮌주의(자율 공산주의)까지 포함된다. 가라타니 고진은 『세계공화국으로』에서 이러한 이름들이 지닌 부정적인 함의를 피하려고 리버테리언 사회주의를 '어소시에이션 association'이라고 부른다. 어소시에이션이란 국가사회주의와는 달리 개개인의 자율성과 주체성을 강조한다. 그에 따르면 국가사회주의(구 소련 공산주의), 복지국가자본주의(사회민주주의), 리버럴리즘(신자유주의)은 모두 자본, 네이션, 국가 중 어느 쪽에든 종속되어 있다. 반면에, 어소시에이션(리버테리언 사회주의)은 이것들로부터 벗어나려는 정치적 대안이다. 그런데 이 대안은 현실적으로 존재하는 것은 아니다. 그렇지만 그것은 칸트적인 '규제적 이념'으로서 기능한다. 규제적 이념이란 이념의 실현이 아무리 멀다 해도 이에 가까워지려고 노력하는 것을 의미한다.

현재, 자본 시장이 단일하게 통합화되면서 시장의 탐욕과 혼돈이 세계를 뒤흔들고 있다. 이러한 세계화 시대에 필요한 것은 근대 세계 체제인 자본=네이션=국가를 새로운 패러다임으로 전환하는 것이다. 이런 테제를 명확히 제기한 학자가 가라타니 고진이다. 그는 자신의 책인 『세계공화국으로』에서 이렇게 말한다.

내가 이 책에서 생각하고 싶은 것은 자본=네이션=국가를 넘어서는 길, 바꿔 말하면 '세계공화국'에 이르는 길입니다. 그러나 그러기 위해서는 자본, 네이션, 국가가 어떻게 존재하는 것인가를 명확히 알 필요가 있습니다. 자본, 네이션, 국가는 각기 간단히 부정할 수 없는 근거를 가지고 있습니다. 그것들을 지양하려고 한다면 먼저 그것들이 무엇인가를 인식해야 합니다.

가라타니 고진의 철학적인 입장은 칸트의 비판 철학으로 마르크스의 코뮌주의communism를 재구성하려는 시도이다. 실제로 그는 자신이 이런 시도를 체계적으로 서술한 『트랜스크리틱』에서 다음과 같이 말한다. "내가 하려고 한 것은 마르크스를 칸트적 '비판'에서 다시 생각해 보는 일이었다." 그의 입장은 마르크스의 유물론에 결여된 도덕성을 복원하려는 칸트적인 마르크스주의 노선에 서 있다.

그는 칸트에게서 유토피아적인 사회주의나 프루동과 같은 아나키스트의 모습을 본다. 대표적인 신新칸트학파의 학자인 헤르만 코헨Hermann Cohen의 말을 빌려, 그는 칸트를 "독일 사회주의의 진정한 창시자"라고 생각한다. 자본주의 경제는 타자를 단지 '수단'으로만 취급하지만, 칸트의 '자유의 왕국'이나 '목적의 왕국'은 타자의 인격에서

장자의 눈으로 푸코를 읽다

인간성을 결코 수단으로 취급하지 않고 늘 목적으로 대우하기 때문이다. 칸트 도덕의 핵심은 이성적인 자유로서의 자율이다. 그래서 이성적인 주체의 자유만이 아니라 이성적인 타자에게도 자유로서 대해야 한다. 코뮌주의는 이러한 도덕적인 계기 없이는 결코 존재할 수 없다.

하지만 가라타니 고진의 '칸트와 마르크스의 트랜스크리틱'은 신칸트주의적인 마르크스주의나 기존의 아나키즘과의 차별점을 두려고 한다. 그는 신칸트주의적인 마르크스주의에서는 자본주의에 대한 인식의 느슨함을 발견하고, 동시에 아나키즘에서는 인간을 강제하는 사회적인 관계의 힘에 대한 논리적 파악이 부족함을 들춰낸다. 이런 인식의 느슨함과 논리적 빈곤에 기인하여, '해방의 댄스'를 추려는 그러한 시도들은 항상 무력하게 비극적으로 끝을 맺기 때문이다.

이러한 아나키즘적인 부정 변증법(칸트식으로 말하면 초월론적 가상 비판으로서의 변증론)을 지젝은 다음과 같이 비판한다. "'부정 변증법'은 부정성의 폭발을 사랑하고 '저항'과 '전복'의 상상 가능한 모든 형태를 사랑하지만 기존의 실정적인 질서에 자신이 기생하고 있다는 현실을 극복할 수 없다. 그래서 '부정 변증법'이 이러한 전환을 파악하기는 대단히 어렵다. 그 전환이란 (억압적인) 체제에서 '해방되는 야생의 댄스'로부터 (독일 관념론이 부르는 것처럼) '자유의 체제'로의 전환이다."(『시차적 관점The Parallax View』)

이러한 지젝과 같은 헤겔주의자의 비판에 대응하기 위해 칸트적인 아나키즘의 입장에서 가라타니 고진은 기존 아나키즘의 해방의 댄스에 세계공화국이라는 중심 체제를 부여하려고 노력한다. 다시 말하면

이는 아래로부터의 저항에 위로부터의 시스템을 부과하려는 시도인 것이다. 그럼에도 그는 여전히 칸트적인 아나키스트이다. 다시 말하면 그가 주장하는 세계공화국(위로부터의 시스템)에 의해 외적으로 매개된 '공적 시민의 연합'으로서의 어소시에이션(아래부터의 운동)은 여전히 직접 민주주의의 직접성(헤겔식으로 표현하면 추상성)에서 벗어나지 못한다. 그래서 그것은 진정한 헤겔적인 의미에서 자유의 체제를 형성하지 못한다는 한계를 지닌다. 이것이 변혁 정치학으로 가는 칸트적인 길에 대하여 헤겔주의자인 지젝이 행한 비판의 핵심이다. 물론 여기서 지젝이 말하는 헤겔주의는 기존의 성급하게 모든 차이를 동일성으로 흡수하여 통일적 체제를 구축하려는 헤겔주의와 다르다.

현 대의제 민주주의와 자유민주주의를 비판하며 출현한 현대의 아나키즘은 어소시에이셔니즘(가라타니 고진) 외에도 분자혁명(들뢰즈와 가타리)이나 다중의 절대 민주주의(네그리와 하트) 또는 무정부주의적libertarian 사회생태주의(북친) 및 무정부적 생디컬리즘(촘스키) 등으로 전개되고 있다. 다만 이러한 무정부주의와 겉모양만 무정부주의적인 극단적 자유방임을 주장하는 신자유주의neoliberalism(하이에크) 그리고 자유지상주의libertarianism를 구분해야 한다. 신자유주의와 자유지상주의는 여전히 재산권을 보호해 주는 최소 국가를 요구한다는 점에서 엄밀한 의미의 자유방임도 아니며 무정부주의도 아니다.

원래 아나키즘(부정어 a와 지배를 의미하는 archia의 합성어)과 민주주의 사이에는 차이점이 있다. 민주주의(민중을 의미하는 demos와 지배를 의미하는 kratia의 합성어)도 다수에 의한 지배이기는 하지만 여전히 지

장자의 눈으로 푸코를 읽다

배의 틀에서 벗어나지 못하기 때문이다. 실제로 그리스 아테네의 민주주의는 제국주의적인 착취와 외국인, 여자, 노예에 대한 배제와 차별의 바탕 위에서 가능했다.

장자나 푸코도 넓게 보면 이러한 무정부주의에 속한다고 할 수 있다. 그런데 가라타니 고진의 어소시에이션과 네그리의 절대 민주주의 등 현대적인 형태의 아나키즘에 대한 지젝의 비판을 통해서 아나키즘의 한계가 드러난다. 부정을 위한 부정으로서의 저항과 반항은 결국 기존 체제를 강화하게 된다는 역설이 드러난다. 하지만 이것이 아나키즘의 폐지로 이어질 필요는 없다. 결국 아나키즘도 주체들이 억압받지 않는 자유의 체제를 건설하고자 하는 것이다.

무정부주의 또는 무치주의란 과거의 제국이나 왕정, 또는 현재의 현실 공산주의나 대의제 민주주의처럼 기만적인 정치 시스템을 부정하는 것을 말한다. 하지만 정치 시스템만의 변화는 참된 자유의 공간을 열지 못한다. 왜냐하면 기존 시스템에 종속된 인간성이 변화되지 않았기 때문이다. 결국 사람이나 사물을 종속시키는 시스템을 바꾸면서도 동시에 그 시스템에 의해 생겨난 종속적 주체성도 변형시켜야 한다. 푸코와 장자가 비록 주체성의 변형을 더 강조한 것으로 보이지만, 결국 자유의 체제를 요구한다. 왜냐하면 자유의 체제 없이는 진정한 주체성의 변형도 가능하지 않기 때문이다.

온전한 덕의 시대와 무치주의

◇ ◇ ◇

장자의 무치주의는 마지막 편인 「천하」에서 내성외왕內聖外王으로 표현되기도 한다. 특히 『내편』의 「대종사(계보학으로 본 위대한 으뜸 스승)」는 내성(참다운 인간)이 되는 법을, 「응제왕(제왕에 응답하기, 또는 제왕의 자격)」은 외왕의 통치 방식(무치)을 보여 준다고 해석되기도 한다. 「응제왕」은 매우 단편적인 성격이 강해서 도리어 『외편』의 「변무」, 「마제」, 「거협」, 「재유」 앞부분의 네 편이 훨씬 더 체계적으로 무치주의를 변론한다. 이 편들은 장자 후학 중에서도 노자의 원시주의를 지향하는 무군無君파의 저작으로 알려져 있다. 그리고 「양왕」, 「도척」, 「어부」의 세 편도 유가의 덕치를 날카롭게 비판하면서 양주의 양

생적인 개인주의〔爲我論〕를 지향하는 무군파의 저작으로 간주되기도
한다. 이에 반해, 묵가와 유가의 장점까지 흡수하는 종합적인 성격의
황로黃老파의 작품으로는 「천지」, 「천도」, 「천운」, 「재유」 뒷부분, 「각
의」, 「선성」, 「천하」편 등이 꼽힌다. 황로파는 무치로서의 지덕지세至
德之世를 추구하는 무군파와는 다르게 내성외왕을 강조한다.

「재유」에 장자의 무치주의가 잘 표현되어 있다.

천하를 있는 그대로(자연대로, 在) 놓아둔다는(풀어준다는, 宥) 이야기
는 들었어도 천하를 다스린다는 말은 듣지 못했다. 천하를 있는 그대로 두
는 까닭은 천하 사람들이 타고난 본성을 어지럽힐까 염려해서이고, 놓아
두는 까닭은 천하 사람들이 타고난 덕[天德]을 바꿀까 염려해서이다. 천하
사람들이 자기 본성을 어지럽히지 않고 자신의 덕을 바꾸지 않는다면 천
하를 다스릴 일이 있겠는가.(「재유」)

장자의 무치주의는 혈연적인 폐쇄적 노모스인 인의를 비판하기 위
해 우선 사회적 질서를 대표하는 이름을 없앤다. 이름을 없앤다는 것
은 결국 사회 질서의 변혁인 것이다. 이것이 코스모폴리턴적인 이소
노미아의 정치인 것이다. 「응제왕」에 보면 이런 특징이 잘 드러난다.

천근天根이 은산의 남쪽에서 노닐 적에 요수 물가에 이르러 마침 무명
인無名人을 만나 그에게 이렇게 물었다.

"청컨대 천하를 다스리는 일에 대해 여쭙습니다."

무명인이 대답했다.

"물러가라. 그대는 비루한 사람이다. 어찌 물음이 이다지도 불쾌한가. 나는 바야흐로 조물자와 함께 벗이 되었다가 싫증이 나면 또 아득히 멀리 나는 새를 타고 육극(동서남북위아래)의 밖으로 나가서 '무하유無何有의 고향'에서 노닐고, '광막廣漠의 들판'에 머물고자 하는데, 그대는 무엇 때문에 천하를 다스리는 일로 나의 마음을 흔들어대는가?"

천근이 또다시 묻자 무명인이 대답했다.

"그대가 마음을 담담한 곳에 노닐고, 기를 적막한 곳에 부합시켜서, 사물의 자연을 따라 사사로운 욕심을 용납하지 아니하면 천하는 다스려질 것이다."(「응제왕」)

이 대화의 주인공들은 이름부터 범상치 않은 천근天根과 무명인無名人이다. 천근이란 하늘의 뿌리를 말하는데, 이는 인위적인 뿌리에서 온 자가 아님을 뜻한다. 인위적인 뿌리란 사회 질서로서의 유명有名의 세계이다. 그런 천근이 정치에 대한 자문을 구하는 대상이려면 역시 사회적 욕망에 종속된 자이어서는 곤란하다. 그래서 이름 없는 사람(무명인)이 그 조언자가 된다. 이름 없는 자는 '무하유의 고향'과 '광막의 들판'에서 자유롭게 노니는 상상의 나래를 펼친다. 두 말이 상징하는 것은 위계질서가 있는 국가적 지배 시스템에서 벗어난 무군無君(무지배)의 이소노미아의 땅이며 배제와 차별이 난무하는 좁은 혈연 공동체와 그 규범인 인의仁義의 노모스에서 벗어나면서도 제물론에 의해 특이성이 인정되는 평등한 코스모폴리스이다.

장자의 눈으로 푸코를 읽다

이를 통해 알 수 있는 것은 장자의 무치주의는 천근이나 무명인처럼 주체성의 변형과 무하유지향이나 광막지야처럼 자유의 체제로의 변혁을 추구한다는 것이다. 하지만 체제 변혁의 출발점은 인간 변화이다. 그러기 위해서는 관점의 전환과 가치의 전도로부터 시작해야 한다. 다시 말해서 지배와 차별의 서열 시스템에서 벗어나려면 인위적인 도덕이라는 노모스와 권력 지식 복합체를 비판해야 한다. 이 점은 「응제왕」의 다음의 이야기에 잘 나타나 있다.

견오肩吾가 미치광이 접여接輿를 만났다.

미치광이 접여가 말했다.

"요 전날 점쟁이 중시中始가 그대에게 무엇을 말해 주던가?"

견오가 말했다.

"저에게 이렇게 일러 주었습니다. '군주 노릇하는 자가 자기 스스로 마땅한 법식과 올바른 법도를 실천하면 백성들이 누가 감히 복종하고 교화되지 않겠는가.'"

광접여가 말했다.

"이것은 거짓 덕이다. 그런 것으로 천하를 다스린다는 것은 마치 바다를 맨발로 걸어서 건너고 강물을 맨손으로 파서 길을 내며 모기의 등에 산을 짊어지게 하는 것과 같다. 성인의 다스림이 외면을 다스리는 것인가? 자기 자신을 바르게 다스린 뒤에 시행되어서 확고하게 자기가 할 일을 잘할 뿐이다.

또한 새는 높이 날아서 주살의 해를 피할 줄 알고, 생쥐는 신단 아래 깊이 구멍을 파서 연기를 피우거나 파헤쳐지는 재앙을 피할 줄 아는데 자네는 어찌 그래 이 두 벌레의 지혜도 알지 못하는가?"(「응제왕」)

왜 접여는 미치광이인가? 거꾸로 뒤집어진 미친 세상을 바꾸려면 이를 다시 뒤집어야 하기 때문이다. 기존 관점에서 좋은 정치는 '마땅한 법식과 올바른 법도'을 실천하는 유가의 덕치이다. 유가의 덕치는 비록 정치 지도자인 군주나 대신의 윤리적 수양을 중시하지만 이는 결국 혈연 중심적인 배타적 노모스인 인의에 바탕을 두고 있다. 또한 위민爲民을 추구하지만 이는 위계질서에 바탕을 둔 차별적인 신분제 질서를 강화하는 정명正名으로 귀결된다. 미치광이 접여는 이러한 정치를 거짓 덕, 위선僞善으로 규정한다. 미친 그에게 기존의 관점은 지배자의 관점일 뿐이다. 기존 도덕은 서열과 착취의 정당화의 기준일 뿐이다. 조릉의 장자가 일갈했듯이 이러한 위선자는 본인이 위험에 처한 줄도 모르는 위기의 인간일 뿐이다. 본인은 영리하다고 착각하지만 미천한 두 벌레의 지혜보다 못할 뿐이다. 이러한 관점을 바꾸고 가치를 뒤집기 위해 미친 그는 먼저 타인의 통치보다 자기의 테크놀로지를 요구한다.

「재유」에서 혈연적인 노모스에 대한 도덕 계보학적인 비판을 시작으로 덕치인 왕도 정치가 패도 정치로 전락하는 과정과 욕망이 날뛰는 미친 세상이 되어가는 양상을 풍자적으로 그리는 대목이 나온다.

1) 옛날 황제黃帝가 처음 인의仁義로 사람들의 마음을 흔들어 댔다. 이

때문에 요堯임금과 순舜임금이 다리의 털이 없어질 정도로 부지런히 일해서 천하 사람들의 몸을 기르고 온몸을 수고롭게 하면서 인의를 행하고, 혈기를 괴롭히면서 법도를 만들었다. 그러나 여전히 다 감당하지 못해서 요임금은 결국 환두를 숭산으로 추방하고 삼묘를 삼위에 몰아내고 공공을 유도로 유배 보냈으니 이는 천하를 감당하지 못해서이다.

2) 이윽고 삼왕(하은주)의 시대에 이르러서는 천하가 크게 놀라게 되었으니 아래로는 걸과 도척 같은 대악당이 나타나고 위로는 증삼이나 사추 같은 큰 인물이 나오게 되었다. 이에 유가와 묵가가 모두 일어나 이들을 좋아하고 싫어하는 이가 서로 의심하며 어리석은 이와 지혜로운 이가 서로 속이며 착한 이와 악한 이가 서로 비난하며 거짓된 자와 신의를 중시하는 자가 서로 비웃어 천하가 쇠퇴하게 되었다.

3) 현동玄同의 대덕大德이 해체되고 타고난 성명性命이 어지러워지고 천하 사람들이 지식을 좋아하고 욕심을 끝까지 부리게 되었다. 이에 이르러 자귀나 톱으로 자르는 형벌이 가해지고 새끼줄이나 밧줄로 묶어 죽이고, 몽치나 끌로 사람을 결딴내게 되어, 천하가 크게 어지러워졌으니 이 죄는 사람들의 마음을 흔든 데에 있다.

4) 그 때문에 현자들은 높은 산이나 험준한 바위 아래 숨어 살게 되고, 한편 만승 대국의 군주는 조정의 권좌 위에서 근심 속에 두려워 떨게 되었다.

5) 지금의 세상에서는 사형당해 죽은 사람들의 시신이 서로 베개를 베고 누워 있고, 차꼬를 차고 칼을 쓴 죄수들이 서로 밀칠 정도로 바글거리고, 형륙을 당한 자들이 서로 마주 볼 정도로 많은데 유가와 묵가의 선생이란 자들은 차꼬와 수갑을 찬 죄인들 사이에서 뛰어다니며 팔을 걷어붙

이며 뽐내고 있으니 아! 심하구나! 그들이 부끄럼 없이 수치를 모름이 심하다. 나는 성聖과 지知가 차꼬나 목에 씌우는 칼 따위의 쐐기가 되지 않는다고 확신하지 못하겠고, 인의가 질곡을 채우는 자물쇠가 되지 않는다고 확신하지 못하겠으니 어찌 증삼이나 사추가 걸이나 도척의 효시가 아니라고 확신할 수 있겠는가. 그 때문에 성과 지를 끊어 버려야 천하가 크게 다스려질 것이라고 하는 것이다.(「재유」)

이 글을 다섯 단계로 구분해서 보면, 1) 먼저 유가의 성인을 대표하는 문명의 창시자 황제가 출현한다. 그는 혈연적인 노모스인 인의仁義를 표방한다. 그러자 그 이후로 유가적인 덕치를 대표하는 요임금과 순임금의 활약이 그려진다. 하지만 그들은 쉴틈없이 바쁘기만 하고 덕치를 위해 극악한 자들을 추방하거나 유배하는 패도 정치를 구사하게 된다. 이렇게 덕치인 왕도가 패도覇道로 전락하는 모습이 풍자적으로 그려진다.

2) 그러한 덕치의 결과로 선과 악이 출현한다. 여기서는 니체적인 도덕 계보학이 구사된다. 예를 들어 도척 같은 대악당과 더불어 증삼이나 사추 같은 대단히 도덕적인 인물이 나오게 된다. 이로써 유가나 묵가와 같은 다양한 학파들이 등장해서 선과 악을 놓고 논쟁이 끊이지 않고 천하는 가치의 대혼란에 빠지게 된다.

3) 인의라는 혈연적 노모스와 다양한 학파들의 지식 추구로 인해 자연의 노모스의 큰 덕은 해체되고 현묘한 만물제동은 사라짐으로써 서열과 경쟁의 사회가 된다. 사람들은 이런 사회의 질서에 종속되어 무

한한 지식과 욕망을 추구하며 위험한 사회를 만들어 간다. 경쟁적인 욕망과 스펙의 사회가 탄생한 것이다. 이의 결과는 범죄의 확대와 처벌의 강화이다. 정치 지도자들은 범죄와의 전쟁을 선언하지만 범죄는 날로 늘어가고 형벌로 인한 백성들의 고통도 끝없이 증가한다.

4) 욕망 투쟁으로 타락한 현실로 인해 그 사회의 지도층도 편안하지가 않게 된다. 도덕성이 높은 지혜로운 사람들은 이런 부패한 현실에 절망하여 산과 계곡에 은둔하는 선비가 되어 절개를 지키는 고단한 삶을 산다. 반면에 만승 대국의 강력한 군주를 비롯해 모든 문무 대신들이 권력 투쟁의 소용돌이에 휘말려 비명횡사하는 일이 많았다.

5) 결국 이 모든 것은 전도된 가치 때문에 일어난 것이다. 유가의 성인(聖)과 권력 지식 복합체(知)는 인류를 자유와 행복으로 인도한 것이 아니라 형벌과 감시의 지배 시스템일 뿐이며, 성인이 정한 인의라는 혈연적 노모스는 선과 악의 흑백논리로 사회와 사람들을 가두는 족쇄인 것이다. 이러한 논의 과정이 장자식의 도덕 계보학으로서의 역사 비판 존재론이다. 이에 따르면 결국 지배 시스템인 성(聖)과 지(知)를 버려야 위대한 정치가 실현된다.

지배 시스템을 변혁하려면 다시 주체성의 전환이 요구된다. 그러기 위해서는 기존의 상징계에 사로잡혀 큰 타자의 욕망을 추구하는 자신을 버려야 한다. 「응제왕」에서 이러한 참다운 인간으로서 온전한 인간의 실존 미학이 등장한다.

　　명예의 주인이 되지 말며, 모략의 창고가 되지 말며, 일의 책임자(군주를 섬기는 관리)가 되지 말며, 지혜의 주인이 되지 말라. 다함이 없는 도道를 완전히 체득해서 흔적이 없는 무위자연의 세계에 노닐도록 하라. 하늘에서 받은 것을 극진히 하되 이익을 보지 말아야 할 것이니 오직 마음을 비울 따름이다.

온전한 인간至人의 마음 씀씀이는 마치 거울과 같아서, (사물을) 보내지도 아니하고 맞이하지도 아니하며, 비추어 주기만 하고 모습을 간직하지는 않는다. 그 때문에 능히 외물外物을 극복하고 상하게 하지 않는 것이다.(「응제왕」)

온전한 인간이란 미쳤기에 온전한 것이다. 마음을 비우고 자신을 버린다는 것은 세상이 보기에는 미친 짓이다. 그러나 이미 세상이 미쳐 있기에 다시 미친다는 것은 온전해짐을 의미한다. 이것이 가치의 전도이다. 가치의 전도 없이 기존 시스템 안에서 무언가를 한다는 것은 결국 기존 시스템을 강화하는 일인 것이다. 그래서 온전한 인간은 명예나 권력, 지혜를 추구하지 않고 무위자연의 도를 터득하여 흔적이 없이 마음을 비운다. 이런 까닭에 온전한 인간은 사회적 질서가 만든 사물의 이미지外物(욕망의 원인이자 대상)를 극복하고 이익에 집착하지 않기에 지배와 소유로 만물을 상하지 않게 한다.

장자가 그린 자유의 체제는 크게 보면. 무군無君의 지덕지세(온전한 덕의 세상), 즉 이소노미아의 아나키즘과 내성외왕(내면은 성인이고 외면은 제왕), 즉 철인왕의 무위적 지배 시스템으로 나뉜다. 우선 「거협」에 나타난 온전한 덕의 세상에 관한 논의는 다음과 같다.

　　　　　　　　장자의 눈으로 푸코를 읽다

1) 그대도 "온전한 덕의 시대[至德之世]"를 알고 있을 것이다. 그 옛날 용성씨·대정씨·백황씨·중앙씨·률륙씨·려축씨·헌원씨·혁서씨·존로씨·축융씨·복희씨·신농씨 등 열두 명의 제왕이 천하를 다스렸던 시대가 있었다. 그 시대에는 백성들이 새끼줄을 묶어서 서로 뜻을 전달하면서 자기들이 먹는 음식을 달게 여겼으며 자기들이 입는 옷을 아름답게 여겼으며 자기들의 풍속을 즐거워했으며 자기들이 사는 집을 편안하게 여겼다. 이웃 나라가 서로 바라다 보이고 닭 우는 소리와 개 짖는 소리가 서로 들릴 정도였는데도 백성들은 늙어 죽을 때까지 서로 오가지 않았으니 이 시대야말로 지극히 잘 다스려진 시대였다.

2) 그런데 지금에 와서는 마침내 백성들로 하여금 목을 길게 **빼**고 발뒤꿈치를 들고서 "어디 어디에 현자가 있다"고 해서 식량을 짊어지고 달려가게 함에 이르렀다. 그렇게 해서 결국 안으로는 어버이를 버리고 밖으로는 군주에 대한 의무를 내던져 발자취가 다른 제후국의 영토까지 미치고 수레바퀴 자국이 천 리 밖에까지 연결되게 되었으니 이것은 윗사람이 지혜를 좋아하게 되었기 때문에 비롯된 과실이다.

3) 윗사람이 참으로 지혜를 좋아하고 도를 무시하게 되면 천하는 크게 어지러워질 것이다. 어떻게 그러함을 알 수 있는가. 무릇 활과 쇠뇌, 새그물과 주살 따위의 도구를 이용하는 지혜가 많아지면 새들은 하늘에서 어지러움에 **빠**지고, 낚싯바늘과 미끼, 크고 작은 그물, 삼태그물과 통발 따위를 이용하는 지혜가 많아지면 물고기들은 물속에서 어지러움에 **빠**지고, 목책과 새잡는 그물, 토끼그물, 짐승 잡는 그물 따위의 도구가 많아지면 짐승들이 늪에서 어지러움에 **빠**지고, 남을 속이는 못된 지혜, 매끄러운

말재주와 견백론堅白論 따위의 그릇된 언변과 같음과 다름[同異]의 궤변이 많아지면 세속의 사람들이 이 같은 말다툼으로 인해 어지러움에 빠진다.

4) 그러므로 천하 사람들이 모두 아직 알지 못하는 것을 알려고만 하고 이미 알고 있는 것을 추구할 줄 모르며, 모두 좋지 않다고 생각하는 것을 비난할 줄만 알고 이미 좋다고 생각한 것을 그르다고 할 줄은 모른다. 그 때문에 어지러운 세상이 출현한다. 그러므로 위로는 해와 달의 밝음에 어긋나고, 아래로는 산천의 정기精氣를 태워 버리고, 중간에서는 사계절의 자연스런 운행을 파괴하여 땅 위를 꿈틀거리는 벌레와 나비나 벌 같은 작은 곤충까지도 모두 그 자연스런 본성을 잃고 만다. 심하구나. 지혜를 좋아함이 천하를 어지럽힘이여. 하夏, 은殷, 주周 삼대 이하의 세상이 바로 이런 시대에 해당한다. 저 소박한 민중들을 버리고 곰상스러운 말재간꾼이나 좋아하며, 편안하고 담백하며 작위가 없는 무위를 버리고 어지러이 말재주를 부리는 인위적 욕망을 좋아하니 말이 많아지면 천하가 어지러워진다.(「거협」)

이 글은 크게 두 부분으로 대조된다. 장자의 무치주의가 그린 이상적인 사회상인 '온전한 덕의 세상'과 온전한 덕이 상실된 이후의 '가치 전도의 병든 사회'가 그것이다. 1)에서는 마치 노자의 소국과민小國寡民과 같은 세상이 그려진다. 반면에 나머지에서는 효율성에 빠져 유용한 과학적 지식에만 몰두하며 생태계를 파괴하는 기계 문명이 그려진다. 또한 욕망이 날뛰는 좌치坐馳에 빠진 인간들이 끝없는 경쟁을 통해 인간에 의한 인간 착취가 존재하는 문명 사회가 묘사된다. 권력의 도

　　　　　　　　　　　　　장자의 눈으로 푸코를 읽다

구가 되는 지식과 이익이 되는 기술의 효율성에 취하여 가치가 뒤집어진 사회의 일그러진 모습이 폭로된다. 권력과 이익을 쟁취하고 민초들을 착취하기 위한 궤변이 정교한 논리로 발전하여 천하 사람들을 어지럽게 만드는 지식인의 몰골이 드러난다. 예를 들어 흰 말이 말이 아니라는 견백론堅白論의 언변과, 권력이나 이익을 위해 같음과 다름[同異]에 관한 궤변이 판을 치며 순박한 민중들의 여론을 조작한다. 이는 플라톤의 소피스트 비판과 마르크스의 종교 비판을 연상시킨다.

'지덕지세'의 논의가 '오래된 미래'의 모델로서 보다 과거 지향적이라면, '내성외왕'의 논의는 적극적으로 현실의 체제를 바꾸고 분열된 세상에 통일로 가는 길을 그리는, 보다 미래 지향적이다. 후자는 황로파의 종합적인 사상적 경향이 반영된 「천하」에서 분명히 제시된다.

그 때문에 천하가 캄캄해져 크게 어지러워지는 것은 그 죄가 지혜를 좋아하는 데 있다. 천하가 크게 어지러워지자 현인, 성인이 모습을 감추었고, 도道와 덕德이 하나로 통일되지 못해서 천하 사람들이 일부만 알고 스스로 만족하는 경우가 많아졌다. 비유하자면 귀, 눈, 코, 입이 각자 밝게 아는 부분이 있지만 서로 소통하지 못하는 것은 마치 제자백가의 여러 학술이 서로 소통하지 못하는 것과 같다. 모두 나름대로 뛰어난 점이 있어 때로 그 기술을 쓸 곳이 있다. 비록 그렇지만 전부를 포괄하거나 두루 미치지 못하여 일부분밖에 알지 못하는 선비들[一曲之士]이다.

그들은 본래 하나인 천지의 미덕을 멋대로 가르고, 본래 하나인 만물의 이법理法을 쪼개며, 고인古人들이 체득했던 도술道術의 전체를 산산조각

내서, 천지의 아름다움을 갖추고 천지의 신묘하고 밝은 모습[神明]에 꼭 맞출 수 있는 이가 적다.

이 때문에 내면으로는 성인이면서 밖으로는 제왕이 되는 도(내성지왕內聖外王의 도道)가 어두워서 밝게 드러나지 못하며 막혀서 나타나지 못하여 천하의 모든 사람들이 각각 자기가 하고 싶은 대로 해서 그것을 스스로 방술方術이라고 여기니 슬프도다. 제자백가들은 각자 앞으로 나아가기만 할 뿐, 돌아오지 않아서, 절대 도道와 만나지 못할 것이다. 후세의 학자들은 불행히도 천지의 순수함과 고인古人의 대체大體를 보지 못할 것이니 도술道術이 천하 사람들 때문에 바야흐로 찢겨질 것이다.(「천하」)

이 글도 도道의 일면이나 부분만 아는 '일곡의 선비'와 도의 전체성을 파악한 '내성외왕'의 대조법으로 구성되어 있다. 당시의 유력한 학파인 유가나 묵가를 비롯한 제자백가諸子百家를 모조리 '일곡의 선비'로 규정한다. 이들로 천하가 더욱 분열되고 혼란해지는 실상을 질타한다. 마치 분열의 시대를 아파하며 통일의 철학을 꿈꾼 헤겔처럼 이 편의 저자들도 각 학파의 부분성을 나름대로 긍정해 준다. 총체성을 파악하지 못해 자신의 욕망으로 천하의 공익公益을 저버리고 왜곡된 학술로 오히려 천하를 분열시키고 만다. 반면에 내성외왕은 도의 대체大體를 파악하여 천지의 신명神明에 부합하게 행동함으로써 분열된 천하를 통일로 가져오는 역할을 담당하게 된다.

그렇다면 천하통일로 가는 내성외왕의 무위의 통치술이란 무엇인가? 「천도」에 다음과 같이 나와 있다.

장자의 눈으로 푸코를 읽다

마음을 비우고 고요함을 지키고 편안하고 담백하며 적막하면서 하는 일이 없는 것은 만물의 근본이다. 이것을 분명히 알아서 남쪽을 바라보며 천하를 다스린 것이 요의 임금 노릇이었고, 이것을 분명히 알아서 북쪽을 바라보고 임금을 섬긴 것이 순의 신하 노릇이었다. 이것을 가지고 윗자리에 머무는 것이 제왕과 천자의 덕이고, 이것을 가지고 아래에 머무는 것이 깊은 덕을 가진 성인과 왕위 없는 왕자의 도리이다. 이것을 가지고 물러나 머물면서 한가로이 노닐면 강과 바다 산림 속에 숨어 사는 은자들까지 심복할 것이고, 이것을 가지고 나아가 세상 사람들을 어루만지면 공명이 크게 드러나 천하가 통일될 것이다. 고요히 멈추어 있으면 성인이 되고 움직이면 제왕이 되고 무위하면 존중받고 자연 그대로의 소박을 지키면 천하에서 아무도 그와 아름다움을 다툴 수 없을 것이다.(「천도」)

분열된 천하가 하나가 되려면 우선 만물의 근본인 도道의 소박성을 지켜야 한다. 그러기 위해서는 인위적인 노모스의 번잡함을 버리고 자연 그대로의 소박함을 유지하면서 기존 질서에 사로잡힌 종속된 자아 정체성을 찢는 자기의 테크놀로지를 구사해야 한다. 이렇게 변형된 주체성을 바탕으로 기존 체제를 강화하는 일이 없이 무위無爲하면 된다. 무위란 억압된 체제를 강화하지 않는 것을 말하고 지배하지 않음을 의미한다. 지배하는 자들이 없게 되면 자유의 체제로의 변혁이 일어난다. 그래서 무위하지만 천하통일이 이루어지게 된다. 무위의 정치, 즉 무치의 출발점은 지혜로 포장된 기성의 진리와 싸우는 것이다. 이를 푸코는 진리의 정치경제학이라고 부른다.

국지적이고 특수한 문제를 묻는 행위가
정치의 회피인가?

하버마스에 의하면 푸코를 위시한 포스트모던 철학자나 해체론자들이 근대성 전체를 일방적으로 매도함으로써 근대성의 해방력을 내버린다는 점에서 그들의 정치적 색깔은 본질적으로 젊은 보수주의이다. 이와는 다르게 어떤 해석자들(Nancy Fraser, Richard J. Bernstein 등)에 따르면 푸코가 근대성의 핵심인 데카르트적인 휴머니즘에 대하여 근본적인 문제를 제기한다는 점에서 결코 보수주의자로 규정될 수 없다는 점은 인정된다. 하지만 비非데카르트적인 휴머니즘, 즉 새로운 실천적 주체성의 가능성이나 개념적인 도구들을 다 해체해 버렸기 때문에 효과적으로 대안을 제시하지 못한다는 점이 문제이다. 그래서 푸코의 근대성 비판은 현실적으로 긍정적인 효과를 거둘 수 없기에 그의 정치학은 매력적인 해결책이 될 수 없으며, 혼란스럽고 모순적이어서 일관성까지 결여되어 있다.

이런 비판들과 관련해서 푸코는 「진리와 권력」에서 자신의 정치적 입장에 대해 대단히 흥미로운 발언을 한다. "처음부터 나는 마르크스주의자로부터도 적으로 간주되었고, 우파에 의해서도 적으로 간주되었고, 중도적인 인사들로부터도 적으로 간주되었다."

이와 연관해서 자신이 하버마스와 파리에서 나눈 대화에 관해 이야기한다. 하버마스는 하이데거 사상의 정치적 함축을 매우 위험하다고 보고 그를 신新보수주의자라고 비난한다. 왜냐하면 하이데거가 나치 정권으로부터 총장으로 임명되었고, 나치의 공식 문서에 서명했으며 나치에 동조하는 연설을 했기 때문이다.

그런데 푸코에 따르면 하버마스의 철학적 기초인 도덕주의자 칸트에 관한 연구로 유명한 철학자가 철저하게 나치를 지향했던 부끄러운 과거를 고백한 사실이 있다. 마찬가지로 대단히 도덕주의적인 스토아 철학의 연구가도 나치의 총통을 찬양하는 글을 쓴 적도 있다. 이런 사례들을 들면서 푸코는 다음과 같은 질문을 던진다. 하이데거의 철학은 비난받는 반면에, 이 두 명의 도덕철학자들의 나치 가담은 그보다 더하면 더했지 덜한 것이 아님에도 비난받지 않는 이유는 무엇인가? 이 둘의 사상적 모태인 스토아 철학이나 칸트 철학 역시 비난받지 않는 이유는 무엇이란 말인가? 또 하나의 재미있는 사실은 스스로를 앙가주망(실천적 참여)의 철학자로 규정한 사르트르, 보부아르, 메를로 퐁티 중 어느 누구도 레지스탕스로서의 어떤 임무도 전혀 맡지 않은 반면에, 수학의 내적 구조의 발전에 관심이 있는 수학사가인 카바이예는 레지스탕스 활동에 적극 참여했다는 점이다.

이렇기 때문에 한 사상가의 정치적 입장을 이야기할 때 단순히 그 이론의 차원만이 아니라 그 '실험적 태도'도 고려해야 한다. '그가 생각하고 말한 것', 즉 '이론'을, '그가 하고 있는 것', 즉 '실험적 태도', 다시 말해서 '그가 어떤 사람인지'와 대비시켜야 한다. 그런 점에서 정치학을 윤리학과 분리해서는 안 된다. 정작 필요한 것은 윤리학으로서의 정치학이다.

이런 특징을 이해하지 못하는 해석자들에게 푸코의 정치학은 근대성의 잠재력을 비판함으로써 역사를 전前근대로 되돌리려는 보수주의이거나 아니면 대안 없는 비판에 젖은 낭만적 반항주의로 보인다. 하지만 그를 비판하는 하버마스가 도리어 '계몽의 협박'에 빠진 것은 아닌가? 단지 언어적 차원의 비판, 즉 칸트적인 인식 비판이나 진리의 분석론을 통해 근대성의 실천적인 해방력을 복원하려는 하버마스의 시도가 대단히 관념적이며 비현실적인 것은 아닌가? 일부 해석자들처럼 근대성에 종속된 주체성에 대한 충실한 비판과 전면적인 해체 없이 성급하게 새로운 대안적 시스템이나 새로운 주체성에 대해 논의하며 푸코 정치학의 해방적 잠재력을 간과하는 것은 이들이 여전히 기존의 프레임에 매여 있다는 반증이 아닌가?

하버마스식의 언어 비판과는 달리 푸코는 실천적인 비판의 노선 위

장자의 눈으로 푸코를 읽다

에서 '구체적 자유의 공간'(「구조주의와 탈구조주의」)을 찾는 해방적인 실천가이다. 왜냐하면 그는 여러 분야의 담론들을 미시적인 권력 효과와 종속적 주체화의 관계성 속에서 역사적으로 분석하면서도 '근대성의 협박'에 굴복하지 않고 이를 견디며 치유(Verwündung, 하이데거의 언어)하고자 하기 때문이다.

「진리와 권력」에 의하면, 사르트르식의 보편적 지식인이 서술하는 '총체화의 역사une histoire globale'는 추상적이지만 한정적인 데 반해서, 푸코식의 계보학과 같은 '일반적 역사une histoire générale'는 구체적이지만 일반적이다. 이러한 그의 역사관을 오해한 세인들의 비판에 대해 푸코는 『푸코의 마르크스』에서 다음과 같이 정리한다. "사람들은 나보고 내가 국지적인 문제만을 제기할 뿐, 총체적인 문제에 관한 입장은 제시하지 않는다고 말하지요." 더 정확히 말하면 그들은 "내가 일반적이고 보편적인 문제들에 관한 관심을 분산시키기 위해 특수한 문제들을 제기한다고 비판하지요."

실제로 그도 인정하듯이 그 자신이 "제기한 문제들은 항상 국지적이고 특수한 문제들과 관련"된다는 것은 맞는 사실이다. 그리고 더 나아가 사회에 대한 거대 담론들이 신뢰할 수 없기 때문에 그는 "지식인들이 학구적이고 학술적이며 박식한 연구들로부터 출발해서는 그들이 살고 있는 사회의 핵심적인 문제들을 지적해 낼 수 없다고 생각"한다. 반면에 그는 "'비非지식인들'과 협력하는 주요 형태는 그들의 문제를 듣고 그들과 함께 작업하면서 국지적이고 특수한 문제들을 정식화하는 것"이라고 생각한다. 예를 들어 광기나 정신병원이나 범죄나 감옥에 대해서 문제를 제기하는 것이다. 그런데 이러한 문제들은 구체적이고 특수한 문제이지만 충분히 일반적인 문제가 될 수 있다. 다만, 이는 통상적인 의미의 일반성이 아니다. 이는 합리성의 문제로 일반화되는 것이다.

그런데 합리성의 역사는 총체적인 역사는 아니지만 일반적인 역사로 규정된다. 왜냐하면 지식 및 이성과 합리성의 문제는 현대에서는, 특히 최소한 서구 사회에서는 계속 되풀이되고 있다는 점에서 가장 일반적인 문제이기 때문이다.

"결국, 하나의 사회를 그것의 광기에 대한 관계라는 국지적이고 아주 특수한 문제에서 그려내는 것보다 더 일반적인 문제가 어디 있겠습니까? 혹은 사회를 구체화된 '합리성'으로 인식하게 되는 방식보다 더 일반적인 문제가 무엇인지요? 어떠한 방식으로 사회는 '이성'에 그리고 그 자신의 이성에 권력을 부여하는 것입니까? 어떻게 이러한 합리성이 일반적인 의미에서의 이성으로 간주되고 이성의 이름으로 누군가의 권력이 다른 이들 위에 세워지게 되는 것입니까? (……)

그러나 나는 그런 식으로 문제를 제기함으로써 다른 사람들에게 이러한 국지적이고 특수한 문제들이 일반적인 문제로 드러나도록, 아니 적어도 사람들이 기존에 일반적이라고 생각했던 문제들과 동등한 정도의 일반적인 문제로 드러나도록 할 수 있다고 믿고 있습니다. 이성의 지배도 자본의 지배 못지않게 일반적인 문제가 아닐까요?(『푸코의 마르크스』)

장자의 눈으로 푸코를 읽다

자본의 지배 못지않게 이성의 지배도 일반적인 문제이므로 지식, 이성, 합리성의 문제는 일반적인 것이다. 광기나 정신병원과 감옥과 같은 국지적이고 특수한 문제도 결국 이러한 합리성의 문제틀로 수렴되는 것이다. 이런 일반적인 역사인 계보학의 관점에서 보면 국지적이고 특수한 문제를 제기한다고 해서 절대로 정치적인 관심을 분산하기 위한 것이 아니다. 도리어 이런 문제제기를 통해 합리성의 일반적 역사를 펼쳐 보이고 '구체적인 자유의 공간'을 찾아 우리 시대와 우리 자신의 변형을 기존의 '진리의 통치 체제' 안에서 투쟁적으로 시도한다.

그러나 푸코가 제기한 국지적이고 특수한 문제에서 우리는 우리 시대의 일반적인 문제를 볼 수는 있지만, 이는 결국 이성의 지배에 대한 문제제기로만 보인다. 다시 말해서 자본의 지배와 관련된 정치경제적인 제도나 정책의 문제에 대해 회피한다는 의혹을 지울 수는 없지 않는가? 다시 말해서 그의 비판이 더 폭넓은 실천이나 프로그램과 연결될 필요가 있지 않은가? 이와 관련해서 『푸코의 마르크스』에서 질문자는 다음과 같이 푸코에게 질문을 던진다.

당신은 자신이 제기한 문제에 대해 구체적인 해결책을 이야기하지 않습니다. 반면에 정당들은 특정한 사건에 대해 일정한 입장을 고수합니다. 당신은 그런 태도를 통해, 정당에 어떤 도움도 주지 않습니다.

이런 정치적 의혹과 관련해서 푸코는 독단적인 교리문답에 빠진 스탈린주의와 대의 민주제의 정당 놀음에 빠진 프랑스 공산당에 대해 전적으로 회의를 할 수밖에 없는 당시의 상황을 거론한다. 이에 그는 새로운 지식인상을 제시한다.

나는 오늘날 지식인의 역할이 규칙을 설립하거나 해결책을 제안하거나 혹은 이런저런 예언을 하는 데 있다고 보지 않습니다. 그렇게 함으로써 지식인은 권력이 특정한 상황(내가 보기엔, 비판받아야 마땅한 상황)으로 작동하는 데 도움을 줄 뿐입니다.

그런데 「진리와 권력」에 의하면 근대의 지식인상知識人像은 법률가나 저명한 문학 작가로부터 연원된 모범적인 인물로서 보편적인 진리와 양심을 대변하는 예언자이자 입법가이다. 이러한 지식인은 보편적 의식의 담지자인 프롤레타리아를 대변해야 하므로 더 의식적이고 정교한 형태의 보편적 의식의 담지자가 된다. 이런 점에서 지식인은 민중을 리드하는 전위부대Avant_garde이다. 그러나 푸코는 이러한 지식인에 대한 그림이 바뀌어야 한다고 주장한다.

반면에 『푸코의 마르크스』에 따르면 현대의 지식인은 자신의 구체적인 특수한 삶의 영역에서 자신도 그 내부에 속한 진리의 통치 체제régime와 싸워야 하는 전문가들이다. 왜냐하면 지식인이 생산하는 지식과 담론도 권력 효과에서 자유로울 수 없기 때문이다. 이런 이유로 지식인은 더 이상 사회 전체의 진리를 대표하는 자리를 차지할 수 없다. 단지 자기 분야에서의 내부 고발자의 역할을 맡게 된다. 대표적인 예로는 원자력 발전소 증설을 홍보하는 원자력 마피아에 대항하여 원자력 발전소의 위험성을 알리는 원자핵물리학자나 정치 권력의 비호를 받는 황우석의 학문적인 사기를 위험을 무릅쓰고 고발한 젊은 생물학도들이 있다. 이렇듯 지식인도 권력 체제의 일부라는 점에서 지식인만의 고유한 특권은 이전처럼 인정되지 않는다. 다시 말해서 지식인의 역할은 이데올로기인 허위의식에 빠져 있는 대중의 선두에 서거나 옆에 서서 은폐된 채로 침묵을 강요받고 있는 진리를 드러내는 것이 아니다. 그 자신이 권력의 여러 형태의 대상이자 도구가 되는 그 지점인, '지식'과 '진리'의 질서와 '양심'과 '담론'의 질서 속에서 그러한 권력의 여러 형태와 싸우는 데 있다.

이런 맥락에서 푸코는 앞의 인터뷰에서 자신의 역할을 다음과 같이 규정한다. 그것은 "문제들을 효과적이고 현실적으로 설명하는 것"이다. 일상생활과 관련된 성, 광기, 범죄 등은 복잡한 문제여서 쉽게 해결될 수 없는 성질의 것이다. 그 때문에 그 문제들을 사람들이 직접적으로 관련된 풀뿌리 수준에서 해결하려면, 다시 말해서 발언과 정치적 상상의 권리를 사람들에게 되돌려주려면 많은 세월이 걸릴 수밖에 없다.

이런 이유로 현대의 지식인은 복잡한 작업틀 속에서 문제들을 확인하고 이것들을 밝히고 풀어나가야 한다. 자칭 타인을 위해서라고 하지만 실제로는 타인 위에서 말하는 예언자와 입법자들을 침묵하게 해야 한다. 그 침묵의 순간에 문제의 복잡성이 사람들의 삶과의 관계 속에서 드러날 것이다. 그 결과, 공동의 계획이 지닌 정당성이 여러 운동과 증거들을 통해 뚜렷해질 것이다. 목적은 한 번에 조금씩 나아가는 것이다. 그러므로 비록 단번에 만병통치약과 같은 해결책을 찾지는 못하더라도 적어도 문제들의 기존 형태를 변화시킬 수 있는 가능한 변화들을 도입할 수는 있다.

이렇듯 푸코가 의도하는 지식인은 보편적인 진리가 아니라 자신이 몸담고 있는 진리의 통치 체제 속에서 이에 저항하기 위하여 국지적이고 특수한 문제를 제기한다. 이는 단순히 지식인의 역할의 변화에 관한 언명만은 아니다. 또한 우리가 살고 있는 현대라는 시대에 대한 규정의 변화를 가리키는 말이기도 하다. 즉, 우리의 현대라는 시대를 규정한 데카르트적 사유인 휴머니즘과 결별해야 하며, 동시에 그 휴머니즘의 정치적 실현인 자유주의를 비판해야 한다.

왜냐하면 데카르트적인 사유는 1) 보편수학의 이상을 가지고 과학적인 인식 대상의 확립과 2) 이러한 인식에 걸맞은 초역사적이고 보편적인 주체(코기토)의 정립, 그리고 3) 이 개인이라는 주체의 정치경제적 장치로서 자유주의의 실현으로 역사적으로 구현되기 때문이다. 이러한 근대성의 성립의 맥락에서 보면 근대적 휴머니즘은 지식의 측면에서는 과학주의로, 그리고 정치경제적인 제도의 측면에서는 자유주의로 전개된다. 따라서 과학주의와 자유주의에 대한 비판적 고찰은 결국 근(현)대성과 그 주체성에 대한 규정이라는 철학적 과제를 떠안아야 한다. 다시 말해서 우리 시대와 우리 자신에 대한 문제 제기가 필연적으로 요청된다는 말이다.

이런 요청에 부합하는 역사가 푸코가 말하는 '현재의 역사'이다. 현

장자의 눈으로 푸코를 읽다

재의 역사란 실험적인 한계 체험의 에토스로 현재를 다시 쓰자는 것이다. 이런 점에서 현재의 역사는 비판적인 분석인 것이다. 물론 근(현)대성에 대한 근본적인 비판을 시도한다고 해서 근대성을 아예 폐기하고 근대 이전의 과거로 퇴행하자는 뜻이 아니다. 그러므로 '역사비판적 분석'으로서의 '현재의 역사'가 하버마스가 지적하듯이 결코 젊은 보수주의는 아니다.

그런데 역사비판적 분석은 결코 모든 경험을 포괄하여 하나의 원리로 재구성하는 총체적인 역사가 아니라 각각의 영역에서 일어난 국지적이고 특수한 경험에 대한 분석으로부터 출발하는 일반적인 역사이다. 푸코는 이 역사를 지식, 권력, 주체라는 각기 다른 차원에서 다룬다. 물론 진리와 권력과 주체의 문제가 개별적으로 다루어지지만 다시 서로 연관된 관계망을 이루고 있다. 다시 말해서 특수하고 국지적인 문제제기는 곧 이어 일반적인 역사의 관점으로 읽히면서 다른 영역들과의 관계를 함축하게 된다. 이런 점에서 푸코의 역사는 총체적인 역사의 단일한 중심에서 벗어나기 위해 분산된 공간을 펼치지만, 그렇다고 해서 이것이 곧 실증주의 역사처럼 개개의 사건으로 분리되는 원자론적인 서술은 아니다.

그런데 이러한 세 가지 역사가 왜 존재론인가? 푸코는 왜 역사비판적 분석을 역사비판적 존재론으로 부르는가? 들뢰즈는 『푸코』에서 다음과 같이 그 이유를 밝힌다.

이들은 지식·권력·자기라는 환원 불가능하지만 언제나 동시에 다른 것들을 함축하는 세 개의 차원이다. 이것들은 세 개의 '존재론들'이다. 왜 푸코는 이 존재론들이 역사적이라고 덧붙였던 것일까? 왜냐하면 이것들은 결코 어떤 보편적 조건들을 지정해 주지 않기 때문이다.

그러므로 푸코의 현재의 역사는 역사비판 존재론이 되며, 주체의 계보학이 된다. 결론적으로 역사비판 존재론이란 현대의 우리 자신에 대한 분석이자 새로운 우리 자신을 창조하려는 실험이다.

장자의 눈으로 푸코를 읽다

왜 이데올로기의 정치경제학이 아닌
진리의 정치경제학인가

앞에서 살폈듯이 푸코의 철학적 축은 '주체를 객체화하는 세 가지 양식' 즉, 지식, 권력, 윤리의 세 축이다. 그러므로 '현재의 역사'로서의 계보학도 세 영역에서 가능하다. 첫째는 진리와 관련한 우리 자신의 역사적 존재론, 두 번째는 권력의 장과 관련한 우리 자신의 역사적 존재론, 세 번째는 윤리와 관련한 우리 자신의 존재론으로서 계보학이 존재할 수 있다. 푸코는 이러한 계보학, 즉 "권력 관계들, 제도와 지식에 대한 역사적이고 이론적인 분석"들을 "그것들을 현실에서 문제로 삼는 운동들, 비판들 및 경험들"과 함께 엮으려고 노력한다. 이러한 연결의 노력이 바로 그의 '삶으로서의 철학'이며 '철학적인 에토스'이다.

　푸코의 저서를 살펴보면, 『광기와 문명』에서는 이 세 개의 중심축이 혼란스러운 방식으로 다 존재하는 반면에, 『임상의학의 탄생』과 『말과 사물』에서는 진리의 축이 주로 부각된다. 권력의 축은 『감시와 처벌』에서 연구되고, 윤리적 축은 『성의 역사』에서 연구된다. 그런데 진리의 게임은 단순히 범죄나 광기 등과 같은 대상을 과학적 지식으로 형성하는 것으로 끝나지 않는다. 이러한 지식 형성은 정치적 실천과 윤리적 태도의 변화와 관련이 있다.

　예를 들어, 광기의 경험적 장을 형성하는 데에는 세 가지 요소가 작용한다. 그것은 진리 놀이, 권력 관계들, 자신에 대한 그리고 타자에 대한 관계의 형태들이다. 진리의 놀이는 진리의 장을 형성하는 것이고, 권력 관계들은 정치적 개입의 영역이 되고, 자기 관계와 타자 관계의 형태들은 윤리적 입장이 된다. 그런데도 광기는 주로 진리의 장과 관련해서 다루어지고, 범죄는 정치적 개입의 영역과 관련해서 연구되고, 성性은 윤리적 입장과 관련해서 고찰된 것뿐이다. 따라서 푸코의 진리 게임은 실증주의의 입장처럼 실천과 분리된 객관적이고 가치 중립적인 차원에 순수하게 존재하는 것이 아니라, 정치적이고 윤리적인 차원과 관계한다.

　먼저, 진리 게임에 대한 계보학을 이해하려면 그가 생각한 '진리'의 의미를 살펴보아야 한다. 「진리와 권력」에 따르면 진리는 "발견되고 수용될 수 있는 진리의 전체"가 아니라 "진리인 것과 거짓인 것을 나누는 규칙의 총체와 진리인 것에 부가된 권력의 특수한 효과들"이다.

현대 사회에서 진리는 보편성과 객관성을 인정받는 과학성을 의미한다. 「윤리의 계보학에 관하여」에 의하면 이러한 과학성은 플라톤으로부터 시작되어 결정적으로 데카르트에 의해 근대화된다. 근대적 과학성의 특징은 "내가 부도덕不道德하면서도 진리를 알 수 있다"는 데 있다. 이는 '비非금욕적인 인식의 주체'의 정립을 전제한다. 이러한 주체에 의해 '근대 과학의 제도화'가 가능하게 된다.

그런데 이러한 과학성, 즉 진리와 반대의 의미로 출현한 것이 '이데올로기'라는 개념이다. 푸코는 「진리와 권력」에서 이데올로기 개념의 활용에 반대하는 이유로 다음의 세 가지를 들고 있다.

1) 과학성과 이데올로기, 즉 진리의 담론과 거짓(허위의식)의 담론을 구분하는 것이 중요한 문제가 아니기 때문이다. 그 자체로는 참도 아니고 거짓도 아닌 담론들, 예를 들어 과학적이냐 비과학적이냐로 여전히 논란을 낳고 있는 인문학들 내부에서 진리의 효과들이 생산되는 방식이 중요한 문제이다. 이를 역사적으로 고찰하는 것이 중요한 현대적 과제가 된다.

2) 이데올로기라는 개념은 '주체의 질서'와 같은 것을 필연적으로 가리킬 수밖에 없기 때문이다.

3) 이데올로기는 그것의 하부구조(물질적이고 경제적인 결정요인)와 관련해서 부차적인 위상을 갖기 때문이다.

당연히 마르크스가 제안한 자본의 정치경제학, 즉 이데올로기(비진리)의 정치경제학도 중요하다. 하지만 정통 마르크스주의의 핵심 용어인 경제적 최종재판소라는 관점에서 본 이데올로기라는 개념은 그 한계가 명확하다. 왜냐하면 이것은 여전히 진리와 거짓의 이분법의 틀, 즉 지식의 과학화를 통한 위계질서의 틀 안에 존재하기 때문이다.

그런데도 「권력과 성」에 따르면 마르크스주의는 주로 허위 의식으로서의 이데올로기에 관한 경제학적 분석에 치중한다. 다시 말해서 오류와 환상을 설명하기 위해 사람들의 머릿속에서 일어난 일과 생산 조건 사이의 연관성을 드러내고자 한 것이다. 이것이 비非진리의 경제학 즉, 비진리의 정치경제학이다. 19세기 이래로 서양에서 사회 비판은 본질적으로 경제의 본성에 대한 성찰로부터 시작된다. 이로써 정치학은 명백하게 제거되고 경제 관계의 기본적인 권력 관계들이 무시되는 경향이 등장한다. 반면에 푸코의 문제는 '진리의 정치학' 즉, '진리의 정치경제학'이다. 그는 항상 권력의 효과와 진리의 생산의 관계에 주목한다.

『담론의 질서』에 따르면 플라톤이 진리와 거짓의 구분을 행한 이후로 소피스트는 축출된다. 그러나 진리 안에 존재하는 진리에의 의지는 문제시되지 않는다. 진리의 실상은 권력의 형식인데도 말이다. 니체가 제기한 것처럼 '어떤 사회적 메커니즘에 의해 진리에 과학적 객관성이라는 가치가 부여되고 우리가 이러한 진리의 노예가 되는지'를 물어야 한다. 진리 속에는 진리에의 의지가 감추어져 있다.(「권력에 관하여」) 이런 이유로 지식이나 진리의 정치경제학이 이데올로기의 정치경제학 못지않게 중요하다.

"우리는 지식의 형성과 순환 및 사용이 기본적인 문제가 되고 있는 사회에 살고 있습니다. 자본의 축적이 우리 사회의 특징이라면, 지식

장자의 눈으로 푸코를 읽다

의 축적 역시 이에 뒤지지 않습니다. 이 둘 사이에는 반드시 분석되어야 할 복잡한 관계가 존재하지요. 16세기 이래로 사람들은 지식의 형식 및 내용의 발달이, 인간성의 해방을 보장하는 가장 커다란 요소라고 믿어왔습니다. 이러한 생각은 전 세계를 가로질러 보편화된 우리 서구 문명의 거대한 공준(자명한 기준)이었습니다."(『푸코의 마르크스』)

푸코에 의하면 거대한 지식 체계의 형성은 해방의 기능도 있지만 이와 더불어 필연적으로 예속화와 지배의 효과와 기능을 지니고 있다. 따라서 장자가 지식을 억압과 구속의 열쇠라고 비판하는 데서 알 수 있듯이, 지식의 발달이 반드시 해방을 보장한다는 기본 전제는 철저히 비판적으로 음미되어야 한다.

요컨대, 「진리와 권력」에 따르면 진리는 권력 밖에 있는 것도 아니고 권력을 결여한 것도 아니다. 진리는 자유정신의 산물도 아니고 자신을 해방시킨 사람들의 특권도 아니다. 진리는 이 세계의 것으로서 오로지 다양한 제약의 형태들 덕택으로 생산된다. 그래서 진리는 규범적인 권력의 효과들을 유도한다. 이런 점에서 진리는 명제들의 생산, 규제, 분배, 유통 그리고 작동을 위한 명령된 절차의 체제로서 이해된다. 진리는 자신을 생산하고 유지하는 권력 체제와의 순환적인 관계 속에서 자신에 의해 유도하고 확장된 권력의 효과들과 연계된다. 이것이 바로 '진리의 통치 체제'이다.

사회마다 각각의 진리의 통치 체제를 지니게 된다. 이 통치 체제는 통상적인 마르크스주의의 견해처럼 이데올로기적인 것도 아니고 상부구조직인 것도 아니다. 그것은 자본의 형성과 발전의 한 조건이다.

이런 동일한 진리의 통치 체제가 자본주의 국가뿐만이 아니라 변형된 채로 현존 사회주의 국가에서도 작동되고 있다. 이러한 진리의 통치 체제에 대한 비판적 분석이 진리의 '일반 정치학'이다.

푸코에 의하면 진리의 정치경제학은 다섯 가지 특징을 지닌다. 1) 진리는 과학적 담론과 이를 생산하는 제도들에 중심을 두고 있다. 2) 진리는 경제적인 생산 못지않게 정치적인 권력을 위해 요구된다. 3) 진리는 다양한 형태로 광범위한 유통과 소비의 대상이 된다. 4) 진리는 거대한 정치적이고 경제적인 기구들의 통제하에서 생산되고 전수된다. 5) 진리는 정치적 논쟁과 사회적 대결 전체('이데올로기' 투쟁들)의 쟁점이다.

그는 계속해서 진리의 통치 체제 속에서 지식인이 갖는 본질적인 정치적 문제를 제시한다. 그 관건은 이데올로기적인 내용을 비판하는 것도 아니고 자신의 과학적 실천에 의해 교정된 이데올로기를 제시하는 것도 아니다. 다시 말해서 사람들의 의식을 바꾸는 것이 아니라 새로운 진리의 정치학을 구성할 가능성을 식별하여 진리 생산의 정치적, 경제적, 제도적인 통치 체제를 바꾸는 것이다. 진리가 이미 권력인 상황에서 권력의 모든 체제로부터 진리를 해방시킨다는 생각은 환상일 뿐이다. 이러한 환상으로 인해 진리의 권력과 현재 이것이 작동하고 있는 사회적이고 경제적이고 문화적인 헤게모니의 형태들이 서로 멀리 분리될 뿐이다. 요약하자면 정치 문제란 에러, 환상, 소외된 의식, 이데올로기가 아니라 진리 자체이다. 따라서 이러한 진리의 정치학은 장자와 니체가 선구자인 셈이다.

권력은 왜 미시물리학적 분석을 해야 하는가?

◇ ◇ ◇

계속해서 「진리와 권력」에서 푸코는 한편 진리의 축과 관련해서 이데올로기 대신에 진리의 통치 체제를 제기한다. 다른 한편 권력의 축과 관련해서 '억압' 가설을 비판한다. 억압이라는 개념이 이데올로기 개념보다 더 교활하다.

권력은 사물을 횡단하며 생산한다. 권력은 쾌락을 유도하고 지식을 형성하고 담론을 생산한다. 권력은 전 사회 체제에 걸쳐 작동하고 있는 생산적 네트워크이다. 고전 시대의 군주국들이 거대한 국가 기구를 개발하는 것 외에 새로운 절차로 만든 목자 권력은 기존에 구사된, 희생양을 통한 본보기적인 폭력보다 훨씬 효율적이고 훨씬 위험성이 적다. 이런 이유로 목자 권력은 권력의 새로운 '경제학'이다. 목자 권력은 전 사회에 걸쳐 연속적이고 중단 없이 적응하며 '개별화'된 방식으로 권력의 효과들을 유통시킨다. 이는 권력의 생산성 안에 참다운 기술적 도약이 가능하다는 것을 보여준다.

이렇게 목자 권력은 현대에 억압과 보살핌이라는 이중적인 권력으로 전개되어 규율에 순응적인 종속적 주체화를 낳게 된다. 동시에 마키아벨리적인 국가 이성이라는 이념 위에서 거대한 중앙집권적인 국민국가에 대한 열망이 새로운 국가의 형태로 현실화된다. 이처럼 거대한 국가 기구가 만들어지고 권력이 개별화된 형태로 작동한다. 따라서 계몽주의의 과업은 이성의 정치 권력을 증대시키는 것이다. 권력 증대는 두 방향으로 발달한다. 하나는 국가로 정치 권력이 중앙집권화되어 가는 방향이고, 다른 하나는 개인들을 다루는 권력 기술의 출현이다. 이러한 근대 정치학을 역사비판적으로 분석하려면 전체화와 개별화라는 이중적 과정으로 이루어진 정치적 합리성의 뿌리를 탐구해야 한다.

그런데 베리 스마트의 『마르크스주의와 미셸 푸코의 대화』에 의하면 대부분의 푸코 연구가들(특히 르쿠르와 풀란차스)은 푸코가 현대적 국가 양식과 그것이 어떻게 해서 자본주의적 생산 관계에서 도출되었는지에 관한 연구는 소홀히 하면서 동시에 지배가 생산력과 착취의 관계, 그리고 국가 기구에 기반을 두고 있다는 사실을 무시했다고 비판한다. 이러한 비판은 경제주의적인 마르크스주의 입장에서 기인한 것이거나, 아니면 이러한 경제주의를 극복하려고 하면서도 여전히 생

장자의 눈으로 푸코를 읽다

산관계와 연관해서 정치와 권력을 이해하려는 마르크스주의의 기본 입장에서 벗어나지 못한 면이 있다. 이런 이유로 마르크스주의의 한계를 넘어서고자 한 푸코의 진정한 의도를 파악하지 못하고 만다. 푸코가 강조한 것은 권력이 기능하는 복잡한 메커니즘에 대한 편견 없는 검토이다. 권력의 문제를 경제적인 과정과 생산관계에 대해 자율적인 과정으로도, 종속적인 과정으로도 보지 않는다.

「주체와 권력」에 따라 권력 메커니즘에 대해 투쟁하는 세 가지 유형을 고찰해 본다. 1) 인종적, 사회적, 종교적인 지배의 형태들에 대한 투쟁 및 2) 경제적 착취의 형태들에 대한 투쟁, 그리고 3) 종속적 주체화의 형태들에 대한 투쟁이 그 세 가지이다. 이 세 가지 중에서 중세 봉건 사회에서는 인종적이고 사회적인 지배의 형태에 대한 투쟁이 우세한 반면에, 19세기에는 착취에 대한 투쟁이 전면에 등장하게 된다. 그러나 최근에는 지배와 착취에 대한 투쟁이 사라진 것은 아니지만 종속적 주체화에 대한 투쟁이 더욱더 중요하게 된다. 그런데 이 종속적 주체화에 대한 투쟁의 형태, 즉 구원과 성경의 진리에 참여하려는 투쟁이 중세에도 존재한 것이다. 물론 이러한 종속적 주체화의 유형들이 모두 생산력과 계급투쟁, 이데올로기적 구조의 결과라는 마르크스주의 쪽의 비판이 예상된다. 하지만 종속적 주체화가 착취나 지배의 메커니즘과의 관계성 밖에서 연구될 수는 없지만, 그렇다고 해서 착취나 지배의 메커니즘이 더 근본적인 메커니즘인 것은 아니다. 이것도 다른 메커니즘들과 복잡한 순환적인 관계망에 존재하기 때문이다. 그래서 권력에 대한 총체적인 일반 분석으로의 환원이 아닌, 국지적이고 특수한 분석이 필요한 것이다.

정치적 합리성은 서구 사회의 역사 전체를 통해 자신을 성장시켜 왔으며 또 자신을 드러내 왔다. 그것은 처음에는 목자 권력이라는 사상에, 그다음에는 국가 이성이라는 사상에 의존해 왔다. 그것의 필연적인 효과는 개별화와 전체화이다. 이 두 효과 중 어느 하나만이 아니라, 정치적 합리성의 뿌리 그 자체를 공격함으로써 자유가 온다.(「정치학과 이성」)

푸코의 견해로는 국가가 가장 두드러지고 가공할 인간 통치의 형식 중의 하나이다. 그런데 국가는 개별화와 전체화를 동시에 진행한다. 따라서 자유주의처럼 국가와 개인을 별도로 세우고 국가의 이익과 개인의 이익을 상충하는 것으로 보고 국가로부터 개인을 해방시키는 전략은 피상적인 것에 불과하다. 그의 의도는 근대의 권력 구조가 개별화하는 동시에 전체화하는 정치적 '이중구속'의 토대가 되는 정치적 합리성을 각 다양한 지점에서 비판적으로 서술하는 것이지, 국가나 권력에 관한 일반 이론에 관심이 있는 것이 아니다.

「주체와 권력」에 따르면 국가로부터의 자유 및 국가와 관련된 개별화의 유형으로부터의 자유는 이 양자의 뿌리인 정치적 합리성(계몽)을 역사비판적으로 탐구할 때 가능해진다. 합리화와 과도한 정치 권력 사이의 관계는 분명히 존재한다. 지식과 권력 사이의 관계를 탐구해야 할 이유이다. 그런데 이미 프랑크푸르트학파가 계몽주의와 이로부터 기인하는 합리주의를 탐구한 점은 푸코와 유사한 듯 보이지만 둘 사이에는 명백히 다른 점이 존재한다. 그것은 합리화와 권력 사이의 관계를 탐구하는 방법이다.

「정치학과 이성」에 따르면 푸코의 방법은 첫째, 사회와 문화의 합리화를 하나의 전체로서 다루기보다는, 이 과정을 광기, 질병, 죽음, 범죄, 성 등과 같은 각각의 근원적인 경험에 근거하여 몇 가지 분야로 나누어 분석한다. 둘째, 합리화의 주된 문제는 사람들이 합리성의 원칙에 부합되는지의 여부가 아니라, 그들이 사용하는 합리성이 어떤 종류의 것인가를 밝혀내는 것이다. 셋째, 서구의 역사와 정치 기술의 발달에서 계몽주의 시대가 중요하기는 하지만, 동시대의 역사를 이해하기 위해서는 보다 더 멀리 있는 과거로부터 진행되어 온 과정에 대해 언급하지 않으면 안 된다. 이러한 '행동 방침linge de conduits' 하에서 그는 광기, 죽음, 범죄, 성 등의 경험과 이들을 다루는 지식(정신 병리학, 의학, 범죄학. 사회학 등)과 몇몇 권력의 기술 또는 효과 사이의 관계를 분석했다.

이러한 권력 지식론은 『감시와 처벌』에서 '권력의 미시물리학', '권력의 전략' 등의 방식을 통해 탐구된다. 이 논의의 전제는 다음과 같다. 권력이 지식을 생산한다는 것이며, 권력과 지식은 자기의 영역 속으로 상대방을 서로 직접 끌어들이고 있다는 것이다. 그러기에, 지식의 영역과 상관 관계가 없는 권력이란 존재하지 않으며, 또한 권력의 관계를 전제하지 않은 지식도 존재하지 않는다. 이 책에서 푸코는 근대적 정신과 새로운 권력 사이의 연관 관계에 대한 역사를 서술한다. 과학과 법의 복합체를 통해 오늘날의 권력이 스스로 자신의 기초와 정당성과 규칙을 확보하고, 자신의 권력 효과를 증대하며, 권력의 유일성을 은폐하는 능력을 지니고 있다. 그래서 현대 사회의 인간이 경찰이나 감옥을 자기의 정신이나 내면 안에 지니게 된 경위에 관한 분석이 이루어지면 동시에 현대 사회 자체가 비판의 대상이 된다. 이 내면화된 감시자가 영혼이다. "영혼은 정치 해부학의 효과이자 도구가 된다. 영혼이 육체의 감옥이 된다." 고대의 플라톤에게는 육체가 영혼의 감옥이었다. 현대 사회에서는 그 관계가 역전된다.

푸코의 『권력/지식』에 의하면 권력의 감시가 내면화되고 분산되어 있는 사회가 부르주아 사회이며 현대 사회이다. 이런 사회에서는 권력이 국가 기구뿐만 아니라 국가 기구 밖에서, 국가 기구 밑에서, 그리고 국가 기구와 나란히, 훨씬 미세하고 훨씬 일상적인 차원에서 작용하는 권력 메커니즘이 있다. 『감시와 처벌』에서 그는 이러한 부르주아 사회를 규율 사회라고 부른다. 규율 권력은 인간 활동을 통제하고 질서화하는 것을 목적으로 한다. 이는 훈련과 규범화를 통해 개인을 형성하고 통제하는 것, 즉 개별화 과정을 의미한다.(베리 스마트, 『마르크스주의와 미셸 푸코의 대화』)

『감시와 처벌』에 따르면, 이때 권력은 단지 억압적이기만 한 것이 아니라 생산적이기도 하다. 이 생산적인 권력이 부르주아 시대에 사용했던 전략이 바로 규율이다. 규율은 권력이 사용하는 '물리학'이며 '해부학'이다. 이러한 규율 권력 덕분에 서구는 자본의 축적을 가능하게 한 기술의 발전에 의한 경제적 부상浮上과 동시에 인간의 축적을 통한 정치적 부상을 할 수 있었다. 그런데 이 두 과정, 즉 인간의 축적과

장자의 눈으로 푸코를 읽다

자본의 축적은 분리될 수 없다. 그렇지만 인문과학(인간의 축적을 위한 지식)의 출현과 관계하는 권력 기술로서의 규율은 경제결정론자들이 주장하듯이 경제로부터 연역되지 않는다. 이 점에서 푸코는 마르크스주의자들과 그 견해를 달리한다. 따라서 이 규율 권력을 탐구하는 방법은 정치경제학이 아니라 '권력의 미시물리학'이다.

푸코는 이 규율 사회의 전형적인 모델로 벤담의 '판옵티콘'(원형 감시대)을 제시한다. 푸코는 벤담의 판옵티콘이 권력의 새로운 메커니즘을 건축적 형태로 구성해 낸 것으로 간주한다. 이는 권력의 획일화 효과를 창출하는 놀라운 메커니즘이다. 감시는 도처에 존재하며 항상 가동하며 감시하는 자를 다시 감시하는 감시의 그물망을 형성한다. 이 감시는 침묵 속에서 이루어지므로 권력의 존재는 완전히 은폐된다. 이러한 규율의 모델은 사회 전반을 감시하는 프로그램으로 확장될 수 있다. 이러한 메커니즘의 확장이 일반적으로 규율 사회의 형성인 것이다.

「정치학과 이성」에 따르면 이러한 규율 사회의 형성 과정은 이미 지적한 것처럼 국가 권력의 중앙 집권화와 개별화의 과정을 함축한다. 마르크스주의 분석에서처럼 그가 국가의 문제를 제기하지 않았다는 비판은 일면적일 뿐이다. 도리어 언제나 그는 근대의 국가 권력이 개별화하는 동시에 전체화하는 권력의 형식이라는 사실을 강조한다. 그는 인류 사회 역사상 서구의 현대 국가만큼 개별화하는 기술과 전체화하는 과정이 동일한 정치 구조 속에서 이렇게 밀접하게 결합된 적은 없다고 언급한다. 그렇게 말하는 이유는 그가 다음과 같이 권력을 정의하기 때문이다.

1) 권력은 실체도, 재산도 아니고 단지 개인 사이의 특정 유형의 관계일 뿐이다. 권력의 특징은 일부의 사람이 다른 사람의 행위를 어느 정도 전반적으로 결정할 수 있지만, 철저히 강제적으로는 그렇게 할 수 없다는 점이다. 따라서 잠재적인 거부나 반항이 없는 권력이란 있을 수 없다.

2) 사람들 사이의 모든 관계에서는 많은 요인이 권력을 결정한다. 그러나 거기에도 합리화가 부단히 작동하고 있다. 이 합리화에는 고유한 형식들이 있어서 인간에 의한 인간의 통치는 상황에 따라 특정 유형의 합리성을 수반한다. 즉 권력이 언제나 폭력을 도구로 수반하는 것은 아니다.

3) 따라서, 한 형식의 권력에 저항하거나 반항하는 사람들은 폭력이나 제도, 더 나아가서 이성 일반을 비난하는 것으로 만족해서는 안 되며, 이와 관련된 합리성의 형식을 문제로 삼아야 한다. 이럴 때에야 비로소 이전에 있던 제도와 동일한 목적과 효과를 지닌 제도가 다시 자리 잡는 것을 피할 수 있다.

4) 그러므로 가장 두드러지고 가장 가공할 인간 통치의 형식인 국가를 비판하기 위해선 국가의 두 효과인 개별화와 전체화의 뿌리가 되는 정치적 합리성을 근저에서부터 공격해야 한다.

「주체와 권력」에 따르면 권력에 대한 이러한 관점을 지닐 때 파시즘과 스탈린주의라는 두 가지 전체주의라 불리는 '병리적인 형태' 즉, 극단적인 형태만이 아니라 개인주의나 자유주의라 불리는 '정상적인 형

장자의 눈으로 푸코를 읽다

태' 즉, 완화된 형태까지도 비판할 수 있다. 전체주의 대 자유주의라는 대립 구도 또는 전체주의 대 민주주의라는 대립 구도는 의미가 없다. 도리어 전체주의라는 용어는 현대 정치학과 정치 권력을 이해하는 데 장애가 된다. 이는 국가화(전체화)와 개인화라는 이중적인 과정을 분리해서 보기 때문이다. 이러한 문제점을 피하려면 일견 모순된 것처럼 보이는 스탈린주의와 자유주의의 공통된 이중 과정의 바탕이 되는 현대의 정치적 합리성의 뿌리를 뒤흔들 필요가 있다.

자유는 왜 국가화로부터의 해방인 동시에 개인화로부터의 해방인가?

왜 역사비판 존재론은 주체의 계보학의 형식을 취하는가? 그것은 현대의 정치적 합리성이 전체화와 개별화의 이중 과정으로 구체화되므로, 사회 체제에 대한 비판은 이에 종속된 주체성에 대한 비판으로부터 출발하기 때문이다. 역사비판 존재론은 새로운 가능성을 실험하는 자유를 열어 밝힌다. 그런데 이미 푸코가 지적하는 것처럼 "자유는 윤리의 존재론적 조건이다. 그러나 윤리는 자유가 취하는 반성적 형식이다." 이 윤리라는 것은 '자아로부터 자유로워지는 것'이며 '가능한 위반의 형태를 통한 실천적 비판'이다. 이것은 곧 역사비판적 존재론

장자의 눈으로 푸코를 읽다

이 실험적 태도를 취해야 함을 뜻한다.

또한 「계몽이란 무엇인가」에 따르면 우리 자신의 한계를 비판하는 이 작업은 자유의 영역을 개방시킴과 아울러 우리 시대의 현실성을 시험해야 한다. 즉 변화 가능하고, 변화가 바람직한 지점을 파악하는 동시에 이 변화가 취해야만 하는 형태를 결정해야 한다. "이는 우리 자신의 역사적 존재론이 총체적global이고 근본적인radical 모든 기획들에서 벗어나야 함을 의미한다."

푸코는 20세기 정치 체제 중에서 파시즘과 스탈린주의라는 최악의 병리적인 형태들이 시도한 총체적인 기획이나 신인류 창출 프로그램보다는 역사적 분석과 실천적 태도가 상호작용하면서 만드는 부분적인 변형을 선호한다. 이는 우리 자신의 한계와 이것을 넘어서는 가능성에 대한 실천적 경험이 제한되어 있기 때문이다. 예컨대 우리의 존재 방식과 사유 방식에 관련된 영역, 권위에 대한 관계에 관련된 영역, 성들 사이의 관계에 관련된 영역, 우리가 광기나 질병을 지각하는 방식과 관련된 영역 등에서 일어난 변형을 들 수 있다. 그렇다고 해서 이러한 부분적인 변형이 인간에게 무력감을 주는 것이 아니다. 오히려 『대담 1972~1990』에서의 들뢰즈의 지적대로 "선과 대면하고 선에 올라타는 유일한 방법"이며, 이러한 한계선상에서 예술가적인 창조 의지를 발견하게 된다.

역사비판 존재론이 주체의 계보학이라는 말은 곧 종속적 주체화를 주 타깃으로 겨냥한다는 뜻이다. 루소에 따르면 종속적 주체화가 우리의 자유를 위협하는 이유는 자신이 다른 사람에게 강요받을 수 있는 끊임없는 위험성(예속)으로부터 보호되지 않기 때문이다.

　이러한 해방적인 자유는 이기적 개인주의의 자의自意와 도덕적 개인주의의 자율이라는 자유 모델로는 이해가 불가능한 것이다. 국가와 개인의 분리라는 자유주의의 전제는 정치적 전체화와 개별화의 이중 과정을 간과하고 있기 때문이다. 로빈슨 크루소와 같은 개인은 사회를 추상화한 결과물에 불과하다. 사회계약론에 의하면 이러한 개인들을 결합하여 만들어진 기계가 국가인 것이다. 이런 점에서 개인도 추상이며 국가도 추상이다.

　이런 식으로 원자화된 개인과 개인으로부터 분리된 국가는 서로 대립한다. 개인은 국가로부터 분리될 때에만 진정으로 자유롭지, 국가 안에서는 결코 자유롭지 않다. 국가 규제 없는 시장에서 개인들은 정말로 자유로운가? 예를 들어 국가가 강제한 노예제에서 벗어난 미국의 흑인들이 다시 도시의 빈민으로 전락하여 노예 때보다 더 어려운 삶을 산다. 시장은 약자를 보호하지 않고, 재산이 없는 사람은 전혀 권리를 주장할 수 없으며, 강자의 횡포를 막을 수 없다. 이 점에서 자유주의적 자유의 한계가 드러난다. 이러한 자유방임주의나 신자유주의의 현실적 한계를 보완하기 위해 도덕적인 자유를 내세우는 칸트나 공정한 절차로서의 정의를 제안하는 롤스나 의사소통적 합리성으로 합의에 이르려는 하버마스도 여전히 비현실적이며 이상주의라는 비판에서 벗어나기 어렵다.

　근대 정치에서 자유주의적 자유(간섭의 반대말)는 민주주의적 자유(강제의 반대말)와 결합해서 자유민주주의 형태로 구체화된다. 이는

　　　　　　　　　　　　　　장자의 눈으로 푸코를 읽다

칸트식의 자율이라는 말에서 그 도덕성의 정점에 도달한다. 자율이란 자신을 위해 스스로 규범을 정할 수 있는 힘, 그리고 스스로 만든 규범이 아니면 어떤 규범에도 타율적이므로 복종하지 않을 자유이다. 그러나 이러한 자율이 곧 전체 자유를 대표하는 것은 아니다. 자율이 곧 진정한 자유는 아니라는 말이다. 내 의지가 원하는 것(의사)이 자율적으로 되는 것은 나의 행동을 지배하는 법이나 규칙이 내 의사와 일치할 때가 아니라, 내가 남에 의해 강요받을 수 있는 끊임없는 위험성(예속)으로부터 보호될 때이다. 이러한 강요 그리고 법과 정치가 자의적으로 행해지지 않을 때에만 자율은 예속을 방지하기 위한 하나의 효과적인 수단인 것이다. 종속된 주체성에 대한 구체적인 분석과 비판 없이 추상적인 개인의 자율성만을 강조하게 되면 결국 그 자율성은 특정한 종속이나 예속 아래에 놓이게 된다. 예컨대, 주인으로부터 하인에게 업무에 관한 자율성이 주어질 수 있지만 그 하인의 예속성은 결코 해소된 것이 아닌 것처럼 말이다.

근대 정치는 개인만 발견하고 만든 것이 아니라 동시에 국가도 발견하고 만들었다. 그러므로 진정한 자유는 국가에 의한 강제뿐만 아니라 다양한 영역에 존재하는 예속으로부터의 자유이다. 그 예속의 원인이 권력이든, 권위이든, 자본이든, 진리이든 간에 이로부터의 종속적 주체화를 거부해야 진정한 자유가 획득되며 이를 강제한 국가의 새로운 변형도 가능하게 된다. 이런 식으로 정치적인 개인화와 총체화의 '이중적 구속'을 제거한다면 우리가 어떤 모습으로 존재할 수 있는가를 상상하고 구축할 수 있다. 이것이 장자와 니체가 그토록 원하던 자유와 정치에 관한 비전이 아니었을까?

푸코에게 "철학의 과제는 우리 세계에 대한 비판적 분석"이고, 그것의 "현재 목표는 우리가 무엇인지를 발견하는 것이 아니라 우리가 현재 있는 모습과 방식을 거부하는 것이다." 이는 주체의 변형과 권력의 변혁으로 이어진다. 결론은 다음과 같을 것이다. 우리 시대의 정치적, 윤리적, 사회적, 철학적 문제는 개인을 국가로부터 해방하려고 노력하는 것이 아니다. 우리는 국가 그리고 이 국가에 연결된 종류의 개인화를 역사비판 존재론의 공격 지점으로 삼아야 한다. 우리에게 수세기 동안 부과되어 온 이런 종류의 종속적인 개인화를 거절함으로써 예속적인 형태가 아닌 새로운 형태의 주체성으로의 변형과 자유의 체제로의 변혁이 일어난다.

참고문헌

1 이 책의 근간이 되는 저작

김성우, 「푸코의 얼굴 없는 글쓰기의 에토스」, 《시대와 철학》 10권 2호, 한국철학사상연구회, 1999.

김성우, 「푸코의 역사-비판 존재론으로서 의학적 시선의 고고학」, 《의철학연구》 7집, 의철학회, 2009.

김성우, 「변증법의 역사적 맥락에서 본 아도르노의 부정 변증법의 의의와 그 이론적 실천의 한계」, 《시대와 철학》 22권 1호, 한국철학사상연구회, 2011.

김성우, 「비트겐슈타인과 치유의 철학─비트겐슈타인 사유의 선불교적 스타일」, 《의철학연구》 11집, 한국의철학회, 2011.

김성우, 『스무 살에 만난 철학 멘토』, 알렙, 2012.

김성우, 「촛불의 정치와 진정한 자유」, 김성우 외, 『청춘의 고전』, 알렙, 2012.

김성우, 「푸코와 권력의 문제」, 《시대와 철학》 23권 1호, 한국철학사상연구회, 2012.

김성우, 「푸코의 정신의학의 계보학」, 《의철학연구》 13집, 한국의철학회, 2012.

김성우, 「가라타니 고진의 '세계공화국'에 대한 지젝의 비판」, 《시대와 철학》 24권 3호, 한국철학사상연구회, 2013.

김성우, 「급진 민주주의와 그 윤리적 기초에 관한 지젝의 헤겔주의적 비판」, 《시대와 철학》 25권 1호, 한국철학사상연구회, 2014.

김성우, 「하이데거의 칸트에 대한 존재론적인 해석」, 《철학연구》 106호, 철학연구회, 2014.

김성우, 「자유와 민주의 장애물」, 김교빈 외, 『망각과 기억의 변증법』, 이파리, 2015.

김성우, 「민주주의: 국가와 민주주의에 관한 성찰」, 한국철학사상연구회, 『철학, 삶을 묻다』, 동녘, 2016.

김성우, 「변증법: 플라톤 변증법의 현대 정치철학의 의미」, 한국철학사상연구회·정암학당, 『아주 오래된 질문들』, 동녘, 2017.

김성우·김성민, 「포스트모던 스피노자 윤리학에 대한 헤겔주의적 비판」, 《철학연구》 105호, 철학연구회, 2014.

김성우·김성민, 「니체와 위대한 건강의 윤리학」, 《의철학연구》 19집, 한국의철학회, 2015.

2 장자 번역본

기세춘 옮김, 『장자』, 바이북스, 2007.

김학주 옮김, 『장자』, 연암서가, 2011.

안동림 옮김, 『장자』, 현암사, 2008.

안병주·전호근 옮김, 『장자 1』, 전통문화연구회, 2003.

안병주·전호근 옮김, 『장자 2』, 전통문화연구회, 2011.

안병주·전호근 옮김, 『장자 3』, 전통문화연구회, 2008.

안병주 · 전호근 옮김, 『장자 4』, 전통문화연구회, 2008.

앵거스 그레이엄 편역, 김경희 옮김, 『장자, 사유의 보폭을 넓히는 새로운 장자 읽기』, 이학사, 2015.

오강남 옮김, 『장자(내편)』, 현암사, 2015.

3 푸코 저작

Foucault, Michel(1954), *Maladie mentale et personnalité*, Paris : Presses universitaires de France.

Foucault, Michel(1963), *Naissance de la clinique. Une archéologie du regard médical*, Paris : Presses Universitaires de France / 홍성민 옮김, 『임상의학의 탄생』, 이매진, 2006.

Foucault, Michel(1966), *La Pensée du dehors*, Paris : Fata Morgana.

Foucault, Michel(1966), *Les Mots et les Choses. Une archéologie des sciences humaines*, Paris : Gallimard / 이규현 옮김, 『말과 사물』, 민음사, 2012.

Foucault, Michel(1969), *L'archéologie du savoir*, Paris : Gallimard / 이정우 옮김, 『지식의 고고학』, 민음사, 1992.

Foucault, Michel(1971), *L'ordre du discours*, Paris : Gallimard / 이정우 옮김, 『담론의 질서』, 새길, 2011.

Foucault, Michel(1972), *Histoire de la folie à l'âge classique. Folie et déraison*, Paris : Gallimard.

Foucault, Michel(1973), *Ceci n'est pas une pipe*, Fontfroide-le-Haut : Fata Morgana.

Foucault, Michel(1975), *Surveiller et punir. Naissance de la prison*, Paris : Gallimard / 오생근 옮김, 『감시와 처벌』, 나남, 2011.

Foucault, Michel(1980), *Power/Knowledge : Selected Interviews and Other Writings*, 1972–1977, ed. Colin Gordon, London, and New York : The Harvester Press.

Foucault, Michel(1983), "Afterword: The Subject and Power," in H. Dreyfus & P. Rabinow, *Michel Foucault: Beyond Structuralism and Hermeneutics*, Chicago: The University of Chicago Press.

Foucault, Michel(1983), "On the Genealogy of Ethics: An Overview of Work in Progress," in H. Dreyfus & P. Rabinow, *Michel Foucault: Beyond Structuralism and Hermeneutics*, Chicago: The University of Chicago Press.

Foucault, Michel(1984), "Truth and Power," in ed. Paul Rabinow, *Foucault Reader*, New York: Pantheon Books.

Foucault, Michel(1984), *L'usage des plaisirs*, Paris: Gallimard / 문경자 · 신은영 옮김, 『성(욕)의 역사 2: 쾌락의 활용』, 나남, 2004.

Foucault, Michel(1989), *Foucault Live: Interviews*, 1966~1984, ed. Sylvère Lotrnger, New York: Semiotext(e).

Foucault, Michel(1990) "On Power," in ed. Lawrence D. Kritzman, *Michel Foucault: Politics, Philosophy, Culture*, London: Routledge..

Foucault, Michel(1990), "An Aesthetics of Existence," in ed. L. D. Kritzman *Foucault: politics, Philosophy, Culture*, London: Routledge.

Foucault, Michel(1990), "Politics and Reason," in ed. Lawrence D. Kritzman, *Michel Foucault: Politics, Philosophy, Culture*, London: Routledge.

Foucault, Michel(1990), "Power and Sex," in ed. Lawrence D. Kritzman, *Michel Foucault: Politics, Philosophy, Culture*, London: Routledge.

Foucault, Michel(1991), *Remarks on Marx: Conversations with Duccio Trombadori*, New York: Semiotext(e) / 이승철 옮김, 『푸코의 맑스(마르크스)』, 갈무리, 2004.

Foucault, Michel(1994), "L'éthique du souci de soi comme pratique de la liberté" in ed. Daniel Defert et François Ewald, *Dits et écrits 1-4*, Paris: Gallimard.

Foucault, Michel(1994), "Le souci de la vérité," in ed. Daniel Defert et François Ewald, *Dits et écrits 1-4*, Paris: Gallimard.

Foucault, Michel(1994), "Le sujet et le pouvoir," in ed. Daniel Defert et François

장자의 눈으로 푸코를 읽다

Ewald, *Dits et écrits* 1-4, Paris: Gallimard.

Foucault, Michel(1994), "Michel Foucault, an Interview with Stephen Riggins," in ed. Daniel Defert et François Ewald, *Dits et écrits* 1-4, Paris: Gallimard.

Foucault, Michel(1994), "Nietzsche, la généalogie, l'histoire," in ed. Daniel Defert et François Ewald, *Dits et écrits* 1-4, Paris: Gallimard.

Foucault, Michel(1994), "Qu'est-ce qu'un auteur?" in ed. Daniel Defert et François Ewald, *Dits et écrits* 1-4, Paris: Gallimard.

Foucault, Michel(1994), "Qu'est-ce que les lumières?" in ed. Daniel Defert et François Ewald, *Dits et écrits* 1-4, Paris: Gallimard.

Foucault, Michel(1994), "Structuralism and Post-structuralism," in ed. Daniel Defert et François Ewald, *Dits et écrits* 1-4, Paris: Gallimard.

Foucault, Michel(1994), "Technologies of the Self," in ed. Daniel Defert et François Ewald, *Dits et écrits* 1-4, Paris: Gallimard.

Foucault, Michel(1994), "Titres et travaux," in ed. Daniel Defert et François Ewald, *Dits et écrits* 1-4, Paris: Gallimard.

Foucault, Michel(1995), "The Art of Telling the Truth," in ed. Micheal Kelly, *Critique and Power: Recasting the Foucault/Habermas Debate*, Cambridge, Mass.: MIT Press.

Foucault, Michel(2003), 1973-1974 : *Le Pouvoir psychiatrique*, Paris: Gallimard.

Foucault, Michel(2006), *Ethics: Subjectivity and Truth*(The Essential Works of Foucault 1954-1984, Vol. 1), New York: The New Press.

4 기타 저작

E. 젤러, 이창대 옮김, 『희랍철학사』, 이론과실천, 1993.

가라타니 고진, 송태욱 옮김, 『트랜스크리틱』, 한길사, 2005.

가라타니 고진, 조영일 옮김, 『세계공화국으로』, 도서출판 b, 2012.

가라티니 고진, 조영일 옮김, 『세계사의 구조』, 도서출판 b, 2013.

가라티니 고진, 조영일 옮김, 『철학의 기원』, 도서출판 b, 2015.

강신익, 『몸의 역사』, 살림, 2007.

강신주, 『노자: 국가의 발견과 제국의 형이상학』, 태학사, 2004.

강신주, 『장자, 차이를 횡단하는 즐거운 모험』, 그린비, 2007.

귄터 볼파르트, 정해창 옮김, 『놀이하는 아이, 예술의 신-니체』, 담론사, 1997.

고쿠분 고이치로, 박철은 옮김, 『들뢰즈 제대로 읽기』, 동아시아, 2015.

김상환, 「해체론에서 초월론으로—데리다의 구조주의 비판 소고」, 《철학과 현실》, 가을호, 1998.

김용옥, 『노자: 길과 얻음』, 통나무, 1998.

김용옥, 『도올 김용옥의 금강경 강해』, 통나무, 1999.

김정현, 『니체, 생명과 치유의 철학』, 책세상, 2006.

김충렬, 『노장철학강의』, 예문서원, 2004.

김형효, 『사유하는 도덕경』, 소나무, 2004.

김홍경, 『노자: 삶의 기술, 어느 늙은이의 노래』, 들녘, 2003.

노자, 김용옥 옮김, 『노자, 길과 얻음』, 통나무, 1998.

도미니크 르쿠르, 박기순 옮김, 『프랑스 인식론의 계보』, 새길, 1995.

동광벽, 이석명 옮김, 『도가를 찾아가는 과학자들』, 예문서원, 1994.

루트비히 비트겐슈타인, 이영철 옮김, 『논리철학논고』, 책세상, 2006.

루트비히 비트겐슈타인, 이영철 옮김, 『문화와 가치』, 책세상, 2006.

루트비히 비트겐슈타인, 이영철 옮김, 『소품집』, 책세상, 2006.

루트비히 비트겐슈타인, 이영철 옮김, 『철학적 탐구』, 책세상, 2006.

리차드 E.팔머, 이한우 옮김, 『해석학이란 무엇인가』, 문예출판사, 1992.

문성원, 「민주주의를 넘어서」, 《시대와 철학》 제23권 3호, 한국철학사상연구회, 2012.

사마천, 김원중 옮김, 『사기 열전 1, 2』, 민음사, 2015.

장자의 눈으로 푸코를 읽다

슬라보예 지젝, 인디고연구소 편, 『불가능성의 가능성』, 궁리출판사, 2012.

슬라보예 지젝, 「민주주의에서 신의 폭력으로」, 조르주 아감벤 외 지음, 김상운 외 옮김, 『민주주의는 죽었는가? 새로운 논쟁을 위하여』, 난장, 2010.

신영복, 『강의: 나의 동양고전 독법』, 돌베개, 2005.

오오하마 아키라, 임헌규 옮김, 『노자의 철학』, 인간사랑, 2000.

오토 푀겔러, 이기상 옮김, 『하이데거 사유의 길』, 문예출판사, 1993.

원효, 은정희·송진현 옮김, 『원효의 금강삼매경론』, 일지사, 2009.

위르겐 하버마스, 이진우 옮김, 『현대성의 철학적 담론』, 문예출판사, 1994.

유소감, 김용섭 옮김, 『노자철학』, 청계, 2000.

유소감, 최진석 옮김, 『장자철학』, 소나무, 1998.

이매뉴얼 월러스틴, 강문구 옮김, 『자유주의 이후』, 당대, 1996.

이진우, 『니체, 실험적 사유와 극단의 사상』, 책세상, 2009.

전호근, 『장자강의』, 동녘, 2015.

제임스 밀러, 김부용 옮김, 『미셸 푸코의 수난』, 인간사랑, 1995.

진고흥, 최진석 옮김, 『노장신론』, 소나무, 1997.

질 들뢰즈·펠릭스 과타리, 김재인 옮김, 『안티 오이디푸스』, 민음사, 2014.

프레데릭 제임슨, 윤지관 옮김, 『언어의 감옥』, 까치, 1996.

프리드리히 니체, 강수남 옮김, 『권력에의 의지』, 청하, 1988.

프리드리히 니체, 김태현 옮김, 『도덕의 계보 / 이 사람을 보라』, 청하, 1992.

프리드리히 니체, 김훈 옮김, 『선악을 넘어서』, 청하, 1999.

프리드리히 니체, 박찬국 옮김, 『아침놀』, 니체전집 10, 책세상, 2013.

프리드리히 니체, 백승영 옮김, 『유고(1887년 가을~1888년 3월): 원칙들과 미리 말하는 숙고들 외』, 니체전집 20, 책세상, 2012.

프리드리히 니체, 백승영 옮김, 『바그너의 경우·우상의 황혼·안티크리스트·이 사람을 보라·디오니소스 송가·니체 대 바그너』, 니체전집 15, 책세상, 2013.

프리드리히 니체, 백승영 옮김, 『유고(1888년초~1889년 1월초): 생성과 존재 외』, 니체전집 21, 책세상, 2013.

카를 마르크스, 강신준 옮김, 『자본』, 길, 2010.

카를 포퍼, 이한구 옮김, 『열린 사회와 그 적들 1, 2』, 민음사, 2006.

칸트, 이한구 편역, 「계몽이란 무엇인가에 대한 답변」, 『칸트의 역사철학』, 서광사, 2009.

콩스탕티니네스, 강희경 옮김, 『유럽의 붓다, 니체』, 열린책들, 2012.

클라우드 헬트, 이강서 옮김, 『지중해 철학기행』, 효형출판, 1997.

탈레스 외, 김인곤 옮김, 『소크라테스 이전 철학자들의 단편 선집』, 아카넷, 2005.

밀턴 프리드먼, 최종표 옮김, 『자본주의와 자유』, 형설출판사, 1994.

플라톤, 김태경 옮김, 『정치가』, 한길사, 2000.

플라톤, 박종홍 옮김, 『국가』, 서광사, 1997.

한상진 · 오생근 외, 『미셸 푸코론』, 한울, 1992.

헤로도토스, 김봉철 옮김, 『역사』, 길, 2016.

후쿠나가 미쓰지, 이동철 · 임헌규 옮김, 『장자, 중국 고대의 실존주의』, 청계, 1999.

Arendt, Hannah(1963), *On Revolution*, New York: Viking.

Badiou, Alain(2006), *Being and Event*, New York: Continuum.

Bernstein, Richard J.(1995), "Foucault: Critique as a Philosophical Ethos," in ed. Micheal Kelly, *Critique and Power: Recasting the Foucault/Habermas Debate*, Cambridge, Mass.: MIT Press.

Deleuze, Gilles(1962), *Nietzsche et la Philosophie*, Paris: Presses Universitaires de France.

Deleuze, Gilles(1986), *Foucault*, Paris: Les éditions de Minuit / 허경 옮김, 『푸코』, 동문선, 2003.

Deleuze, Gilles(1990), *Pourparlers 1972－1990*, Paris: Les éditions de Minuit / 김종호 옮김, 『대담 1972-1990』, 솔, 1993.

Eribon, D.(1989), *Michel Foucault*, Paris: Flammarion / 박정자 옮김, 『미셸 푸코』,

장자의 눈으로 푸코를 읽다

시각과 언어, 1995.

Fink, Eugen(2003), *Nietzsche's Philosophy*, New York: Continuum.

Fraser, Nancy(1995), "Michel Foucault: A 'Young Conservative'?" in ed. Micheal Kelly, *Critique and Power: Recasting the Foucault/Habermas Debate*, Cambridge, Mass.: MIT Press.

Ge Ling Shang(2006), LIBERATION AS AFFIRMATION: *The Religiosity of Zhuangzi and Nietzsche*, New York: State University of New York Press.

Habermas, Jürgen(1983), *Kleine Politische Schriften*(I -Ⅳ), Frankfurt am Main, Suhrkamp.

Habermas, Jürgen(1985), 「Die Krise des Wohlfahrtsstaates und die Ersöpfung utopischer Energien」, in *Die neue Unübersichtlichkeit*, Frankfurt am Main: Suhrkamp.

Heidegger, Martin(1962), *Die Frage nach dem Ding*, Tübingen: M. Niemeyer.

Heidegger, Martin(1973), *Kant und Das Problem der Metaphysik*, Frankfurt am Main: Vittorio Klostermann.

Heidegger, Martin(1976), *Einführung in die Metaphysik*, Tübingen: M. Niemeyer, 4 Auflage / 최동희 옮김, 『형이상학이란 무엇인가』, 서문당, 1983.

Heidegger, Martin(1976), *Sein und Zeit*, Frankfurt am Main: Vittorio Klostermann / 이기상 옮김, 『존재와 시간』, 까치, 1998.

Heidegger, Martin(1977), *Kants Kritik der reinen Vernunft*, Frankfurt am Main: Vittorio Klostermann.

Heidegger, Martin(2007), *Zur Sache des Denkens*(1962-1964), Frankfurt am Main: Vittorio Klostermann.

Hoy, David Couzens · McCarthy, Thomas(1994), *Critical Theory*, Oxford: Blackwell.

Kant(1956), *Kritik der reinen Vernunft*, Hamburg: Felix Meiner / 최재희 옮김, 『순수이성비판』, 박영사, 1977.

Kelly ed.(1995), *Critique and Power: Recasting the Foucault/Habermas Debate*,

Cambridge, Mass.: MIT Press.

Negri, Antonio(2004), *Negri on Negri: In Conversation with Anne Dufourmentelle*, London: Routledge.

Nietzsche, Friedrich Wilhelm(1999a), *Nietzsche Werke. Kritische Gesamtausgabe*, vol. 3, hrsg. von Giorgio Colli und Mazzino Montinari. Berlin and New York: Walter de Gruyter.

Nietzsche, Friedrich Wilhelm(1999b), *Nietzsche Werke. Kritische Gesamtausgabe*, vol. 12, hrsg. von Giorgio Colli und Mazzino Montinari. Berlin and New York: Walter de Gruyter.

Nimrod Aloni(1991), *Beyond Nihilism: Nietzsche's Healing and Edifying Philosophy*, Lanham, MD: University Press of America.

Panaïoti, Antoine(2013), *Nietzsche and Buddhist philosophy*, Cambridge: Cambridge University Press.

Reginster, Bernard(2008), *The Affirmation of Life: Nietzsche on Overcoming Nihilism*, Cambridge, Mass.: Harvard University Press.

Smart, Barry(1983). *Foucault, Marxism, and Critique*, London: Routledge & Kegan Paul / 이유동 · 윤비 옮김, 『마르크스주의와 미셸 푸코의 대화』, 민글, 1993.

Smith, Douglas ed. & trans.(1996), *Friedrich Nietzsche, On the Genealogy of Morals*, Oxford and New York: Oxford University Press.

Vighi, Fabio(2010), *On Žižek's Dialectics: Surplus, Subtraction, Sublimation*, London, New York: Continuum.

Wittgenstein, Ludwig(1964), *Philosophical Remarks*, R. Rhees (ed.), R. Hargreaves and R. White (trans.), Oxford: Blackwell.

Žižek, Slavoj & Daly, Glyn(2004), *Conversations with Žižek*, Cambridge: Polity.

Žižek, Slavoj(1989), *The Sublime Object of Ideology*, London and New York: Verso.

Žižek, Slavoj(1993), *Tarrying With the Negative*, Durham, North Carolina: Duke University Press.

Žižek, Slavoj(1997), *Iraq: The Borrowed Kettle*, London and New York: Verso.

Žižek, Slavoj(1999), *The Ticklish Subject. The Absent Centre of Political Ontology*, London and New York: Verso.

Žižek, Slavoj(2000), *The Fragile Absolute*, London and New York: Verso.

Žižek, Slavoj(2002), *Revolution at the Gates: Žižek on Lenin, the* 1917 *Writings*, London and New York: Verso.

Žižek, Slavoj(2003), *The Puppet and the Dwarf: The Perverse Core of Christianity*, Cambridge, Massachusetts: MIT Press.

Žižek, Slavoj(2004), *Organs Without Bodies*, London, Routledge.

Žižek, Slavoj(2006), *How to Read Lacan*, New York, Norton.

Žižek, Slavoj(2006), *The Parallax View*, Cambridge, MA: MIT Press.

Žižek, Slavoj(2008), *For They Know Not What They Do: Enjoyment as a Political Factor*, London and New York, Verso, 2nd Edition.

Žižek, Slavoj(2008), In Defense of Lost Causes, London and New York, Verso.

장자의 눈으로 푸코를 읽다

1판 1쇄 발행 2017년 12월 15일

지은이 | 김성우
펴낸이 | 조영남
펴낸곳 | 알렙

출판등록 | 2009년 11월 19일 제313-2010-132호
주소 | 경기도 고양시 일산서구 중앙로 1455 대우시티프라자 715호
전자우편 | alephbook@naver.com
전화 | 031-913-2018
팩스 | 031-913-2019

ISBN 978-89-97779-94-9 93160

이 책은 〈한국출판문화산업진흥원의 출판콘텐츠 창작자금〉을 지원받아 제작되었습니다.

＊책값은 뒤표지에 있습니다.
＊잘못된 책은 바꾸어 드립니다.